살아보니 알겠더라

살아보니 알겠더라

발행일   2026년 1월 5일

지은이   김도훈
펴낸이   손형국
펴낸곳   (주)북랩

출판등록   2004. 12. 1(제2012-000051호)
주소   서울특별시 금천구 가산디지털 1로 168, 우림라이온스밸리 B동 B111호, B113~115호
홈페이지   www.book.co.kr
전화번호   (02)2026-5777   팩스   (02)3159-9637

ISBN   979-11-7598-002-0 03320 (종이책)   979-11-7598-003-7 05320 (전자책)

작가 연락처 문의 ▸ ask.book.co.kr

전용 게시판에 문의를 남기시면 저자에게 직접 전달됩니다.

(주)북랩 성공출판의 파트너

북랩 홈페이지와 SNS에서 다양한 출판 솔루션을 만나 보세요!

홈페이지 book.co.kr   •   **블로그** blog.naver.com/essaybook   •   **출판문의** text@book.co.kr
카톡채널 북랩

시간 위에 쌓인 삶의 이야기

살아보니 알겠더라

김도훈 지음

삶은 완성되는 것이 아니라 익어 가는 과정이다.
말 한 마디, 행동 하나, 태도 하나가
오늘의 나를 빚어 내일의 나를 만든다.

북랩

살면서 알게 된 것들

이 책을 쓰기 시작한 것은 거창한 계기 때문이 아니었습니다. 다만 인생의 어느 순간, 문득 돌아보니 지나온 길이 쉽지 않았고, 그 안에는 수많은 감정과 생각, 배움들이 켜켜이 쌓여 있었기 때문입니다. 나 자신도 미처 깨닫지 못한 삶의 궤적이, 조용히 내 안에 남아 있었던 것입니다.

살다 보면 우리는 종종 자신에게 이런 질문을 던집니다.

"지금 내가 잘 살고 있는 걸까?"

그리고 그 물음은 시간이 흐를수록 더 자주, 더 깊이 다가옵니다. 누군가는 '성공'이라는 이름으로, 누군가는 '안정'이라는 기준으로 삶을 평가하려 하지만, 시간이 지나며 알게 되는 것은 삶의 질은 '결과'보다 '태도'에 달려 있다는 사실이었습니다.

이 책은 특별한 한 사람의 자서전도 아니고, 완벽한 삶의 해답을 담은 안내서도 아닙니다. 그저 한 사람이 인생의 다양한 시기를 지나며 겪은 감정, 깨달음, 회한, 감사의 마음들을 조용히 기록해 둔 소박한 성찰의 기록입니다.

청년기에는 불확실한 미래 속에서도 내 몫의 의미를 찾기 위해 발버둥 쳤고, 중년기에는 나 아닌 타인의 몫까지 감당해야 한다는 책임감 속에서 갈팡질팡했습니다. 노년에 접어들며, 이제는 '그 시절의 나'를 토닥이고, '지금의 나'를 다독이는 시간을 보내고 있습니다. 그러면서 자연스레 깨닫게 된 것들이 있습니다. 무엇이 진짜 소중한 것이었는지, 어떤 순간이 진정한 기쁨이었는지 말입니다.

　이 책이 누군가의 삶에 정답을 줄 수는 없습니다. 하지만 누군가가 자신의 삶을 바라보는 시선에 작은 변화나 따뜻한 울림을 줄 수 있다면, 그것만으로도 이 기록은 충분히 의미 있을 것입니다.

　살아보니 알겠더군요. 완벽한 인생이란 없지만, 그럼에도 불구하고 "잘 살았다"고 말할 수 있는 삶은 분명히 존재한다는 것을. 지금 이 글을 읽는 당신 역시, 그렇게 살아가고 있다고 믿습니다.

지은이

2부 뜨거운 열정과 불타는 사명감으로
- 나를 알아가는 과정

3부 인생은 그렇게 흘러 황혼에 기우는데
- 흔적을 남기며 살아가는 시간

4부　하늘이 부르는 그날까지
- 정답 없는 인생, 그러나 의미는 있다

1부

꿈으로 가득 찬
설레는 마음으로

삶은 질문이고, 나는 그 답이다

세상을 살아가면서 매사에 정해진 해답이 있다면 어떨까? 아마도 모든 것이 명쾌하게 해결될 수 있을 것이다. 하지만 동시에 그 삶은 꽤 단조롭고, 무료할 수 있다. 우리의 인생은 수많은 선택과 불확실성 속에서 이루어지며, 그 속에서 오는 긴장과 기대, 그리고 때로는 실패가 우리 삶을 더 열정적이고 의미 있게 만든다. 어쩌면 이러한 불확실성이야말로 우리가 살아가며 경험하는 다양한 감정과 동기 부여의 원천일지도 모른다.

학창 시절 누구나 한 번쯤 경험했을 문제집 맨 뒷장에 숨겨진 해답, 풀리지 않는 문제를 만났을 때 슬그머니 그 해답을 확인해 본 기억이 있을 것이다. 그때는 그 해답이 마치 마법 같은 해결책처럼 느껴졌을지도 모른다. 하지만 인생은 그리 간단하지 않다.

인생의 문제들은 단순히 해답을 찾아보는 것으로 해결되지 않는다. 오히려 정답이 없는 상황 속에서 자신의 길을 찾아가는 과정이 더욱 중요하다.

살다 보면 풀리지 않는 문제와 마주하게 되고, 답답함을 느낄 때가 있다. 그럴 때 우리는 종종 정답을 찾기 위해 애를 쓰곤 한다. 마치 기발한 요행의 답이 어딘가에 숨겨져 있을 것처럼 말이다. 그러나 이러한 태도는 오히려 우리의 시간과 에너지를 낭비하게 만든다. 인생에는 정답도, 오답도 존재하지 않는다. 우리의 삶은 단지 살아가는 과정일 뿐이다. 중요한 것은 이 과정을 얼마나 충실하게, 그리고 의미 있게 보내느냐이다.

요즘 많은 사람들이 인공지능 대화형 모델인 'Chat GPT'와 같은 기술에 의지해 정답을 찾으려고 한다. 물론 이런 기술은 많은 도움을 줄 수 있지만, 그 또한 우리에게 단일한 정답을 제시하지는 않는다. 기술은 우리에게 다양한 관점과 정보를 제공할 수 있을 뿐, 최종적인 선택은 여전히 우리 몫이다. 또한, 살면서 우리가 마주하는 수많은 상황에 대해 다수가 동의하는 일반적인 해결책이 있을 수 있지만, 그 속에 묻혀서 놓치기 쉬운 소수의 진리와 울림이 존재하기도 한다.

나는 사회생활을 13,101일(35년 10개월) 동안 하면서 그때그때 떠오르는 생각과 깨달음을 메모해 두었다. 이 글은 그 메모들을 바탕으로 정리된 결과물이다. 그동안의 경험을 통해 배운 것은, 인생을 살아가는 데 있어서 중요한 것은 정답을 찾는 것이 아니라, 그 과정을 충실하게 살아내는 것이라는 점이다. 매 순간 선택의 연속인 삶에서 완벽한 정답을 찾기보다는, 그 과정 속에서 배우고 성장하는 것이 진정한 의미를 가진다.

삶은 우리가 만들어 가는 것이다. 하루하루 주어진 시간 속에서 우리는 각자의 이야기를 써 내려가고 있다. 그 이야기가 정답에 도달하지 않더라도, 우리가 진정으로 원하는 삶을 향해 나아가는 것이 중요하다. 결국, 인생은 정답을 찾는 것이 아니라, 나 자신이 해답이 되어 가는 과정인 것이다. 이 과정을 통해 우리는 조금씩 성장하고, 자신을 이해하며, 진정한 행복에 다가가게 된다.

1.
멀리 보는 삶의 지혜

현대 사회는 하루하루를 기본 단위로 살아가는 삶의 방식이 주류를 이룬다. 이는 시간의 소중함을 인식하고 효율성을 극대화하려는 태도에서 비롯된다. 그러나 이러한 생활 방식은 자칫하면 생활 자체를 조급하고 성급하게 만들 수 있다. 매일매일 바쁜 일정에 쫓기다 보면 잘못된 의사 결정과 판단으로 인해 중요한 일들을 그르치는 경우가 빈번하게 발생한다. 하루의 성과에만 집착하다 보면 장기적인 목표와 계획을 간과하게 되고, 이는 결국 삶의 질 저하로 이어질 수 있다.

반면에 한 달, 반기, 1년을 기본 단위로 삼아 마음과 생각의 여유를 가지며 살아가는 방식은 현대인의 삶에 큰 변화를 불러올 수 있다. 이런 방식은 일상에 여유를 부여하고 더 넓은 시야로 인생을 바라보게 한다. 일의 중요도를 다시 평가하게 하고, 장기적인 목표를 설정하며 이를 달성하기 위한 전략을 세우는 데 도움을 준다. 또한, 이러한 접근은 단기적인 성과에 얽매이지 않고 더 큰 그림을 그릴 수 있는 기회를 제공한다.

하루하루 열심히 바쁘게 사는 것이 반드시 나쁜 것은 아니다. 이는 자기 계발과 성취감을 느낄 수 있는 좋은 방법일 수 있다. 그러나 그 결과가 항상 긍정적이지는 않다. 아무리 열심히 노력해도 살림살이가 그 자리에 머무를 때, 우리는 종종 실망과 좌절을 겪게 된다. 이는 단기적인 성과에만 집중하고 장기적인 목표를 소홀히 하는 데서 기인할 수 있다. 그래서 가까운 목표도 중요하지만, 때로는 멀리 보고 생각하며 대처하는 삶의 태도가 필요하다.

멀리 보고 계획하는 삶은 여유로움과 풍요로운 삶을 가져올 수 있다. 이는 단순히 물리적인 풍요로움만을 의미하지 않는다. 정신적, 감정적인 풍요로움도 포함된다. 여유로운 마음은 삶의 질을 높이고, 스트레스를 줄이며, 더 나은 의사 결정을 내리도록 돕는다. 장기적인 목표를 설정하고 이를 달성하기 위한 계획을 세우는 것은 삶에 대한 새로운 시각을 제공하며, 더욱 풍요롭고 만족스러운 인생을 살아갈 수 있게 한다.

현대 사회에서 우리가 자주 빠지게 되는 함정은 바로 매일의 바쁜 일상에 매몰되어 장기적인 목표를 잊어버리는 것이다. 이는 눈앞의 작은 성과에 집착하게 만들고, 장기적인 성장과 발전을 방해한다. 따라서 우리는 가까운 목표와 장기적인 목표를 균형 있게 설정하고, 이를 달성하기 위한 계획을 수립해야 한다. 이는 단기적인 성과와 장기적인 성장을 모두 이룰 수 있는 길이다.

마지막으로 우리는 일상에서 여유를 찾고 멀리 보는 습관을 길러야 한다. 이는 단순히 시간 관리의 문제가 아니다. 삶의 태도와 관련된 문제다. 여유 있는 마음으로 멀리 내다보는 삶의 방식은 우리에게 더 나은 미래를 가져다줄 것이다. 장기적인 목표를 설정하

고 이를 위해 꾸준히 노력하는 과정에서 우리는 삶의 진정한 의미
와 가치를 발견할 수 있다. 이렇게 함으로써 우리는 더 나은 삶을
살아갈 수 있다.

2.
모든 것의 시작은 나

모든 것은 내 탓이다

세상을 살아가면서 우리는 종종 외부 환경이나 타인을 원망하며 불행의 원인을 찾곤 한다. 하지만 우리가 겪는 사랑, 행복, 기쁨, 슬픔, 근심, 걱정 등의 모든 감정과 상황의 근본적인 원인은 결국 나 자신에게서 비롯된다. 모든 것이 나로부터 시작되고, 나로 인해 형성되며, 나의 판단에 따라 그 의미가 결정된다. 그러므로 우리는 외부 요인에 의존하여 문제를 해결하려고 시도하기보다는 스스로 책임지고 변화해야 한다.

사랑과 행복은 스스로 만들어 가는 것

사랑과 행복은 우리가 스스로 창조하는 것이다. 많은 사람들은 사랑을 타인에게서 얻으려 하고, 행복을 외부에서 찾으려 하지만, 사실 사랑과 행복은 자신의 내면에서 비롯된다. 상대방이 나를 사랑해 주길 바라기보다는 내가 먼저 사랑을 실천해야 하며, 특정 조건이 충족될 때 행복해지기를 기대하기보다는 지금, 이 순간 행복을 만들어 가야 한다.

사랑은 조건적이지 않으며, 주고받는 것이라기보다 스스로 생성하는 감정이다. 상대방이 나에게 얼마나 관심을 주느냐에 따라 내 사랑이 결정되는 것이 아니라, 내가 얼마나 진실되게 사랑하느냐가 중요하다. 사랑을 주는 행위 자체에서 기쁨을 느낀다면, 우리는 상대의 반응에 연연하지 않고도 만족할 수 있다.

행복 또한 마찬가지다. 돈이 많거나, 원하는 것을 가졌거나, 꿈을 이뤘을 때 행복할 것으로 생각하지만, 실제로 그런 것들이 충족된다고 해서 반드시 행복한 것은 아니다. 우리는 끊임없이 더 나은 것을 원하고, 비교하면서 만족하지 못하는 존재이기 때문이다. 따라서 행복은 외부 환경이 아니라, 현재 가진 것에서 감사함을 느끼고 만족할 줄 아는 태도에서 온다. 결국 행복은 주어지는 것이 아니라, 스스로 만들어 나가는 것이다.

기쁨과 슬픔도 내 생각이 결정한다

같은 상황에서도 사람마다 다르게 반응하는 이유는 무엇일까? 그것은 감정이 외부 환경이 아니라, 우리의 생각에서 비롯되기 때문이다. 기쁨과 슬픔은 상황 자체에서 나오는 것이 아니라, 우리가 그것을 어떻게 받아들이느냐에 따라 결정된다.

예를 들어, 비가 오는 날을 어떤 사람은 우울하게 받아들이고, 어떤 사람은 운치 있고 기분 좋은 날이라고 생각한다. 시험에서 떨어진 경험을 어떤 사람은 실패라고 여기고 낙담하지만, 또 다른 사람은 배움의 기회로 삼고 더 노력하려 한다. 같은 사건도 각자의 해석에 따라 전혀 다른 감정을 불러일으킨다.

결국, 기쁘고 슬픈 감정은 외부에서 주어지는 것이 아니라, 우리의 사고방식에서 비롯된다. 기쁨을 찾고자 한다면, 긍정적인 시각을 기르고 작은 일에서도 만족을 느끼려는 노력이 필요하다. 반면,

슬픔을 줄이고 싶다면, 모든 일을 부정적으로 해석하기보다는 더 넓은 시야에서 바라보고 수용하는 자세를 길러야 한다.

근심과 걱정도 내가 만든 것이다

우리는 종종 걱정과 근심에 사로잡혀 괴로워한다. 미래에 대한 불안, 현재 상황에 대한 고민, 과거의 후회 등이 마음을 무겁게 만든다. 하지만 이러한 걱정과 근심 역시 외부에서 강요된 것이 아니라, 우리가 스스로 만들어낸 것이다.

걱정이란 아직 일어나지 않은 일에 대한 불안이다. 우리는 미래를 알 수 없기 때문에 다양한 가능성을 상상하고 대비하려 하지만, 실제로 대부분의 걱정은 현실이 되지 않는다. 그렇다면 우리는 불확실한 미래를 두려워하며 시간을 낭비할 것이 아니라, 현재 할 수 있는 일에 집중해야 한다.

또한, 근심은 과거의 경험에서 비롯되기도 한다. 이미 지나간 일에 대해 후회하고 자책하며 괴로워하는 것은 아무런 도움이 되지 않는다. 과거를 바꿀 수 없다면, 우리는 그것을 교훈 삼아 더 나은 선택을 하는 것에 집중해야 한다.

모든 것은 나로부터 시작된다

이 모든 것이 결국 나 자신으로부터 비롯된다면, 해결 또한 나에게 달려 있다. 우리는 종종 타인을 원망하거나 환경이 바뀌기를 바라지만, 근본적인 해결책은 나 자신을 바꾸는 것이다.

행복해지기 위해서는 외부 조건을 바꾸려 하기보다는, 내가 행복을 느낄 수 있는 마음 자세를 가져야 한다. 사랑받기를 원하기보다는, 내가 먼저 사랑을 실천해야 한다. 기쁨을 찾으려면, 작은 일에도 감사하는 태도를 가져야 한다. 슬픔과 근심을 줄이려면, 부정적인 사고방식을 바꾸고 더 긍정적으로 해석하는 법을 배워야 한다.

우리는 삶에서 끊임없이 선택의 기로에 서 있다. 어떤 시각으로 세상을 바라볼 것인지, 어떻게 반응할 것인지, 어떤 태도를 가질 것인지에 따라 우리의 삶이 달라진다. 모든 것은 내 탓이며, 내 선택으로 결정된다. 그러므로 남을 탓하기보다, 내가 변하고 성장하는 데 집중하는 것이 진정한 해결책이다.

결국, 우리는 자신의 삶을 책임지는 존재다. 불평하거나 남을 원망하는 것이 아니라, 내면을 들여다보고, 내가 변화하는 데 초점을 맞출 때 비로소 더 나은 삶을 살아갈 수 있다. 모든 것이 나로부터 시작되며, 모든 것은 나에게 달려 있다.

3.
인성이 경쟁력이다

인성(人性)이 경쟁력인 시대, 왜 인성이 중요한가.

오늘날 우리는 급속히 변화하는 사회 속에서 살아가고 있다. 기술이 발전하고 정보화 사회가 고도화되면서, 인간의 지적 능력은 어느 정도 상향평준화 되었고, AI의 등장으로 단순 지식과 정보 처리 능력은 기계가 대체할 수 있는 시대가 되었다. 이러한 시대적 변화 속에서 진정한 경쟁력이 무엇인가에 대한 질문이 제기되고 있으며, 많은 전문가와 리더들이 한목소리로 강조하는 것이 바로 '인성'이다.

'인성'이란, 단순히 착하고 바른 행동을 의미하는 것이 아니다. 인성은 사람의 성품, 사고방식, 태도, 그리고 행동의 특성을 모두 포함하는 포괄적인 개념이다. 즉, 개인이 사회 속에서 타인과 더불어 살아가기 위해 갖추어야 할 인간적인 기본 덕목과 태도를 의미한다. 이를테면 책임감, 배려심, 정직성, 공감 능력, 겸손함, 협동성 등이 그것이다.

현대 사회에서는 이러한 인성을 갖춘 사람이 더 주목받고 있다. 많은 사람들과 함께 어울리며 조화롭게 일할 수 있는 사람, 주변에 좋은 영향을 미치는 사람, 신뢰를 주는 사람, 누구에게나 편안함을 주는 사람은 자연스럽게 조직 내외에서 리더로 성장하게 된다.

이는 단순히 생활에만 국한되지 않고, 사회 전체의 건강성과 통합성을 유지하는 데에도 매우 중요한 요소이다.

세계적인 투자 전문가 워런 버핏과 마이크로소프트 창업자 빌 게이츠 역시 '머리보다 인성이 중요하다'라는 메시지를 여러 차례 강조한 바 있다. 그들은 성공적인 삶을 위해서는 뛰어난 지능보다 훌륭한 인성이 더욱 중요하며, 인성을 바탕으로 한 인간관계 능력, 조율 능력, 공감력 등이 결국 사회적 성공으로 이어진다고 말한다.

특히 인공지능 시대에 이러한 경향은 더욱 두드러진다. 기술은 누구나 공유할 수 있고, 인공지능은 정보 분석과 계산을 대신해 주지만, 사람과 사람 사이의 관계, 감정, 신뢰를 다루는 일은 결국 인간만이 할 수 있기 때문이다.

실제로 많은 부모들이 자녀 교육에 있어서 성적이나 스펙보다 인성 교육을 더욱 중요시하고 있다. 세계 최고 명문대학 중 하나인 하버드 대학교에 자녀를 입학시킨 부모들 역시 공통으로 '인성 교육에 집중했다'라는 사실은 시사하는 바가 크다. 이는 단순히 착한 아이를 키우자는 의미가 아니라, 자녀가 사회 속에서 존중 받으며 자신의 역할을 다할 수 있는 인간으로 성장하도록 돕는 것이다.

또한 현재의 사회 분위기를 보면, 정치적, 이념적 갈등이 날로 심화하고 있다. 진영 논리로 인해 서로의 차이를 인정하지 못하고 갈등이 격화되면서, 사회적 통합이 어려워지는 상황이다. 이러한 시대일수록 인성의 중요성은 더 강조되어야 한다. 타인을 존중하고, 서로의 처지를 이해하며, 갈등보다는 협력을 통해 문제를 해결하고자 하는 태도는 인성의 핵심이기 때문이다.

결국, 인성은 단순히 개인의 문제가 아니라 사회 전체의 건강성과 지속 가능성을 결정짓는 중요한 요소이다. 우리는 이제 '무엇을 아는가'보다 '어떻게 살아가고 있는가', '어떤 태도를 가지고 있는가'가 더 중요한 시대에 살고 있다. 미래 사회에서는 지식과 기술뿐 아니라, 좋은 성품과 건강한 인간관계를 바탕으로 사회와 조직을 이끄는 사람이 진정한 지도자가 될 것이다.

따라서 인성 교육은 이제 선택이 아니라 필수가 되어야 한다. 가정에서, 학교에서, 사회 전반에서 인성의 가치를 인식하고 실천하는 노력이 필요하다. 우리가 함께 살아가는 이 사회가 조금 더 따뜻하고 조화로운 곳이 되기 위해서, 그리고 다음 세대가 더 나은 세상을 만들어가기 위해서는 무엇보다 인성을 가장 중요한 경쟁력으로 인식하고 가꾸어 나가는 것이 필요하다.

4.
경쟁 사회를 살아가는 두 가지 방식

경쟁 사회에서 삶의 방식

쇼트트랙과 스피드스케이팅 비유를 중심으로, 오늘날 우리가 살아가는 사회는 그 자체가 하나의 '서바이벌'이라고 해도 과언이 아니다. 어떤 환경에서, 어떤 일을 하건 우리는 경쟁이라는 거대한 흐름 속에서 살아가고 있으며, 개인의 성공과 실패가 이 경쟁의 결과로 평가되는 것이 일반적이다. 특히 현대 사회는 단순한 생존을 넘어 남들보다 더 나은 위치를 차지해야 한다는 강박 속에서 돌아가고 있다. 이러한 경쟁의 형태는 크게 두 가지 방식으로 나눠 볼 수 있다. 하나는 타인과의 직접적인 경쟁을 통해 순위를 결정짓는 방식이고, 다른 하나는 스스로의 한계를 극복하며 기록을 갱신하는 방식이다. 이를 스포츠에 빗대어 본다면, '쇼트트랙'과 '스피드스케이팅'이라는 두 가지 종목으로 비교해 볼 수 있다.

쇼트트랙 같은 경쟁 사회

쇼트트랙은 좁은 트랙에서 여러 명의 선수가 함께 출발하여 몸을 부딪치며 순위를 다투는 경기다. 이 경기에서 중요한 것은 단순한 속도가 아니라 상대와의 전략적인 경쟁이다. 상대방을 견제하고, 최적의 순간에 치고 나가는 판단력과 기민함이 승패를 좌우한다. 우리가 살아가는 현실 속 경쟁도 이와 유사한 점이 많다.

예를 들어, 기업에서 승진 경쟁을 벌이는 직장인들의 모습을 생각해 보자. 이러한 경쟁은 단순히 개인의 능력만으로 결정되지 않는다. 상사의 신임을 얻는 전략, 동료들과의 관계, 업무를 처리하는 방식 등 다양한 요소가 복합적으로 작용한다. 또한 치열한 입시 경쟁을 벌이는 학생들도 마찬가지다. 성적뿐만 아니라 내신, 비교과 활동, 면접 등 여러 요소를 종합적으로 고려하여 자신만의 전략을 세워야 한다. 이런 환경에서는 자신의 실력뿐만 아니라 타인의 실수나 방심도 결과에 영향을 미친다.

쇼트트랙의 가장 큰 특징은 변수가 많다는 것이다. 앞서가던 선수가 작은 실수로 넘어지면 뒤따르던 선수가 순식간에 기회를 잡을 수도 있고, 반대로 실력 있는 선수도 타인의 행동으로 경기에 큰 영향을 받을 수 있다. 사회 역시 마찬가지다. 열심히 노력한 사람이 꼭 성공하는 것이 아니라, 운이 따라야 할 때도 있고, 예측하지 못한 변수로 인해 계획이 틀어지는 경우도 있다. 그렇기에 쇼트트랙과 같은 사회에서는 실력뿐만 아니라 순간적인 판단력과 상황 대처 능력이 중요하다.

스피드스케이팅 같은 자기 경쟁

반면, 스피드스케이팅은 쇼트트랙과 달리 선수들이 각자의 레인에서 달리며, 기록을 통해 승패를 결정하는 경기다. 경쟁자는 있지만, 직접적인 신체 접촉이나 전략적인 견제가 없다. 오직 자신의 실력과 체력, 그리고 집중력이 승부를 가른다. 이는 자기 자신과의 싸움이며, 자신의 한계를 넘어서는 과정에서 승리할 수 있다.

이러한 삶의 방식은 장기적인 목표를 설정하고 꾸준히 자기 계발을 해 나가는 사람들의 모습과 비슷하다. 예를 들어, 연구자나 예술가처럼 자기 분야에서 최고가 되기 위해 끊임없이 도전하는 사람들은 스피드스케이팅 선수와 같은 길을 걷는다고 볼 수 있다. 그들은 남들과의 비교보다는 자신의 실력을 키우고, 어제보다 나은 오늘을 만들기 위해 노력한다.

또한 창업을 준비하는 사람이나 프리랜서로 일하는 사람들도 이와 유사하다. 이들은 경쟁보다는 자신의 브랜드를 만들고, 자신만의 스타일을 확립하며, 점진적으로 실력을 쌓아 나가는 방식으로 살아간다. 스피드스케이팅과 같은 삶에서는 타인과의 경쟁보다는 '어제의 나'보다 나아지는 것이 핵심이다. 목표를 설정하고 꾸준히 실력을 키우며, 자신의 속도로 성장하는 과정에서 성취감을 얻는다.

두 삶의 방식이 갖는 장단점

쇼트트랙 같은 삶과 스피드스케이팅 같은 삶은 각기 다른 방식으로 개인에게 영향을 미친다. 두 방식 모두 장단점이 있으며, 어떤 것이 더 좋은 삶인가에 대한 정답은 존재하지 않는다.

쇼트트랙 같은 삶의 장점은 빠른 결과를 얻을 수 있다는 점이다. 경쟁을 통해 즉각적인 보상을 받을 가능성이 높고, 치열한 환경에서 살아남으면 높은 성취감을 느낄 수 있다. 하지만 그만큼 피로도가 높고, 예측 불가능한 변수 탓에 실패의 위험도 크다. 또한 타인의 평가와 비교에 민감해질 수 있으며, 지속적인 스트레스에 시달릴 가능성이 높다.

반면, 스피드스케이팅 같은 삶은 자기 계발을 통해 점진적으로 성장할 수 있는 장점이 있다. 경쟁보다는 자신의 페이스에 맞춰 발전할 수 있으며, 꾸준한 노력만 있다면 언젠가 목표에 도달할 가능성이 크다. 하지만 즉각적인 보상이 적을 수 있고, 시간이 오래 걸릴 수 있다. 또한 혼자만의 싸움이기에 동기 부여를 유지하는 것이 쉽지 않을 수도 있다.

경쟁을 넘어선 삶의 방식

우리는 흔히 '경쟁에서 이기는 것'이 성공적이라고 생각하지만, 사실 경쟁과 무관하게 살아가는 삶도 충분히 의미 있을 수 있다. 꼭 순위나 기록을 남겨야만 가치 있는 삶이 되는 것은 아니다. 어떤 사람들은 경쟁 자체를 벗어나 자신만의 삶을 즐기기도 한다.

예를 들어, 자연 속에서 자급자족하며 살아가는 사람들, 특정한 사회적 성공보다는 가정을 돌보며 행복을 찾는 사람들, 봉사 활동을 하며 남을 돕는 데서 보람을 느끼는 사람들처럼 다양한 방식으로 삶의 의미를 찾을 수 있다. 이러한 삶은 경쟁을 거부하는 것이 아니라, 경쟁이 꼭 삶의 필수 요소가 아니라는 것을 보여준다.

또한 순위나 기록이 중요하지 않은 분야에서도 충분히 성공적인 삶을 살 수 있다. 단순히 남들보다 앞서기 위한 경쟁이 아니라, 자신이 원하는 삶의 방향을 설정하고, 그 안에서 만족을 찾는 것이 더 중요한 가치가 될 수 있다.

오늘날 우리 사회는 쇼트트랙 같은 치열한 경쟁과 스피드스케이팅 같은 자기 계발을 요구하는 방식으로 흘러가고 있다. 하지만 삶의 방식은 개인의 선택이며, 꼭 경쟁에서 이겨야만 성공하는 것은 아니다. 누군가는 치열한 경쟁 속에서 살아가는 것을 즐길 수도 있고, 누군가는 자신의 속도로 조용히 목표를 향해 나아갈 수도 있다. 또 누군가는 경쟁 자체에서 벗어나 자신만의 삶을 만들어 갈 수도 있다.

중요한 것은 어떤 삶의 방식을 선택하든, 그것이 자신에게 의미 있고, 만족스러운가 하는 점이다. 순위나 기록이 삶의 전부는 아니며, 각자의 방식대로 살아가는 것이야말로 진정한 성공일 수 있다.

5.
아버지의 인생 훈수

아버지가 자녀에게 인생 조언을 할 때, 그것은 단순히 바둑판 옆에서 행해지는 훈수와는 다르다. '훈수'라는 말은 본래 바둑이나 장기를 둘 때, 구경하는 사람들이 끼어들어 수를 가르쳐 주는 것을 의미한다. 그러나 인생에서 훈수는 다른 차원에서의 조언이다. 살아가면서 우리는 크고 작은 문제에 직면하게 된다. 이러한 문제 앞에서 당사자는 당황하고 긴장감에 휩싸여 해결책을 찾지 못하고 방황하는 경우가 많다. 이때 아버지의 훈수는 자녀가 문제를 해결하는 데 큰 도움이 될 수 있다.

아버지의 훈수는 자녀의 삶을 대신 살아 줄 수 없지만, 그들에게 중요한 인생의 길잡이가 될 수 있다. 많은 부모들은 자녀들이 자기 삶의 여정을 헤쳐 나가기를 바라지만, 때로는 자녀들이 인생의 중요한 갈림길에서 현명한 결정을 내릴 수 있도록 도와주는 것도 부모의 역할 중 하나다. 아버지의 조언은 자칫 단순한 훈수처럼 들릴 수 있지만, 그 배경에는 오랜 세월 동안 쌓아 온 경험과 노하우가 녹아 있다. 아버지가 건네는 조언은 단순히 "아니면 말고" 식의 무책임한 발언이 아니라, 진정으로 자녀의 행복과 성장을 염원하는 마음에서 비롯된 값진 지혜인 것이다.

아버지는 인생의 선배로서 이미 수많은 길을 걸어왔고, 그 과정에서 수많은 실수와 성공을 경험했다. 이러한 경험은 자녀들에게 소중한 교훈이 될 수 있다. 자녀가 어떤 문제에 직면했을 때, 아버지는 그 문제를 이미 경험했거나 유사한 상황을 겪어 봤을 가능성이 크다. 그러므로 아버지의 조언은 단순한 추측이나 일반적인 이야기와는 다른 깊이를 지닌다. 훈수를 두는 이들과 비교할 때, 아버지의 조언이 얼마나 가치 있는지를 보여준다.

물론 자녀 관점에서 아버지의 조언을 듣는 것이 항상 쉬운 일은 아니다. 때로는 조언이 불필요하게 느껴지거나, 자녀 스스로가 문제를 해결하고 싶어 하는 마음이 들 때도 있을 것이다. 하지만 이러한 순간에도 아버지의 조언을 가볍게 여기지 말아야 한다. 아버지가 전하는 말은 단순히 자신의 의견을 강요하는 것이 아니라, 자녀가 보다 나은 선택을 할 수 있도록 돕기 위한 방향성 제시의 일환이다.

특히 오늘날처럼 변화가 빠르고 복잡한 사회에서는 아버지의 조언이 더욱 중요하다. 빠르게 변화하는 사회에서 자녀들은 새로운 도전과 선택의 기로에 자주 서게 된다. 이때 아버지의 경험에서 우러나온 조언은 자녀가 자신의 길을 잃지 않도록 도와줄 수 있다. 예를 들어, 아버지가 자신의 과거 경험을 통해 자녀에게 중요성이나 돈의 가치에 관해 이야기한다면, 이는 자녀가 자신의 삶에서 중요하게 여길 가치들을 정의하는 데 큰 도움이 될 것이다.

아버지의 조언은 때로는 자녀에게 큰 위로가 될 수 있다. 삶의 여정에서 실패와 좌절을 경험할 때, 아버지의 한 마디는 자녀가 다시 일어설 수 있는 힘과 용기를 불어넣어 줄 수 있다. 아버지는 자녀가 더 나은 선택을 하고, 더 나은 삶을 살 수 있도록 돕기 위해 자신의 경험을 나누는 것이다. 이러한 조언을 통해 자녀는 문제를 보다 넓은 시각에서 바라보고, 자신의 상황을 보다 명확히 이해하게 된다.

결국 아버지의 훈수는 그저 지나가는 소리로 흘려들어서는 안된다. 그 속에는 오랜 세월 동안 쌓아 온 경험과 지혜가 녹아 있으며, 자녀를 향한 깊은 사랑과 관심이 담겨 있다. 아버지가 전하는 조언은 자녀가 인생에서 중요한 결정을 내릴 때 유익한 참고 자료가 될 수 있다. 따라서 자녀는 아버지의 말을 귀 기울여 듣고, 그것을 자신의 삶에 적용해 보는 노력을 게을리 하지 말아야 한다. 인생의 문제들은 바둑판처럼 명확하지 않지만, 아버지의 지혜로운 조언은 그 문제들을 해결하는 데 큰 도움이 될 것이다.

6.
나를 이기는 힘

자신과의 싸움에서 이기는 자가 진정한 승자다.

고대 그리스의 철학자 플라톤은 이렇게 말했다.

"인간 최대의 승부는 내가 나를 이기는 것이다."

이 말은 단순히 철학적인 깨달음을 넘어, 인간의 삶 전반에 적용될 수 있는 깊은 통찰을 담고 있다. 우리는 살아가면서 수많은 계획을 세우고, 결심하며, 다짐한다. 그러나 시간이 지나면 그 다짐은 흐려지고, 결심은 무뎌진다.

결국 '작심삼일'이란 말처럼, 스스로와의 약속을 지키지 못하고 쉽게 포기하게 된다. 이는 외부의 환경 때문이라기보다는 내면의 나를 이기지 못한 결과다. 자기 삶에서 진정한 성공을 이루기 위해서는 먼저 나를 이기는 것이 선행되어야 한다. 내가 나를 이긴다는 것은 단지 의지력이 강하다는 것을 의미하는 것이 아니다. 그것은 내면에 존재하는 여러 유혹과 나약함, 게으름, 두려움과 싸워 이겨내는 것을 뜻한다.

우리는 흔히 삶의 장애물이나 적을 외부에서 찾지만, 실상 가장 큰 적은 내 안에 존재한다. 거짓 된 나, 안일함에 안주하려는 나, 부정적인 감정에 휩싸이는 나, 그리고 타인과의 비교에서 자신을 비하하는 나 등은 끊임없이 자기 성장을 방해한다. 이들을 이겨내지 못하면 아무리 좋은 기회가 와도 그것을 온전히 자신의 것으로 만들 수 없다.

자신과의 싸움에서 진다는 것은 곧 삶을 주도하지 못한다는 의미와 같다. 우리는 타인을 이기기 위해 노력하기 전에, 나를 이겨야 한다. 나를 이기지 못한 사람은 오히려 자신보다 타인을 이기기 위해 더 많은 에너지를 쏟으며, 불필요한 경쟁과 비교 속에서 살아간다. 그러나 타인을 이긴다고 해서 진정한 승자가 되는 것은 아니다. 자기 자신을 다스리고 이긴 사람만이 타인을 이해하고 존중할 수 있는 여유와 품격을 갖출 수 있으며, 그것이 곧 진정한 리더의 모습이다.

'리더'란 단지 지시하고 통솔하는 사람이 아니다. 리더는 공동체 속에서 방향을 제시하고, 어려운 상황에서도 중심을 잃지 않으며, 타인의 처지에서 생각할 줄 아는 사람이다. 그리고 이러한 역량은 자신을 끊임없이 돌아보고 성찰하는 과정 속에서 형성된다. 자기 자신을 속이지 않고, 나약한 부분을 인정하고, 그것을 극복하려는 노력을 지속적으로 실천해 나가는 사람만이 타인의 삶도 함께 이끌어 갈 수 있다. 그러므로 먼저 자신을 이기는 사람이야말로 진정한 지도자가 될 수 있다.

자신을 이긴다는 것은 자기 자신을 정확히 아는 것에서 시작된다. 나의 장점과 단점, 나의 욕망과 두려움, 내가 피하고 싶은 것과 마주해야 할 것을 있는 그대로 받아들이는 용기가 필요하다. 그리고 그 용기를 바탕으로 변화하려는 의지를 실천하는 것이 중요하다. 오늘의 나보다 내일의 내가 조금이라도 성장할 수 있도록 노력하는 것, 그것이 자신을 이기는 삶의 방식이다.

살다 보면 많은 유혹이 우리를 흔든다. 조금만 더 쉬고 싶고, 조금만 더 미루고 싶고, 조금만 더 나 자신에게 관대하고 싶어진다.

그러나 그러한 작은 유혹에 계속해서 지다 보면 어느새 우리는 삶의 중심을 잃고 흔들리게 된다. 반면, 자신을 다스리는 사람은 상황이 어떠하든 흔들리지 않는다. 그는 자신의 내면에서 끊임없이 일어나는 갈등과 싸우며, 때로는 고통스럽고 외로운 길을 선택하더라도 결국 그 길 끝에서 더 강한 자신을 마주한다.

자신과의 싸움은 평생 계속된다. 하루 이틀의 노력으로 완성되는 것이 아니라, 매일 매일의 선택과 실천이 쌓여 비로소 승리를 쟁취하게 되는 것이다. 그렇기에 우리는 매일 아침 자신에게 묻고 다짐해야 한다. '오늘 나는 나를 이길 수 있는가?'라고. 그리고 그 질문에 정직하게 답하며, 작더라도 하나씩 실천해 나갈 때, 우리는 점점 더 단단한 사람으로 성장할 수 있다.

진정한 강자는 외부의 적과 싸워 이긴 사람이 아니라, 내면의 적을 극복한 사람이다. 외부의 환경은 때로는 통제할 수 없는 요소들이지만, 나 자신은 내가 통제할 수 있는 영역이다. 그 안에서의 승리는 결코 다른 누구와 비교하거나 증명할 필요도 없이, 나 자신에게 가장 큰 의미가 되는 승리다. 그리고 그 승리를 거듭하는 사람은 결국 어떤 상황에서도 흔들리지 않는 자기 확신과 성숙함을 갖춘 인물이 된다.

인생은 마라톤과 같다. 단거리 경주처럼 순간의 속도보다 중요한 것은 꾸준함이다. 그리고 그 꾸준함은 자신을 다스릴 수 있을 때 가능하다. 내가 나를 이기는 삶, 그것이 결국 성공의 밑바탕이며, 진정한 삶의 의미를 발견하는 길이다. 그러니 오늘도 자신과의 싸움에서 한 걸음 더 나아가자. 그리고 언젠가는 자신 있게 말할 수 있도록 하자. "나는 나를 이겼다. 그래서 나는 진정한 승자다."라고.

7.
자신을 매일 업그레이드하라

　매일 새로운 지식과 정보를 습득하는 것은 개인의 발전과 성장에 중요한 요소이다. 매일 다섯 가지 이상의 새로운 주제를 발굴하고 탐구함으로써 자신을 지속적으로 업그레이드할 수 있다. 이를 통해 인적 네트워크 확장, 인프라 이해, 제도 파악, 혁신적인 아이디어 생성 등 다양한 영역에서 경험과 지식을 쌓을 수 있다.

　첫째, 새로운 지식을 습득하는 것은 기존의 시각을 넓히고 더 나은 결정을 내릴 수 있는 능력을 키우는 데 도움이 된다. 매일 다른 주제에 대해 학습함으로써 다양한 분야에 대한 이해를 깊이 있게 확장할 수 있다. 예를 들어, 과학, 역사, 문화, 기술 등 각 분야에서 매일 새로운 사실과 개념을 습득하여 전반적인 지식 범위를 넓힐 수 있다.

　둘째, 인적 네트워크를 확장하는 것은 새로운 아이디어를 얻고 새로운 기회를 발견하는 데 도움이 된다. 매일 새로운 사람들과 소통하고 이들과의 관계를 구축함으로써 다양한 배경과 전문성을 가진 사람들의 의견을 듣고 경험을 공유할 수 있다. 이를 통해 새로운 아이디어를 얻을 뿐만 아니라 협력 기회를 발견할 수도 있다.

　셋째, 인프라와 제도에 대한 이해는 현실 세계에서 효율적으로 작동하고 성공을 끌어내는 데 필수적이다. 매일 새로운 인프라 기술이나 제도적 변화에 대해 학습함으로써 조직 또는 사회의 변화에 민감하게 대응할 수 있는 능력을 키울 수 있다. 또한, 제도적 구조와 활용이나 사회 참여에 있어서 중요한 역할을 한다.

넷째, 혁신적인 아이디어를 발굴하고 구상하는 것은 미래를 창조하는 데 있어서 필수적이다. 매일 새로운 아이디어를 도출하고 발전시킴으로써 창의력과 문제해결 능력을 향상시킬 수 있다. 이를 통해 혁신적인 제품, 서비스 또는 솔루션을 개발하여 사회나 비즈니스에서 선도적인 임무를 수행할 수 있다.

마지막으로, 매일 새로운 지식과 정보를 습득함으로써 시대에 앞서가는 사람이 될 수 있다. 변화의 속도가 빠르게 가속화되는 현대 사회에서는 지속적인 학습과 발전이 필수적이다. 따라서 매일 새로운 지식을 익힘으로써 자신의 경쟁력을 유지하고 미래를 준비할 수 있다.

8.
나이대별 삶의 균형,
방사형 그래프로 자가 진단하기

현대 사회에서 균형 잡힌 삶을 위해 중요한 가치는 다양하다. 개인의 나이와 상황에 따라 우선시되는 가치가 다를 수 있지만, 일반적으로 경제적 안정, 주거 안정, 결혼 여부, 직업 안정, 건강 상태, 자녀 유무, 생활 수준, 가족과의 관계 등이 중요한 요소로 꼽힌다. 이러한 항목을 나이대별로 경쟁력을 방사형 그래프로 체크하여 자기 삶의 현 위치를 자가 진단하고, 이를 통해 미래의 목표를 설정하고 균형 잡힌 삶을 영위하는 데 활용할 수 있다.

먼저, 경제적 수준(현금 보유)은 개인의 재정 상태를 나타내며, 이는 다양한 나이대에서 중요한 요소로 작용한다. 40세의 경우, 경제적 안정은 중년기의 주요 목표로, 안정적인 수입과 저축, 투자 등을 통해 재정적 안전망을 구축하는 것이 필요하다. 50세, 60세 이후에는 은퇴 준비와 노후 자금을 어떻게 마련하였는지가 중요한 평가 요소가 된다.

자가(自家) 유무는 주거 안정의 지표이다. 40세쯤에는 자가를 소유하는 것이 안정적인 생활을 위한 중요한 목표로 여겨지며, 이는 노후까지 지속적인 거주지를 확보하는 데 큰 역할을 한다. 50세 이후에는 주택의 가치와 주거비용 관리가 중요한 요소로 작용한다.

결혼 여부와 가족관계는 개인의 사회적 안전망을 의미한다. 결혼과 가족관계는 정서적 안정과 지원 시스템을 제공한다. 40세쯤 결혼 여부와 가족의 안정성은 중요한 지표로 작용하며, 자녀가 있다면 자녀 교육과 양육에 집중하게 된다. 50세 이후에는 자녀의 독립과 노후 부부 관계 유지가 중요한 요소가 된다.

직업 여부와 직업 안정성도 중요한 요소이다. 40세쯤에는 직업의 안정성과 경력 발전이 중요한 목표이며, 50세 이후에는 은퇴 준비와 노후 소득원이 중요한 지표로 작용한다.

건강 수준은 모든 연령대에서 중요한 요소이다. 40세쯤에는 건강한 생활습관을 통해 만성질환 예방에 중점을 두고, 50세 이후에는 정기적인 건강검진과 지속적인 건강 관리가 중요하다.

자녀 유무는 가족의 형태와 관련이 있다. 40세쯤 자녀의 교육과 양육에 많은 시간과 자원을 투자하게 되며, 50세 이후에는 자녀의 독립 여부와 자녀와의 관계가 중요하다. 생활 수준은 전반적인 삶의 질을 나타낸다.

40세쯤에는 경제적 안정과 직업 안정성을 기반으로 한 생활 수준이 중요하며, 50세 이후에는 재정적 안정성과 건강을 바탕으로 한 삶의 질이 중요하다.

이러한 요소들을 방사형 그래프로 시각화하여 나이대별로 자신의 상태를 평가할 수 있다. 예를 들어 40세의 경우 경제적 수준, 자가 유무, 결혼 여부, 직업 안정성, 건강 상태, 생활 수준, 가족 관계를 1부터 10까지의 척도로 평가하여 방사형 그래프로 그리면 현재의 강점과 약점을 시각적으로 파악할 수 있다.

이를 통해 50세, 60세, 70세의 목표를 설정하고, 각 나이대에 필요한 개선 사항을 구체적으로 계획할 수 있다.

결론적으로, 나이대별로 중요한 가치들을 방사형 그래프로 시각화하여 자가 진단하고 이를 바탕으로 삶의 목표를 설정하고 실행하는 것은 균형 잡힌 삶을 영위하고 자아를 실현하는 데 큰 도움이 된다. 이 과정을 통해 개인은 자신의 강점과 약점을 파악하고, 필요한 부분을 보완하며, 지속적으로 성장할 수 있는 기반을 마련할 수 있다.

9.
그릇이 큰 사람이 되는 법

큰 그릇의 의미

우리는 자녀들에게 종종 "그릇이 큰 사람이 돼라"고 가르친다.
여기서 말하는 그릇은 단순히 물리적인 크기가 아니라, 내면의 깊
이와 넓이를 의미한다. 즉 인생을 넓게 보고, 타인을 포용하며, 삶
을 깊이 이해하는 사람을 뜻한다. 그릇이 크다는 것은 곧 자신의
마음과 태도가 넓고 깊다는 의미이며, 이를 통해 우리는 더욱 성
숙한 인격체로 성장할 수 있다.

그릇의 크기와 내면의 성장

사람의 내면을 그릇에 비유하는 것은 아주 적절한 표현이다. 왜
냐하면 우리가 어떤 성품을 가지고 있느냐에 따라 받아들일 수 있
는 것들이 달라지기 때문이다. 만약 그릇이 적다면 좋은 것조차
도 충분히 담아낼 수 없고, 나쁜 것이 들어오면 쉽게 넘쳐흘러 버
린다. 반면에 그릇이 크다면 좋은 것은 더욱 많이 담고, 나쁜 것도
수용하여 정화할 수 있는 여유를 가지게 된다.

그릇이 크다는 것은 단순히 많은 것을 받아들이는 것이 아니라,
그것을 소화하고 이해하며 성장할 수 있는 능력을 갖추는 것이다.
이는 곧 우리의 사고방식과 태도에 따라 결정된다. 마음이 좁은

사람은 작은 일에도 쉽게 화를 내고, 타인의 실수를 용납하지 않으며, 비판적인 태도를 보인다. 그러나 마음이 넓은 사람은 타인의 단점을 이해하고, 실수를 감싸주며, 문제를 해결하는 데 집중한다. 이러한 차이는 결국 인생에서 큰 차이를 만든다.

그릇이 큰 사람의 특징

그렇다면 그릇이 큰 사람들은 어떤 특징을 가지고 있을까?

포용력: 상대방의 실수나 부족함을 이해하고 용납하는 능력을 갖춘다. 그릇이 큰 사람은 타인의 단점을 비난하기보다는 받아들이고 함께 성장하려는 태도를 가진다.

겸손함: 자신의 부족함을 인정하고 끊임없이 배우려는 자세를 가진다. 그릇이 큰 사람은 남의 말을 귀담아듣고, 자기 생각만을 고집하지 않는다.

인내심: 어려운 상황에서도 쉽게 흔들리지 않고, 감정을 잘 조절할 수 있다. 인내심이 강한 사람은 작은 일에 휘둘리지 않으며, 긴 호흡으로 문제를 해결한다.

긍정적인 태도: 어떤 상황에서도 긍정적인 시각을 유지하며, 문제를 해결하는 방향으로 사고한다. 그릇이 큰 사람은 실패조차도 하나의 배움으로 받아들이고 성장의 기회로 삼는다.

배려심: 타인의 처지에서 생각하고 공감하는 능력을 갖추고 있다. 그릇이 큰 사람은 자신의 이익만을 생각하는 것이 아니라, 주변 사람들과의 조화를 중요하게 여긴다.

그릇이 커지는 과정

그렇다면 우리는 어떻게 하면 그릇을 키울 수 있을까? 이는 하루아침에 이루어지는 것이 아니라, 지속적인 노력과 경험을 통해 성장하는 과정이다.

자기 성장: 자신의 감정과 행동을 돌아보고, 어떤 부분에서 더 넓은 마음을 가져야 하는지 고민하는 것이 중요하다. 우리는 모두 실수하지만, 그것을 인정하고 개선하려는 태도가 중요하다.

다양한 경험 쌓기: 새로운 사람을 만나고, 다양한 문화를 접하며, 다양한 상황을 경험하는 것이 중요하다. 이러한 경험은 우리의 시야를 넓히고, 더욱 넓은 마음을 가질 수 있도록 돕는다.

독서와 학습: 책을 읽고, 지식을 쌓으며, 새로운 관점을 배우는 것도 도움이 된다. 다양한 철학과 가치관을 접하다 보면, 보다 열린 사고를 할 수 있다.

감정 조절 연습: 화가 날 때 감정을 조절하는 연습을 하고, 충동적인 반응을 줄이는 것이 중요하다. 감정을 다스릴 줄 아는 사람은 더욱 신중하고 현명한 결정을 내릴 수 있다.

타인의 관계에서 배우기: 주변 사람들과의 관계를 통해 성장할 수 있다. 누군가와 갈등이 생겼을 때, 그것을 해결하는 과정에서 우리는 더욱 성숙해질 수 있다.

그릇이 큰 사람이 되기 위한 노력

그릇이 큰 사람은 결코 태어날 때부터 그렇게 정해진 것이 아니다. 이는 끊임없는 노력과 연습을 통해 이루어지는 것이다. 다음과 같은 노력을 기울이면 자신의 내면은 너욱 넓어지고 싶어실 수 있다.

비판보다는 이해하기: 다른 사람의 행동이 마음에 들지 않을 때, 먼저 그 이유를 이해하려고 노력해 보자. 상대방도 나름의 사정이 있을 수 있으며, 무조건 비판하기보다는 대화를 통해 해결하려는 태도가 중요하다.

작은 일에 흔들리지 않기: 사소한 일에 감정을 소비하는 대신, 더 큰 목표와 비전을 바라보는 자세가 필요하다. 우리는 인생에서 많은 일을 경험하게 되는데, 작은 일에 집착하기보다는 더 중요한 것에 집중하는 마음가짐이 중요하다.

나 자신을 존중하기: 자신의 감정과 생각을 존중하고, 스스로에게 긍정적인 말을 건네는 자세가 중요하다. 자기 존중감이 높은 사람은 다른 사람을 존중할 줄도 안다.

끊임없이 배우고 성장하기: 자신의 부족함을 인정하고, 배우려는 자세를 갖는 것이 중요하다. 배우는 만큼 자신의 그릇도 커질 수 있다.

그릇이 크다는 것은 단순히 많은 것을 받아들이는 것이 아니라, 그것을 소화하고 이해하며, 더욱 가치 있는 삶을 살아가는 것이다. 우리는 누구나 성장할 수 있는 가능성을 가지고 있으며, 노력 여하에 따라 더 넓고 깊은 사람이 될 수 있다.

세상을 살아가면서 다양한 사람들과 상황을 마주하게 된다. 그때마다 우리는 그릇이 큰 사람이 될 것인지, 아니면 작은 것에 집착할 것인지를 선택해야 한다. 우리는 대담하고 대범한 큰 그릇을 가진 사람이 되기 위해 노력해야 한다. 그렇게 된다면 더 많은 것을 받아들이고, 더 깊이 이해하며, 더욱 풍요로운 인생을 살아갈 수 있다.

10.
취미와 일, 그 경계의 의미

　많은 사람이 현재 하는 일이 꼭 좋아서, 즐거워서 하는 것만은 아니다. 오히려 대부분의 사람은 주어진 여건과 상황에 맞춰 직업을 선택하고, 이를 바탕으로 삶을 이어간다. 이는 직업이 단순히 즐기기 위해 하는 일이 아니라, 생계를 유지하기 위한 필수적인 일이라는 의미도 포함된다.

　이러한 상황 속에서 일을 대하는 가장 지혜로운 자세는 현재의 여건을 긍정적으로 받아들이고, 그 속에서 의미와 가치를 만들어 가는 것이다. 즉 자신에게 주어진 일을 단순한 의무로 여기는 것이 아니라, 그 속에서 즐거움을 찾고 발전할 기회를 만들어 가려는 마음가짐이 필요하다.

　누구에게나 취미가 하나쯤 있을 것이다. 취미는 사전적으로 '전문적으로 하는 것이 아니라 즐기기 위하여 하는 일'로 정의된다. 이는 취미가 직업과 달리 즐거움을 추구하는 순수한 활동이라는 뜻을 내포하고 있다.

　때로는 이러한 취미를 업으로 삼으면 어떨까 하는 생각이 들기도 한다. 자신이 좋아하고 즐길 수 있는 취미를 직업으로 삼는다면, 그 일에 대한 열정과 몰입이 자연스럽게 높아질 수 있기 때문이다. 예를 들어 그림 그리기를 좋아하는 사람이 화가가 되거나, 음악을 좋아하는 사람이 음악가가 된다면, 그 직업 자체가 큰 즐거움을 줄 것으로 생각할 수 있다.

하지만 현실적으로는 이처럼 이상적인 모습이 항상 실현되는 것은 아니다. 취미가 직업이 되는 순간, 그 일이 단순히 즐기기 위한 활동이 아닌 책임과 성과를 요구하는 일이 되기 때문이다. 이에 따라 많은 경우, 취미는 직업이 되는 순간 본래의 즐거움을 잃고 스트레스의 원천으로 변하게 된다. 예를 들어 여행을 즐기는 사람이 여행 블로거가 되거나, 요리를 좋아하는 사람이 셰프가 된다면, 처음에는 자신의 취미를 직업으로 삼았다는 설렘이 있을 것이다. 하지만 시간이 지나면서 매번 새로운 아이디어를 내고 성과를 만들어야 하는 압박이 생기게 된다. 그 결과 처음의 순수한 즐거움은 줄어들고, 그 일 자체가 스트레스로 다가오기도 한다.

결국 취미는 취미일 때 진정한 가치를 가지게 된다. 취미를 통해 마음의 휴식을 얻고 일상에서의 스트레스를 해소할 수 있다. 만약 취미가 직업이 되어 버린다면, 휴식과 즐거움의 시간이 줄어들고 그 일이 오히려 부담이 될 수 있다. 따라서 좋아하는 취미가 있다면 그것을 유지하며 즐기는 것이 가장 현명한 방법일 수 있다. 취미는 취미로 남겨 두고, 직업은 직업으로 대할 때, 두 가지의 균형을 맞추며 삶의 질을 높일 수 있을 것이다.

정리하자면, 좋아서 하는 일이라고 해서 모두 취미처럼 가볍게 여길 수 있는 것은 아니다. 취미는 그 자체로 마음의 평안을 주고 삶의 여유를 선사하지만, 일이 되면 본래의 의미를 잃어버릴 가능성이 크다. 그러므로 좋아하는 일을 업으로 삼기보다는, 취미로서 그 가치를 온전히 누리며 삶 속에서 의미 있는 순간들을 채워 가는 것이 더 바람직할 수 있다.

11.
생각이 현실이 된다

생각대로 되는 삶: 긍정적인 사고와 감정 관리의 중요성

현대 사회를 살아가는 우리는 하루하루 바쁘고 정신없이 살아간다. 해야 할 일이 끊임없이 쏟아지고, 사람들과의 관계 속에서 크고 작은 갈등을 경험하며, 때로는 예상치 못한 어려움을 맞닥뜨리기도 한다. 이러한 일상에서 평정심을 유지하고 긍정적인 마음가짐을 유지하는 것은 결코 쉬운 일이 아니다. 하지만 삶을 대하는 우리의 태도와 사고방식은 우리가 경험하는 현실에 지대한 영향을 미친다. 즉 우리의 생각이 곧 현실이 된다는 의미이다.

예를 들어, 누군가에 대해 부정적인 감정을 지속적으로 품으면 점점 그 감정이 강화되어 결국 상대방을 진심으로 미워하게 된다. 반대로, 어떤 사람을 볼 때마다 고맙고 소중한 존재라고 생각하면, 그 사람은 점점 더 소중한 존재로 자리 잡고, 관계 또한 긍정적으로 유지될 가능성이 높아진다.

이처럼 우리의 사고방식과 감정은 곧 우리의 현실을 형성하는 중요한 요소이며, 이를 잘 관리하는 것은 행복한 삶을 위한 필수 조건이 된다.

사고의 힘: 생각이 현실을 만든다

사람의 감정과 행동은 결국 마음속에서 시작된다. "미운 놈 떡 하나 더 준다"라는 속담이 있지만, 실제로 우리는 미운 사람에게 떡을 주기보다는 더 미워하고 싶은 감정에 휩싸이는 경우가 많다. 누구나 살아가면서 마음에 들지 않는 사람이나 상황을 마주할 때가 있다. 이때 부정적인 감정을 키우면, 그 감정은 마음을 지배하게 되고, 결국 행동에도 영향을 미치게 된다.

예를 들어, 어떤 동료가 자꾸 거슬린다고 생각하면, 그 사람이 하는 모든 행동이 불편하게 느껴지고, 결국 그와의 관계가 더 악화할 수밖에 없다. 처음에는 단순한 불만이었더라도, 부정적인 생각이 반복되면 점점 더 강한 감정으로 변하고, 결국 상대를 미워하는 마음으로까지 발전하게 된다. 결국 부정적인 감정을 스스로 강화하는 셈이 된다.

반면에, 반대의 경우를 생각해 보자. 어떤 사람을 볼 때마다 "참 고마운 사람이다", "이 사람 덕분에 내가 더 좋은 방향으로 성장할 수 있다"라고 생각하면 어떨까? 처음에는 억지로 그런 생각을 할 수도 있지만, 긍정적인 사고가 반복되면 결국 진짜 감정으로 자리 잡게 된다. 그리고 우리는 그 사람을 더 좋은 감정으로 대할 수 있고, 상대도 이에 반응하여 관계가 더욱 긍정적으로 발전할 가능성이 커진다. 즉 생각이 감정을 만들고, 감정이 행동을 결정하며, 행동이 우리의 현실을 바꾸는 것이다.

긍정적인 최면: 소소한 습관이 인생을 바꾼다

우리는 하루에도 수많은 생각을 하며 살아간다. 그중에서도 감정에 관련된 생각은 우리의 행동과 태도에 직접적인 영향을 미친다. 그렇다면 우리는 어떻게 하면 긍정적인 사고를 습관화할 수 있을까?

가장 효과적인 방법 중 하나는 '긍정의 최면'을 생활 속에서 실천하는 것이다. 이는 자기 암시와 비슷한 개념으로, 특정한 감정을 의식적으로 반복하며 스스로에게 긍정적인 영향을 주는 것이다. 예를 들어, 매일 아침 거울을 보며 "나는 오늘도 행복하고 긍정적인 하루를 보낼 거야!"라고 말하는 습관을 들여 보자. 처음에는 단순한 말에 불과할지 몰라도, 이런 반복적인 자기 암시는 점점 우리의 사고방식과 감정에 영향을 미치게 된다.

또한, 주변 사람들에게 고마운 마음을 갖고 이를 표현하는 언행도 중요한 긍정 습관 중 하나다. 가족, 친구, 동료에게 "고맙다", "소중한 존재다"라고 자주 말해 보자. 이런 작은 말 한 마디가 우리의 감정을 따뜻하게 만들고, 상대방과의 관계를 더욱 돈독하게 해 준다.

감정 관리의 중요성

사람은 감정을 가진 존재이기에, 때로는 부정적인 감정을 느낄 수도 있다. 하지만 중요한 것은 그 감정을 어떻게 다루느냐 이다. 감정을 적절히 조절하지 못하면 부정적인 감정이 지속적으로 쌓이고, 결국 삶의 질을 떨어뜨릴 수 있다.

감정을 관리하는 데 있어 중요한 것은 '객관적인 시각'을 유지하는 것이다. 누군가에게 화가 났을 때, 그 감정을 즉시 표출하기보다는 잠시 멈추고 스스로에게 질문해 보자. "이 감정이 정말로 지속될 만한 가치가 있는가?"라고 자문해 보면, 감정이 조금씩 가라앉는 경험을 할 수 있다.

또한, 명상이나 심호흡 같은 방법을 활용하는 것도 감정 조절에 큰 도움이 된다. 잠시 눈을 감고 깊게 숨을 들이마시고 내쉬면서, 지금의 감정을 천천히 정리해 보자. 이러한 작은 습관이 반복되면, 우리는 감정을 더 잘 통제할 수 있게 되고 삶의 질 또한 향상될 것이다.

남은 인생을 바꾸는 작은 실천들

삶은 결국 우리가 어떤 생각을 하고, 어떤 감정을 품으며 살아가느냐에 따라 달라진다. 부정적인 감정을 자주 품고 산다면 삶이 점점 힘들어질 것이고, 긍정적인 감정을 의식적으로 키운다면 삶은 더욱 풍요로워질 것이다. 그러므로 우리는 일상에서 작은 습관을 통해 긍정적인 사고를 실천해야 한다.

- 매일 아침 긍정적인 자기 암시를 해보기
- 주변 사람들에게 고마운 마음을 표현하기
- 감정이 폭발하기 전에 잠시 멈춰서 생각하기
- 명상이나 심호흡을 통해 감정을 조절하는 연습하기
- 어떤 상황이든 긍정적인 측면을 먼저 바라보는 연습하기

이러한 작은 실천들이 쌓이면, 결국 우리 삶은 긍정적인 방향으로 변화할 것이다. 중요한 것은 한 번에 모든 것을 바꾸려 하지 말고, 매일 조금씩 실천하는 것이다.

결론적으로, 우리의 생각과 감정은 결국 우리의 현실을 만들어 간다. 바쁘고 정신없는 삶 속에서도 긍정적인 사고를 유지하려는 노력이 필요하다. 그리고 이러한 노력이 쌓이면, 우리의 남은 인생은 더욱 행복하고 의미 있는 방향으로 변화할 것이다. 긍정적인 최면을 통해 우리의 감정을 건강하게 관리하고, 행복한 삶을 살아가도록 하자.

12.
신뢰는 약속에서 시작된다

약속과 신뢰는 인생을 지탱하는 보이지 않는 힘이다.

살면서 주변으로부터 신뢰를 받는다는 것은 생각보다 쉽지 않은 일이다. 우리는 하루에도 수많은 만남과 약속 속에서 살아가며, 그 속에서 자신도 모르게 누군가를 평가하고 또 평가받는다. 이런 관계의 시작점은 대부분 '약속'에서 출발한다. 단순히 시간을 정하고 만나는 행위처럼 보일 수 있지만, 약속은 인간관계의 출발점이자 기본적인 예의의 표현이다.

우리는 누군가와의 약속을 통해 신뢰를 얻기도 하고, 그 반대로 실망을 주기도 한다. 특히 반복되는 지각이나 잦은 일정 변경은 상대방으로 하여금 신뢰를 잃게 만들 수 있다. 단 한 번의 실수로는 큰 문제없이 넘어갈 수 있지만, 그것이 반복된다면 그 사람의 평판 자체에 영향을 줄 수 있다. 결국, 신뢰란 한순간에 쌓이는 것이 아니며, 오랜 시간 동안의 작고 사소한 약속을 지키는 태도에서 비롯된다. 돌아가신 아버지께서 생전에 늘 강조하셨던 말씀이 있다.

"약속을 했으면 5분 먼저 가서 기다려라. 그것이 상대방에 대한 예의며, 너에 대한 신뢰를 심어 주는 일이다."

어릴 적에는 그 말의 의미를 크게 실감하지 못했지만, 사회에 나와 다양한 사람들과 관계를 맺으며 그 진정한 의미를 깨닫게 되었다. 상대방보다 먼저 도착해 기다리는 행동은 단순히 시간 개념이 정확하다는 의미를 넘어서, 상대방을 배려하고 존중한다는 마음이 담겨 있다. 이는 말로는 표현되지 않지만, 행동을 통해 오롯이 전달되는 진심이다.

약속 시간에 늦는 경우도 때때로 생길 수 있다. 교통 상황이나 갑작스러운 돌발 변수 등, 인간이라면 누구나 피치 못할 사정이 있기 마련이다. 아버지께서는 그런 상황에서도 중요한 점을 일러주셨다.

"늦게 되면 변명하지 말고, 그냥 '늦어서 죄송합니다'라고 진심으로 사과해라. 그것이 상대방에게 진정성을 전하는 방법이다."

이처럼 핑계나 변명보다는 담백하게 자신의 잘못을 인정하고 사과하는 자세가 신뢰를 다시 회복하는 데 더 효과적이라는 가르침이다.

또한 아버지께서는 밥상머리 교육을 통해 평소 약속 시간에 자주 늦는 사람과는 "돈거래를 하지 말라"고도 하셨다. 이 말의 의미를 곱씹어 보면, 약속을 잘 지키는 사람은 책임감 있는 사람이란 뜻이기도 하다. 약속 시간 하나 지키지 못하는 사람은 금전과 같은 더 중요한 신뢰 관계에서도 불성실할 가능성이 있다는 뜻이다. 그만큼 시간에 대한 개념, 약속을 지키려는 태도는 단순히 사회생활의 예의 차원이 아니라, 사람의 인성과 책임감을 판단하는 중요한 척도가 된다.

현대 사회는 시간에 쫓기고, 일에 치여 살아가는 경우가 많다. 그럴수록 약속에 대한 태도는 더욱 중요해진다. 특히, 일상에서 자주 발생하는 사소한 약속들 친구와의 점심, 회의 시간, 전화 통화 시간 등이 바로 인간관계의 기초를 다지는 근간이 된다. 이처럼 사소하게 보일 수 있는 것들이 쌓여 하나의 신뢰를 구축해 나가는 것이다. 그러므로 우리는 약속을 단순히 시간 맞춰 움직이는 일이 아니라, 타인과의 관계 속에서 자신의 이미지를 만들어 가는 과정으로 인식해야 한다.

신뢰는 단단한 돌 위에 쌓은 탑과도 같다. 처음부터 높게 쌓을 수는 없고, 하나하나 천천히 올려야 한다. 하지만 그만큼 무너지기도 쉬운 것이 신뢰다. 약속을 어기고, 말을 바꾸며, 시간을 가볍게 여기는 태도는 한순간에 그 탑을 무너뜨릴 수 있다. 그렇기에 평소에 더욱 신중하게, 그리고 꾸준히 약속을 지키는 노력이 필요하다. 약속은 지키는 것에 그치지 않고, 약속을 대하는 태도와 준비, 그리고 마음가짐 모두가 신뢰를 형성하는 요소로 작용한다.

지금, 이 순간에도 우리는 누군가와의 약속을 앞두고 있거나, 혹은 지나간 약속을 되새기고 있을지도 모른다. 그런 과정에서 자신을 되돌아보고, 앞으로의 태도를 다잡는 것은 매우 뜻깊은 일이다. 작은 약속을 지키며 얻는 신뢰는 분명히 더 큰 관계로 이어지고, 인생의 중요한 순간에서 당신을 지켜주는 든든한 기반이 되어 줄 것이다.

따라서 우리는 약속을 단지 지켜야 하는 의무가 아닌, 소중한 삶의 일부로 받아들여야 한다. 정해진 약속은 최우선으로 관리하고, 가능하면 5분 먼저 도착해 상대방을 기다릴 수 있는 여유와 배려를 갖자. 혹여나 늦는 일이 생기더라도 변명보다는 솔직한 사과를 통해 진정성을 보여주자. 이런 태도가 모여 결국 한 사람의 신뢰를 완성하고, 더 나아가 건강한 사회적 관계를 만들어 나가는 초석이 된다.

신뢰는 말로 하는 것이 아니라 행동으로 쌓아 가는 것이다. 그리고 그 시작은 바로 '약속'이다.

13.
자식은 부모의 그림자

자식은 부모의 그림자라는 말이 있다. 이 말은 단지 외적인 닮음만을 의미하지 않는다. 아이의 말투, 사고방식, 삶을 대하는 태도, 심지어 삶의 우선순위까지 부모의 영향을 그대로 반영하는 경우가 많다. 그런 점에서 자식을 바라볼 때면 부모는 종종 자신을 돌아보게 된다. 부모로서 항상 좋은 본보기가 되고 싶고, 따뜻한 말과 행동으로 자식을 대하고 싶지만, 현실은 생각만큼 이상적이지 않다.

부족한 부분이 보일 때마다 자책하고 반성하며 '과연 내가 좋은 부모인가?'라는 질문을 하게 된다.

부모로서의 삶은 때로는 죄짓고 사는 기분이 들 정도로 무거운 책임감을 동반한다. 자식을 위해 최선을 다하고 있지만, 그 최선이 과연 자식에게 도움이 되는 것인지에 대해 끊임없이 고민하게 된다. 자식이 아직 어릴 때는 부모의 품 안에서 보호하고 양육하지만, 시간이 지나 자녀가 독립해도 부모의 마음은 변하지 않는다. 자식이 어디에 있든, 무엇을 하든, 그 존재 자체만으로 소중하고 사랑스럽기 때문이다. 그래서 더 많이 주고 싶고, 더 많은 것을 알려 주고 싶고, 무엇보다 자식이 행복하게 살아가기를 바란다.

하지만 여기서 중요한 질문 하나가 생긴다. 과연 자식을 위한 진정한 '주는 것'은 무엇일까? 많은 부모는 물질적인 지원이나 사랑의 표현이 전부라고 생각할 수 있다. 물론 물질적인 안정과 따뜻한 사랑은 자녀에게 큰 힘이 된다. 그러나 그것만으로 충분할까? 진정 자녀에게 의미 있는 유산은 부모의 삶에서 묻어나는 태도, 가치관, 그리고 성실함이 아닐까?

부모가 성실하게 살아가는 모습, 서로를 존중하며 사랑하는 가정, 인생을 진지하면서도 유쾌하게 대하는 태도는 자식에게 말로 설명할 수 없는 강한 영향을 끼친다. 말로 아무리 강조해도 부모의 생활 속에서 실천되지 않는다면, 자식에게는 공허한 이야기로만 남을 수 있다. 반면에, 날마다 성실하게 살아가며, 소소한 일상 속에서도 웃음을 잃지 않고, 배우자와 함께 따뜻한 가정을 만들어 가는 모습은 자녀에게 살아 있는 교육이 된다.

자식은 부모의 생활 태도를 그대로 닮아 가는 경향이 있다. 이는 의도하지 않아도 자연스럽게 이루어지는 일이다. 부모가 게으르거나 부정적인 사고방식을 가지고 있다면, 자식 역시 그 영향에서 벗어나기 어렵다. 반대로 부모가 감사하는 마음으로 하루하루를 살아가고, 실패 속에서도 다시 일어서는 용기를 보여준다면 자식도 그러한 태도를 배워 나갈 가능성이 크다. 말보다 삶으로 보여주는 태도가 훨씬 더 강력한 교육 수단이 되는 이유다.

이런 점에서 부모는 자식의 '거울'이자 '지도'다. 자식이 앞으로 어떤 길을 걸어가게 될지, 그 삶의 방향성은 부모의 삶에서 힌트를 얻게 된다. 자식 스스로 '나도 우리 부모님처럼 사랑하며 살아야지', '저런 따뜻한 가정을 꾸려야지'라고 생각하게 만드는 것이야말로 부모로서 최고의 선물이 아닐까.

물론 부모도 완벽할 수는 없다. 실수하고, 후회하고, 부족한 부분이 드러나기도 한다. 그러나 중요한 것은 그런 삶의 과정에서도 '진심'이 담겨 있는지, '성실함'이 있느냐다. 자식은 그 진심을 느낀다. 단지 보여주기 위한 겉치레가 아니라, 매일 반복되는 일상에서 진심으로 가족을 아끼고 인생을 성실하게 살아가는 부모의 모습은 자식에게 오래도록 남는다.

결국, 부모로서 자식에게 줄 수 있는 가장 값진 선물은 물질도 아니고, 간섭도 아닌 '삶의 본보기'다. 자식은 부모의 그림자이며, 부모의 생활 방식과 삶의 태도를 고스란히 담고 살아갈 가능성이 크다는 사실을 잊지 말아야 한다. 그렇기에 부모는 항상 자식의 거울이라는 책임감을 가지고 살아야 한다. 완벽하지 않더라도, 더 나은 모습을 보여 주기 위해 노력하는 것, 그것이 진정한 부모의 역할이다.

자식을 사랑하는 마음은 그 자체로도 위대한 것이지만, 그 사랑을 삶으로 실천하며 보여주는 부모의 모습은 자식에게 평생의 이정표가 된다. 그러므로 우리는 부모로서, 인간으로서, 늘 삶의 자세를 점검하며 살아야 할 이유가 분명하다. 자식은 부모의 그림자이기 때문이다.

14.
'하고 싶은 일'과
'해야 할 일'에 대한 성찰

우리는 각자의 위치에서 삶을 살아가며 다양한 일을 수행하게 된다. 어떤 이는 회사에서, 어떤 이는 가정에서, 또 다른 이는 사회의 다양한 현장에서 자신의 역할을 다하며 하루하루를 보낸다. 이처럼 인생은 끊임없이 '일'을 통해 이루어지고, 그 일들은 대부분 선택과 결정의 연속이다. 여기서 우리는 늘 중요한 갈림길에 서게 된다. 바로 '하고 싶은 일'과 '해야 할 일' 사이에서의 선택이다.

사람은 누구나 하고 싶은 일이 있다. 자신의 관심사나 열정이 담긴 일, 즐겁고 재미있는 일, 때론 아무런 목적 없이 그저 하고 싶은 충동에서 비롯된 일들이 있다. 반면, 해야 할 일은 어떠한가? 그것은 책임과 의무에서 비롯된다. 가족을 위한 일, 직장에서의 업무, 자신의 미래를 위한 자기 계발 등 꼭 필요하지만 때로는 피곤하고 귀찮게 느껴지는 일들이 대부분이다. 그래서 많은 사람들은 순간의 기쁨을 좇아서 하고 싶은 일을 먼저 선택하는 실수를 범하기도 한다.

그러나 인생을 길게 바라보았을 때, 우선순위는 분명하다. 해야 할 일을 먼저 하는 것이 결국 하고 싶은 일도 즐길 수 있는 여유 있는 삶을 만들어 준다. 해야 할 일을 미루고 하고 싶은 일만 하다 보면, 언젠가는 해야 할 일이 쌓여 감당하기 어려워지고, 하고 싶은 일조차 제대로 즐길 수 없게 된다. 반면, 해야 할 일을 먼저 처리하면 남은 시간과 에너지를 오롯이 자신이 원하는 일에 투자할 수 있게 되며, 그 결과 더 큰 만족과 행복을 누릴 수 있다.

축구선수 출신 이영표 선수는 한 강연에서 이렇게 말했다.

"삶의 방향을 결정하는 것은 '우선순위'이며, 그 우선순위를 잘 세우는 것이 곧 성공적인 삶의 밑거름이 된다."

이영표 선수는 선수 시절에도 항상 훈련과 체력 관리를 해야 할 일로 여기고, 자신이 하고 싶은 일은 뒤로 미루는 삶을 실천해 왔다고 한다. 그 결과 그는 축구 선수로서도, 이후의 삶에서도 높은 성취와 존경을 받는 인물이 되었다.

이러한 삶의 원칙은 비단 운동선수에게만 해당하는 것이 아니다. 평범한 우리 삶의 모든 영역에서도 똑같이 적용된다. 학생이라면 공부가 해야 할 일일 것이고, 직장인이라면 업무와 자기 계발이 그것일 것이다. 가족을 부양하는 부모라면 생계와 자녀 교육이 해야 할 일의 중심이 될 것이다. 이처럼 각자의 위치와 역할에 따라 '해야 할 일'은 달라질 수 있지만, 공통점은 그것이 인생의 기반이 된다는 점이다.

물론, 하고 싶은 일을 아예 하지 말라는 말은 아니다. 삶에서 즐거움과 자아실현도 중요하다. 다만, 그것이 해야 할 일을 방해하지 않는 선에서, 혹은 해야 할 일을 모두 마친 후에야 진정한 의미가 있다는 것을 말하고자 함이다. 하고 싶은 일을 먼저 선택하게 되면, 결국 해야 할 일들이 발목을 잡게 되고, 이는 스트레스와 불안으로 이어져 인생 전반의 만족도를 떨어뜨리게 된다.

반면, 해야 할 일을 먼저 끝내는 사람은 늘 여유가 있다. 미래를 준비하며, 자신이 진정으로 원하는 일을 즐길 수 있는 기반을 갖추게 된다. 그리고 이와 같은 태도는 주변으로부터 신뢰와 존경을 끌어내며, 개인적인 성취는 물론 사회적 인정까지 얻게 만든다. 그것이 바로 풍요롭고 행복한 삶으로 가는 길이다.

해야 할 일을 미루지 않고, 우선순위의 원칙에 따라 실천하는 삶은 처음엔 조금 고되고 재미없을 수도 있다. 하지만 시간이 지날수록 그 선택의 가치와 중요성은 점점 더 커지며, 삶의 전반에 깊이 있는 만족과 평안을 가져다준다. 그러니 오늘 하루도, 눈앞의 유혹보다 더 크고 단단한 미래를 위해 하고 싶은 일을 미루고 해야 할 일을 먼저 실천하자.

그것이야말로 인생을 지혜롭고 성숙하게 살아가는 가장 확실한 방법이며, 결국 하고 싶은 일을 마음껏 하며 살아갈 수 있는 가장 빠른 길임을 잊지 말자.

15.
미래의 나로부터 받아보는
지혜의 편지

인간은 아직 미래를 예측할 수 있는 능력은 없다. 하지만 지나온 과거에 대해서는 사실에 대한 현황을 짚어 볼 수 있을 것이다. 예를 들어, 세상에 대한 막연한 두려움과 불확실함으로 가득했던 고3 시절을 떠올려 보자. 당시에는 미래에 대한 구체적인 계획도, 명확한 목표도 없었을지 모른다. 하지만 현재 40대가 되어 사회의 중추적인 역할을 담당하는 나 자신은, 그때와는 다르게 삶에 대한 많은 경험과 지혜를 쌓았다. 만약 현재의 내가 과거의 고3 시절로 돌아갈 수 있다면, 나는 어떤 충고를 해줄 수 있을까? 현재 나의 시점에서 고3의 나에게 주는 조언은 단순한 위로가 아닌, 구체적이고 현실적인 지침이 될 것이다.

과거의 나에게 편지를 써 보자

친애하는 고3 시절의 나에게.

지금, 이 편지를 쓰는 나는 40대가 되어 너와는 다른 많은 경험과 지혜를 얻었다. 그 시절, 너는 미래에 대한 불확실함과 막연한 두려움 속에서 방황하고 있었겠지만, 나는 이제 그 시간을 지나온 후 많은 것들을 배우고 깨달았다. 그래서 너에게 몇 가지 중요한 조언을 해주고자 한다.

첫째, 너의 열정을 찾고 그것을 추구해라. 당시에 너는 대학입시와 성적에만 집중하고 있었을 것이다. 물론 그것도 중요하지만, 진정으로 하고 싶은 일이 무엇인지, 무엇을 할 때 가장 행복한지를 고민해 봐라. 나중에 직업을 선택할 때 너의 열정이 큰 도움이 될 것이다. 나는 비록 몇 번의 시행착오를 겪었지만, 결국 내가 진정으로 좋아하는 일을 찾았고, 그것이 내 삶을 풍요롭게 만들었다.

둘째, 인간관계를 소중히 여겨라. 학창 시절의 친구, 선생님, 그리고 가족들과의 관계는 너의 삶에 큰 영향을 미칠 것이다. 그들과의 좋은 관계는 때로는 너에게 큰 위로와 도움이 될 것이며, 너의 인생을 더욱 의미 있게 만들어 줄 것이다. 특히 부모님과의 관계는 매우 중요하다. 그들은 언제나 너를 지원하고 사랑해 줄 것이므로, 그들의 조언을 귀담아들어라.

셋째, 건강을 소홀히 하지 마라. 젊음의 특권이라고 생각할지 모르지만, 건강은 어느 시기에도 매우 중요하다. 규칙적인 운동과 균형 잡힌 식사는 앞으로의 삶을 더욱 활기차고 건강하게 만들어 줄 것이다. 나는 건강을 소홀이 한 결과로 몇 가지 어려움을 겪었고, 그것은 내가 하는 일과 생활에 큰 영향을 미쳤다. 그러니 지금부터라도 건강을 챙겨라.

넷째, 경제적인 계획을 세워라. 돈은 인생에서 매우 중요한 요소 중 하나이다. 젊은 시절부터 저축과 투자에 대한 기본적인 지식을 쌓아 두면 훗날 큰 도움이 될 것이다. 나는 재정적인 계획을 늦게 시작한 탓에 어려움을 겪었지만, 지금은 그 중요성을 절실히 깨닫고 있다. 경제적인 여유는 너의 삶을 더 안정적이고 행복하게 만들어 줄 것이다.

마지막으로, 실패를 두려워하지 마라. 실패는 성공으로 나아가는 과정에서 피할 수 없는 부분이다. 중요한 것은 실패를 통해 배우고, 다시 일어나는 것이다. 나는 수많은 실패를 경험했지만, 그것이 나를 더욱 강하게 만들었고, 지금의 나를 있게 했다. 그러니 실패를 두려워하지 말고 과감하게 도전하라.

이제 앞으로 10년, 20년 후의 내가 지금의 나에게 조언한다면 어떨까? 미래의 나도 지금과 같은 방식으로 현재의 나에게 이렇게 말할 것이다.

친애하는 현재의 나에게.

나는 50, 60대가 된 미래의 너다. 너는 지금 많은 일들을 겪고 있고, 여러 가지 어려움과 도전에 직면해 있을 것이다. 하지만 나는 그 모든 것을 겪고 나서 지금의 너에게 몇 가지 중요한 조언을 해주고자 한다.

첫째, 삶의 균형을 유지해라. 일과 가정, 개인적인 시간의 균형을 맞추는 것은 매우 중요하다. 지나치게 일에만 몰두하지 말고, 가족과의 시간을 소중히 여기고, 자신만의 시간을 가지도록 해라. 그것이 너의 정신적, 육체적 건강에 큰 도움이 될 것이다.

둘째, 배움의 자세를 잃지 마라. 새로운 것을 배우고자 하는 열정을 유지하는 것이 중요하다. 세상은 빠르게 변하고 있고, 계속해서 새로운 기술과 지식이 필요할 것이다. 나는 계속해서 배우고 성장하는 자세를 유지했기 때문에 지금의 자리에 있을 수 있었다.

셋째, 주위 사람들에게 감사해라. 가족, 친구, 동료들에 대한 감사의 마음을 잊지 말아라. 그들의 지원과 사랑이 없었다면 지금의 너는 없었을 것이다. 작은 일에도 감사하고, 그들에게 보답하는 마음을 가져라.

마지막으로 자신을 믿어라. 너는 지금까지 잘 해왔고, 앞으로도 잘 해낼 것이다. 스스로에 대한 믿음과 자신감을 가지고 앞으로 나아가라. 너는 충분히 그럴 자격이 있다.

이렇듯 지나온 경험을 사실에 근거하여 과거의 나에게 편지를 써 보는 방식으로 앞으로 남은 삶의 불확실한 여정 속에 특정한 시점, 즉 70, 80세가 된 미래의 나로부터 지금의 나에게 조언과 당부의 편지를 써 보고 받아 보자. 이와 같은 조언들이 현재의 나에게 큰 도움이 되리라 믿는다. 미래는 불확실하지만, 과거와 현재의 경험을 통해 우리는 더 나은 미래를 만들어 갈 수 있다. 지금의 나에게 주어진 조언을 마음에 새기고, 앞으로의 삶을 선점하며 지혜롭게 살아가길 바란다.

16.
선한 삶의 방향

 김형석 명예교수님은 연세대학교 철학과에서 오랜 세월 학생들을 가르치고 연구하신 철학자로, 100세가 넘은 나이에도 여전히 왕성한 활동을 이어가고 계신다. 그의 인생철학은 많은 사람들에게 깊은 울림을 주고 있으며, 특히 "항상 내가 무엇을 위해서 어떻게 살아야 하는가를 질문하고 문제의식을 갖고 삶에 임하라"라고 하신 말씀은 현대인들에게 중요한 교훈을 제공한다.

 이 말은 우리가 삶을 살아가면서 자신의 목적과 방향을 끊임없이 탐구해야 한다는 뜻을 담고 있다. 단순히 하루하루를 살아가는 것이 아니라, 매순간 자신에게 '왜?'와 '어떻게?'를 묻는 태도가 필요하다는 것이다.

 이러한 질문은 삶을 더 의미 있고 가치 있게 만들어 주며, 우리를 성장하게 하는 원동력이 된다. 김형석 교수님은 철학자답게 인생의 본질과 그 의미를 찾아가는 과정이 중요하다고 강조한다.

 그는 인생을 크게 세 가지 단계로 나누어 설명한다.

 첫 번째는 '나를 위한 삶'이다. 이는 개인이 자신을 알아가는, 자신의 능력을 개발하며, 자신이 진정으로 원하는 것이 무엇인가를 탐색하는 시기다. 이 단계에서는 자신을 사랑하고, 자신의 가치와 목표를 설정하는 것이 중요하다. 개인적인 성장을 추구하는 이 시기는 자신을 중심으로 한 삶의 시작점이며, 자기 행복과 만족을 위해 투자하는 시기라고 할 수 있다.

두 번째 단계는 '주위와 더불어 사는 삶'이다. 이 시기는 자신의 가치를 주변 사람들과 공유하고, 사회적 관계를 형성하며 살아가는 단계이다.

인간은 사회적 존재이기에 다른 사람들과의 관계 속에서 자신을 발견하고, 타인과 조화로운 상호 작용을 통해 더욱 성숙해진다. 김 교수님은 이 단계에서 중요한 것은 상호 존중과 배려라고 이야기한다. 자신만을 위한 삶에서 벗어나 타인의 처지를 이해하고, 함께 살아가는 공동체의 일원으로서 책임감을 느끼는 것이다.

세 번째 단계는 '남을 위해 사는 삶'이다. 이 단계는 자신의 이익을 넘어서서 타인의 행복과 복지를 위해 헌신하는 삶을 의미한다. 남을 위해 살아가는 삶은 곧 이타적인 삶을 의미하며, 이는 인간이 도달할 수 있는 가장 숭고한 삶의 단계로 여겨진다. 김 교수님은 진정한 행복은 남을 위해 봉사하고 헌신할 때 비로소 얻을 수 있다고 강조한다. 그는 삶의 궁극적인 목표는 자신과 주변의 행복을 넘어서 더 나아가 사회와 인류 전체의 선을 추구하는 데 있다고 말한다.

그러나 오늘날의 사회 환경은 개인주의와 물질주의가 만연해 있다. 많은 사람들이 '나를 위한 삶'에 집중한 나머지 '주위와 더불어 사는 삶'이나 '남을 위해 사는 삶'을 잊어버리고 있는 경향이 있다. 이러한 경향은 때때로 이기적인 삶을 부추기며, 사회의 분열과 갈등을 일으키기도 한다. 김형석 교수님은 이러한 사회적 문제에 대해 경고하며, 우리 삶이 균형을 잃지 않도록 끊임없이 반성하고 성찰해야 한다고 강조한다.

그렇다면 우리는 어떻게 해야 할까? 김형석 교수님의 말씀처럼, 먼저 자신에게 질문하는 습관을 들여야 한다. "나는 무엇을 위해 살고 있는가?", "나는 어떻게 살아야 하는가?"라는 질문을 스스로에게 던지며 자기 삶의 방법을 점검하는 것이 중요하다. 또한, 우리는 나만을 위한 삶이 아니라, 주위와 더불어 살아가는 삶, 더 나아가 남을 위해 헌신하는 삶을 지향해야 한다. 이러한 삶의 태도가 결국 개인의 행복뿐만 아니라, 사회 전체의 발전과 화합을 끌어낼 수 있다.

마지막으로, 김형석 교수님의 말씀은 현대 사회를 살아가는 모든 사람에게 깊은 교훈을 주고 있다. 우리가 진정한 의미의 삶을 살아가기 위해서는 나 자신을 넘어, 우리 주변과 사회, 나아가 인류 전체의 선(善)을 생각하며 살아가는 태도가 필요하다. 그것은 바로 김형석 교수님이 말하는 '선한 삶'의 길이며, 궁극적으로 우리가 추구해야 할 삶의 방향이라고 할 수 있다.

이러한 성찰과 실천을 통해 우리는 더 나은 자신, 더 나은 사회를 만들어 갈 수 있다.

17.
백 명의 호감보다
한 명의 원망이 더 무겁다.

사회생활은 상사, 동료, 선배, 후배, 친구, 친척 등 다양한 인간관계 속에서 이루어진다. 이러한 관계는 사람의 됨됨이와 인성을 평가하는 중요한 기준이 되며, 우리의 행동과 말은 타인의 시선에서 평가되고 판단된다. 인간관계의 특성상, 제삼자의 평가가 때로는 후하게 내려질 수 있지만, 때로는 사실과 다르게 전해져 억울하고 마음 상하는 일이 발생하기도 한다.

이처럼 사회생활에서 다른 사람들과의 관계 속에서 적절한 태도와 행동을 취하는 것은 매우 중요하다. 이를 '처세'라고 부르며, 처세는 인간관계의 유연함과 원활함을 유지하는 기술이기도 하다. 사람들은 최적의 관계를 유지하기 위해 자신의 언행에 대해 끊임없이 고민하고 처세술을 공부한다. 좋은 처세술은 원만한 대인관계를 만들어 주고, 개인의 삶에 긍정적인 영향을 미친다.

그러나 모든 관계가 항상 원만하게 유지되는 것은 아니다. 우리는 종종 자신을 좋아하는 다수의 사람보다 자신을 비방하는 소수의 사람으로 인해 관계가 망가지는 경험을 하곤 한다. 예를 들어, 100명의 사람이 나를 좋아해도, 단 한 명의 비방자가 내 평판에 큰 악영향을 미칠 수 있다.

이런 상황은 매우 불공평하게 느껴질 수 있으며, 이러한 부정적인 관계는 개인의 심리적, 정서적 안녕에 해를 끼칠 수 있다.

따라서 우리는 다른 사람들과의 관계에서 긍정적인 평가를 받기 위해 노력하면서도, 동시에 부정적인 평가에 휘둘리지 않도록 해야 한다. 이는 매우 어려운 일이지만, 자신의 진정한 가치를 잃지 않고, 끊임없이 자기 발전을 추구하는 것이 중요하다. 특히, 비방이나 부정적인 평가를 받을 때는 그것을 과도하게 신경 쓰기보다는 자신의 감정과 긍정적인 측면을 부각시키는 노력이 필요하다.

또한, 처세술을 배우는 과정에서 타인의 의견을 지나치게 의식하다 보면, 오히려 자신의 진정성을 잃을 수 있다. 진정한 처세는 단순히 타인의 눈에 좋게 보이는 것이 아니라, 자신을 진정으로 존중하고 다른 사람들과의 관계에서 진심을 담은 행동을 하는 것이다. 타인의 비방에 일희일비하지 않고, 자신의 원칙과 가치를 지키는 태도가 장기적으로는 더 건강하고 안정된 인간관계를 만들어 준다.

결론적으로, 사회생활에서 처세술은 필수적이지만, 그보다 더 중요한 것은 자신의 진정성을 유지하는 것이다. 우리는 다양한 인간관계 속에서 때로는 칭찬을 때로는 비판을 받을 것이다. 그러나 이러한 외부의 평가에 지나치게 휘둘리지 않고 자신의 가치를 믿으며 꾸준히 발전해 나가는 것이 중요하다. 진정한 처세술은 타인의 시선에 얽매이지 않고, 자신의 원칙과 가치를 지키면서도 다른 사람들과의 관계를 원만하게 유지하는 것이다.

이를 위해 우리는 자신을 믿고, 긍정적인 에너지를 발산하며, 다른 사람들과의 관계에서 진심을 다하는 노력을 계속해야 한다.

18.
'꼰대'의 진정한 가치와
경청의 중요성

국어사전에 따르면 '꼰대'라는 단어는 은어로, 늙은이를 지칭하거나, 요즘 학생들 사이에는 선생님을 의미하기도 한다. 하지만 이 단어는 단순히 나이든 사람을 가리키는 것 이상의 의미를 지니게 되었다. 현대 사회에서 '꼰대'라는 단어는 종종 나이 많은 사람이 젊은 세대에게 충고하거나 가르침을 줄 때, 그들은 말을 무시하거나 경시하는 데 사용되기도 한다. 이는 사회적으로 중요한 지식과 경험이 '꼰대'라는 한 마디로 치부되고 무시되는 경향을 반영한다.

하지만 이렇듯 가볍게 치부되는 '꼰대'의 말과 행동이 항상 무의미한 것은 아니다. 나이 든 사람의 경험과 지식은 때로는 우리가 직면한 문제를 해결하는 데 중요한 역할을 할 수 있다. 그들은 이미 비슷한 상황을 겪었거나 그로 인해 얻은 통찰을 품고 있다. 따라서 그들의 말은 단순히 '꼰대'의 소리로 치부하는 것은 큰 실수일 수 있다. 이는 우리의 성장과 발전을 저해할 수 있으며, 우리가 미리 피할 수 있는 실수를 반복하게 만들 수 있다.

물론, 모든 충고나 가르침이 다 유익한 것은 아니다. 하지만 중요한 것은 그 속에서 배울 점을 찾는 것이다. 우리가 나이 든 사람의 말에 귀 기울이고, 그들의 경험에서 교훈을 얻는 습관을 들인다면, 우리 삶에 큰 도움이 될 것이다. '꼰대'라는 말을 사용하는 것 자체가 문제가 되는 것이 아니라, 그 말을 통해 전달되는 지식과 경험을 경시하는 태도가 문제인 것이다.

우리는 언젠가 자신도 '꼰대'라고 불릴 날이 올 것임을 기억해야 한다. 지금 젊은 세대는 미래에 자신이 가르침을 줄 때 똑같이 무시당하거나 경시당하지 않으려면, 지금부터 그런 태도를 바꾸는 것이 중요하다.

지식과 경험을 전달하는 것은 세대 간의 중요한 소통 방식이며, 이를 통해 사회는 발전하고 성숙해진다.

결론적으로, '꼰대'라는 단어에 대한 부정적인 인식을 바꾸고, 그 속에 담긴 지식과 경험을 가치 있게 받아들이는 태도가 필요하다. 이는 우리가 가고자 하는 길을 더욱 빠르고 효과적으로 갈 수 있게 해 줄 것이다. 나이든 사람들의 말을 단순히 '꼰대'의 말로 치부하지 말고, 그 속에서 삶의 철학과 소중한 정보를 찾는 습관을 들이자. 이는 당신의 삶에 큰 도움이 될 것이며, 앞으로의 길을 10년 앞당길 수도 있다.

19.
다름을 이해하는 사고의 전환

사고의 전환: 다름을 이해하고 존중하기

현대 사회에서 우리는 여러 가지 사안에 부딪히며 살아간다. 이러한 사안들에 대해 우리는 어릴 때부터 '맞다' 아니면 '틀리다', '예' 아니면 '아니오'와 같은 이분법적 사고방식에 익숙해져 있다. 이러한 양자택일의 학습 환경은 우리의 생각과 판단을 획일적이고 주관적으로 고착화시키는 경향이 있다.

이는 보편적인 생각일 수는 있으나, 정답이 없는 사안에 맞닥뜨렸을 때 당황하거나 불협화음을 일으키며, 결과적으로 낭비를 초래하기도 한다.

이러한 문제를 극복하기 위해서는 사고의 전환이 필요하다. 우리는 주관적인 생각에서 벗어나 객관적이며 보편적인 생각을 할 수 있어야 한다.

이는 '틀린 것'이 아니라 '다른 것'이라는 의식으로의 전환을 의미한다. 이러한 의식의 전환은 우리의 사고방식에 중요한 변화를 불러올 수 있다. 절대적인 부정과 제외, 누락, 이견 등으로 놓칠 수 있는 부분을 걸러 주는 필터 역할을 하기 때문이다.

우리가 '틀린 것'이 아니라 '다른 것'이라는 의식으로 전환할 때, 이는 단순히 간섭에서 관심으로의 변화에 그치지 않는다. 부정이 긍정으로, 마찰이 협력으로, 지연이 신속함으로 바뀌는 등 삶의 여러 측면에서 조화로움을 배가할 수 있는 긍정적인 효과를 가져온다.

첫째, '다름'을 이해하는 것은 간섭에서 관심으로의 전환을 의미한다. 다른 사람의 의견이나 생각을 간섭으로 여기지 않고, 그들의 관점을 존중하고 이해하려는 노력이 중요하다. 이는 상대방에 관한 관심과 배려로 이어지며, 보다 건설적인 대화와 상호작용을 가능하게 한다.

둘째, 부정을 긍정으로 바꾸는 것이다. 우리는 다른 의견이나 생각을 부정적으로 받아들이기보다는 긍정적인 시각으로 접근할 때, 새로운 아이디어와 해결책을 도출할 수 있다. 이는 개인뿐만 아니라, 조직과 사회 전체의 발전에 이바지할 수 있는 중요한 요소이다.

셋째, 마찰을 협력으로 바꾸는 것이다. 서로의 다른 의견이 충돌할 때, 이를 단순히 마찰로 여기기보다는 협력의 기회로 삼을 수 있어야 한다. 다양한 관점이 모여 시너지를 발휘할 수 있으며, 이를 통해 더 나은 결과를 도출할 수 있다.

넷째, 지연을 신속함으로 바꾸는 것이다. 사고의 전환을 통해 불필요한 논쟁과 갈등을 줄일 수 있으며, 이를 통해 더 빠르고 효율적인 의사결정을 내릴 수 있다. 이는 시간과 자원의 낭비를 줄이고, 보다 생산적인 활동에 집중할 수 있게 한다.

이러한 의식의 전환은 단순히 개인의 사고방식에 그치지 않는다. 이는 사회 전반에 걸쳐 적용될 수 있으며, 더 나아가 세계적으로도 중요한 가치를 지닌다. 다양한 문화와 배경을 가진 사람들이

공존하는 현대 사회에서, '다름'을 인정하고 존중하는 태도는 갈등을 줄이고, 평화롭고 협력적인 환경을 조성하는 데 이바지할 수 있다.

결론적으로, '틀린 것'이 아니라 '다른 것'이라는 의식의 전환은 우리가 살아가는 데 있어 매우 중요한 요소이다. 이는 우리의 사고 방식을 보다 객관적이고 보편적으로 만들며, 다양한 의견과 관점을 수용할 수 있게 한다. 이러한 의식의 전환은 우리 삶을 더욱 풍요롭고 조화롭게 만들며, 나아가 사회 전체의 발전에 이바지할 수 있는 중요한 역할을 한다. 따라서 이러한 사고의 전환을 위해 끊임없이 노력해야 한다.

20.
결혼, 이상형의 함정에서 벗어나기

결혼은 인생에서 가장 중요한 선택 중 하나이다. 평생을 함께할 반려자이자 배우자를 고르는 일이기에 더욱 신중하고 세심한 판단이 필요하다. 대부분의 사람들은 충분한 고민 끝에 결혼을 결심하지만, 그런데도 상당수의 부부가 후회와 갈등 속에 살아간다. 그렇다면 왜 이런 일이 발생할까? 여러 가지 이유가 있겠지만, 그중 하나는 첫 만남부터 더 깊이 집중하지 않았기 때문이다.

야구에서 3할 타자는 훌륭한 선수로 평가받는다. 타석에 열 번 들어가서 세 번 공을 맞혀 안타를 만들어 내는 것은 쉬운 일이 아니다. 그러나 이보다 더 높은 타율을 기대하는 것은 비현실적인 이상일 뿐이다. 반려자나 배우자를 선택하는 과정에서도 비슷한 맥락이 적용된다. 많은 사람들이 이상적인 상대를 막연히 그리며 시간을 낭비하곤 한다. 하지만 이렇게 이상적인 대상만을 찾다 보면 정작 중요한 기회를 놓칠 수 있다.

따라서 이상형의 요소를 구체적으로 선정하는 것이 중하다. 예를 들어 직업, 나이, 키, 스타일, 취미, 학력, 성품, 건강, 경제력 등 총 열 가지 항목을 설정하고, 그 항목들을 우선순위에 따라 1번에서 10번까지 정리해 보자. 그런 다음, 만남의 기회를 가질 때 이중 세 가지 이상의 항목을 충족하는 상대가 있다면 만남을 시도해 보는 것이다. 이렇게 하면 성공적인 만남으로 이어질 가능성이 높아진다.

그러나 여기서 한 가지 명심해야 할 점은, 내가 원하는 조건을 많이 충족한 상대를 만났다 하더라도 상대방 입장에서는 내 조건이 그다지 매력적이지 않을 수 있다는 것이다. 상대방이 나를 평가할 때 한두 개 항목만 충족된다고 느낄 수도 있다는 점을 고려해야 한다. 결국 막연한 기대에 휩싸이기보다는 자신이 원하는 이상형의 유형을 명확히 한 후, 3할 정도만 충족되더라도 일단 만나보는 것이 중요하다. 이것이 후회 없는 만남을 위한 방법이다.

특히 중요한 점은, 개선이 어려운 항목들을 우선순위에 두는 지혜가 필요하다는 것이다. 예를 들어, 건강이나 성품은 인위적으로 개선하기 어려운 요소이므로 우선순위에서 높은 위치를 차지해야 한다. 반면에 학력, 경제력, 직업, 스타일 등은 만남 이후에도 함께 개선하고 채워 나갈 수 있는 것들이다.

이 글을 읽는 분 중에서도 혹시 지금, 이 순간에도 이상적인 상대를 찾느라 망설이거나, 자신의 기대와 욕심 때문에 만남의 기회를 놓치고 있는 분들이 있다면, 이 방법이 조금이나마 도움이 되길 바란다. 중요한 것은 이상적인 대상을 그리는 데 시간을 낭비하는 것이 아니라, 현실적이고 구체적인 기준을 세워 더 나은 만남을 이루는 것이다. 3할의 기준을 충족하는 상대와의 만남은 분명히 후회 없는 결혼 생활로 이어질 것이다.

21.
30년 주기로 나의 삶 돌아보기

인생을 의미 있게 살아가기 위해서는 자신의 삶을 주기적으로 되돌아보고, 시기마다 적절한 목표를 설정하며 계획적으로 대처하는 자세가 필요하다.

인간의 삶을 30년 단위로 구분해 보면, 시기마다 삶의 환경과 역할, 책임이 달라짐을 알 수 있다. 이 구분은 단순한 시간의 구획이 아니라, 삶의 본질적인 흐름과 인간의 성장 및 성숙 과정에 따라 자연스럽게 형성되는 구간이기도 하다. 이에 따라 자신의 위치와 역할을 자각하고, 시기별 삶의 목적을 명확히 한다면 좀 더 알차고 보람된 인생을 설계할 수 있을 것이다.

먼저 태어나서 30세까지의 시기는 '성장과 형성의 시간'이다. 이 시기는 부모의 보호 아래에서 살아가는 시기로, 생애 초기의 전반적인 인격과 삶의 기초를 형성하는 중요한 시기다. 가정, 학교, 사회라는 다양한 환경 속에서 인간으로서 살아가기 위한 기본을 배우고 익히게 된다. 습관, 성격, 지식, 도덕성, 사회성 등 삶을 살아가는 데 필요한 전반적인 자질이 이 시기에 형성되며, 이 모든 것들이 이후의 삶에 큰 영향을 미친다. 어떤 환경 속에서 어떤 사람들과 관계를 맺고, 어떤 경험을 했느냐에 따라 인생의 기초 체력이 좌우되기 때문이다.

따라서 이 시기에는 최대한 다양한 경험을 통해 자기 자신을 발견하고, 자신의 가능성과 한계를 점검하며, 앞으로의 삶에 대한 자생력을 갖추는 것이 중요하다.

다음은 30세에서 60세까지의 시기, 즉 '책임과 실천의 시간'이다. 이 시기는 흔히 인생의 전성기라 불리며, 개인이 사회 속에서 주도적인 역할을 수행하는 기간이다. 결혼하고 가정을 꾸리며, 부모로서 자녀를 양육하고, 동시에 부모 세대에 대한 봉양의 책임도 함께 짊어지게 된다. 직장이나 사회에서도 점점 더 많은 역할과 책임을 주며, 삶의 무게가 가장 크게 느껴지는 시기이기도 하다.

이 시기는 자신이 어떤 사람인지 드러나는 시기이며, 젊은 시절 쌓아 온 능력과 가치관을 바탕으로 세상과 마주하며 자신의 위치를 확립해 나간다. 경제적인 안정, 인간관계의 확장, 가족의 화목 등 다양한 과제를 동시에 해결해야 하므로, 체력적·정신적으로도 큰 소모가 따른다. 하지만 그만큼 성취와 보람도 크다. 이 시기에는 장기적인 목표와 함께 균형 있는 삶의 방향 설정이 매우 중요하다. 지나친 욕심이나 과도한 경쟁에 휘말리지 않고, 자신과 가족의 행복을 위한 실천적 삶을 추구하는 것이 바람직하다.

마지막으로 60세 이후의 삶은 '성찰과 마무리의 시간'이다. 일반적으로 사회적 책임에서 서서히 벗어나고, 생애 후반으로 접어드는 이 시기는 이전과는 또 다른 삶의 가치와 의미를 찾는 시기이다. 자녀들은 독립하고, 사회적 역할도 줄어들며, 점차 자기 삶에 집중할 수 있는 시간이 생긴다. 이 시기에는 삶의 방향을 '나'에게로 전환할 필요가 있다. 더 이상 무언가를 쟁취하거나 이루기 위한 삶보다는 내려놓고 정리하며, 삶을 되돌아보고 의미를 되새기는 삶이 중요하다.

육체적으로는 점점 약해지지만, 정신적으로는 더 성숙해질 수 있는 시기로, 자신을 돌아보고 돌보는 것이 그 어느 때보다 중요해진다. 오랜 세월 쌓아 온 경험과 지혜를 주변 사람들과 나누며, 베풀고 감사하는 삶을 살 수 있다면 남은 인생은 더없이 평온하고 충만할 수 있다. 무리하게 새로운 것을 쫓기보다는 마음의 여유를 갖고, 포용과 용서, 평화의 가치를 중심에 두는 삶이 바람직하다.

이처럼 인생을 30년 단위로 나누어 각 시기의 역할과 목표를 명확히 인식하고 실천하는 것은, 단지 성공적인 인생을 위한 전략이 아니라, 후회 없는 삶을 위한 하나의 태도이자 철학이다.

삶의 각 단계에서 우리는 끊임없이 배워야 하고, 또 변화에 유연하게 적응해야 하며, 무엇보다도 자기 자신을 진정으로 이해하고 사랑해야 한다. 청춘에는 청춘의 열정이, 장년기에는 책임감이, 노년기에는 지혜와 평온이 필요하다. 삶의 흐름에 따라 자연스럽게 자신의 위치를 인정하고, 그에 맞는 삶을 살아간다면, 인생의 어느 한 시기도 허투루 보내지 않을 수 있다.

22.
환경은 조건일 뿐, 성장은 선택이다

인간은 사회적 동물이다. 우리는 사회적 환경과 다양한 이해관계 속에서 성장하고 부딪히며 삶의 결과를 만들어 가는 과정의 주체이다. 이런 맥락에서 우리 삶에 큰 영향을 미치는 요소는 무엇일까? 이에 대한 답을 생각하면서, 나는 예전에 같은 종류의 묘목 10그루를 심었던 경험을 떠올렸다.

정성껏 심고 난 후 5년이 지나 우연히 확인했을 때, 10그루 묘목의 성장 진척은 모두 달랐고, 10년이 지난 시점에는 성장 속도와 결과물이 더욱더 다르다는 것을 보았다. 이 경험을 통해 인간이 성장해 가는 과정과 다를 바가 없음을 느꼈다.

첫째로, 토질이 비옥한 곳에 심어진 묘목은 다른 묘목들보다 빠르게 성장했다. 이는 마치 좋은 환경에서 자란 사람이 더 많은 기회를 얻게 되는 것과 비슷하다. 비옥한 토양은 묘목이 필요한 영양분을 충분히 제공하여 건강하게 자라도록 돕는다. 이와 유사하게, 인간도 풍부한 지원과 지지 속에서 성장할 때 더 많은 가능성을 실현할 수 있다. 좋은 교육, 안정적인 가정환경, 충분한 경제적 지원 등은 개인의 성장과 성공에 중요한 역할을 한다.

둘째로, 유난히 바람을 많이 타는 곳에 자리 잡은 묘목은 다른 묘목들보다 천천히 자랐다. 이는 어려운 환경에서 자란 사람이 더 많은 시련과 도전에 직면하는 것과 같다. 바람은 묘목의 성장을 방해하고, 때로는 뿌리를 뽑아 버릴 수도 있다. 그러나 이러한 시련 속에서도 살아남은 묘목은 더 강한 뿌리와 줄기를 가지게 된다. 마찬가지로, 어려운 환경에서 자란 사람은 더 강인한 정신력과 적응력을 갖추게 된다. 이는 어려움을 극복하는 과정에서 얻는 중요한 자산이다.

셋째로, 햇볕보다 그늘이 많은 곳에 심어진 묘목은 빛을 찾아 자라기 위해 힘들게 뻗어 나갔다. 이는 제한된 기회 속에서도 최선을 다해 자신을 발전시키는 사람과 같다. 햇볕은 묘목에 필요한 에너지를 제공하지만, 그늘진 곳에서는 이러한 에너지가 부족하다. 따라서 묘목은 더 많은 노력을 기울여 빛을 찾아야 한다. 이와 같이, 제한된 지원과 기회 속에서도 포기하지 않고 노력하는 사람은 결국 성과를 이루게 된다.

마지막으로, 주변 칡넝쿨과 잡풀에 시달리며 힘들게 자라는 묘목은 성장이 더딜 수밖에 없었다. 이는 부정적인 영향과 방해 속에서 자라는 사람과 비슷하다. 칡넝쿨과 잡풀은 묘목의 영양분을 빼앗고 성장을 방해한다. 그러나 이러한 어려움 속에서도 살아남은 묘목은 다른 묘목들보다 더 강한 생명력을 가지게 된다. 인간도 마찬가지로, 주변의 부정적인 영향과 방해를 이겨내는 과정에서 더욱 강인해지며 성장할 수 있다.

이렇듯 인간의 삶 역시 배경과 환경, 주변 사람들의 영향, 성장 과정의 사건 등에 따라 성장 속도와 결과가 나를 수밖에 없음을 부인할 수 없다. 환경이 주는 혜택과 장애물, 그리고 이를 극복하는 개인의 노력과 결단력이 인생의 성장을 결정짓는다. 좋은 환경에서 자란 사람은 더 많은 기회를 얻고 빠르게 성장할 수 있지만, 어려운 환경에서 자란 사람은 시련을 극복하는 과정에서 더 강인한 정신력과 생명력을 가지게 된다.

결론적으로, 인간의 성장과 삶의 결과는 다양한 요인들에 의해 결정된다. 배경과 환경, 주변 사람들의 영향, 그리고 개인의 노력과 결단력은 성장 과정에서 중요한 역할을 한다. 우리는 각자의 환경 속에서 최선을 다해 성장하고 발전할 수 있도록 노력해야 한다. 이를 통해 우리는 자신의 삶을 더욱 풍요롭고 의미 있게 만들 수 있다.

23.
시대에 따라 진화하는 인간의 모습

물리적·유전적 진화와 문화적·사회적 변화가 동시에 작용하며 인간은 끊임없이 변하고 있다. 우주의 모든 생명체와 생물의 씨앗(품종)은 시간이 흐르며 외부 환경에 적응하거나 인간의 손에 의해 개량됐다. 이는 식물과 동물뿐 아니라 인간 역시 예외가 아님을 보여준다. 오랜 세월을 거치며 인간은 다양한 방식으로 바뀌고 있으며, 이는 단순히 외모나 신체 구조에만 국한되지 않는다. 의식과 사고방식, 삶의 방식, 감성의 표현까지 인간 전체가 시대의 흐름에 따라 달라지고 있다.

기원전 수천 년 전 인간의 모습과 오늘날의 인간을 비교하면, 그 차이는 분명하다. 과거에는 생존이 가장 중요한 가치였기에 사냥, 농경, 집단생활을 중심으로 한 생존형 인간상이 주를 이뤘다. 신체적으로 강인하고 환경에 대한 저항력이 중요시 되었다. 반면에 오늘날의 인간은 과학기술의 발달로 물리적인 생존보다는 정신적, 사회적 가치에 무게를 둔다. 삶의 질, 감정의 공유, 개성의 표현이 인간성을 규정하는 주요 기준이 되었다.

100년 전만 하더라도 평균 수명은 지금보다 훨씬 짧았고, 질병에 대한 면역력도 약했으며, 정보와 교육의 접근성도 매우 제한적이었다. 당시 조상들은 가족과 공동체 중심의 삶을 살았고, 내제로 권위적이고 보수적인 가치관 속에서 세대 간 위계가 뚜렷했다. 그들에겐 '어른 말씀'이 곧 진리였고, 전통을 따르는 것이 미덕이었다. 체형이나 얼굴형도 현대인보다 작고 거칠며, 노동 중심의 생활 방식으로 인해 근육이나 골격 구조도 지금과는 다소 달랐다.

50년 전만 해도 산업화와 도시화가 급속도로 진행되며 인간의 삶에 큰 전환이 시작됐다. 이 시기의 사람들은 아직 전통과 현대가 공존하던 시기를 살았고, 기술의 발전을 통해 새로운 생활양식을 받아들이면서도 여전히 과거의 가치와 문화를 유지하고자 했다. 이에 따라 신체적으로는 점차 영양 상태가 개선되었고, 교육 수준이 향상되며 의식 구조에도 점진적인 변화가 일어났다.

10년 전의 세대, 즉 지금의 중장년층이 청년이던 시절과 현재 젊은 세대(MZ세대)를 비교해 보면 그 차이는 더욱 극명하다. 디지털 환경에서 성장한 MZ 세대는 물리적 환경뿐만 아니라 정보와 사고의 구조에서도 완전히 다른 문법을 가지고 있다. 이들은 외모에 관한 관심이 높고, 체형 관리나 건강 유지에 대한 인식이 전 세대보다 발달해 있다. 얼굴형도 이전보다 작고 선명하며, 패션이나 추세에 민감하다. 무엇보다 중요한 점은, 이들이 추구하는 삶의 방향이 개인 중심적이고 감성 중심적이라는 것이다.

또한 유전적으로도 인간은 빠르게 진화하고 있다. 환경오염, 식습관 변화, 의료 기술의 발전 등 다양한 외부 요인들이 인간의 체질에 영향을 미치고 있으며, 이에 따라 면역 체계, 소화 기능, 심리적 반응까지도 다르게 나타난다. 현대의 질병 양상과 정신 건강 문제들이 과거와는 매우 다른 형태로 나타나는 것도 이러한 변화의 한 예다.

이렇듯 인간은 외부 환경, 기술의 발달, 사회 구조의 변화, 문화적 흐름, 심지어는 유전자 자체의 변화로 꾸준히 바뀌고 있다. 우리가 인식하지 못하는 사이에 '인종'이라 할 수 있는 인간의 전체적인 특성이 조금씩 달라지고 있는 것이다. 과거의 인간상에 집착하거나 이를 기준 삼아 현재의 세대를 평가하는 것은 시대착오적이며, 오히려 변화의 흐름에 맞춰 새로운 인간형을 이해하고 수용하는 태도가 필요하다.

　결국 우리는 지금 '변화하는 인류'의 한복판에 살고 있다. 이 변화는 멈추지 않을 것이며, 다음 세대는 지금의 우리가 상상하지 못할 방식으로 또 다른 인간형을 만들어 갈 것이다. 중요한 것은 변화의 흐름을 인정하고, 그 변화에 적응할 수 있는 유연한 사고와 자세를 갖추는 일이다. 인간도 '품종 개량'이 되고 있으며, 이는 자연스러운 진화의 한 과정일 뿐이다. 이 사실을 받아들이고, 인간 존재에 대한 이해를 새롭게 구성해 나가는 것이 지금 우리가 해야 할 일일 것이다.

24.
간절한 상상은 현실이 된다

"꿈은 이루어진다." 이 말은 단순한 희망 사항이나 낭만적인 표현이 아니다. 이는 수많은 성공한 사람들의 삶에서 증명된 진실이며, 우리 모두의 인생에서도 실현할 수 있는 가능성이다. 단, 그 꿈이 이루어지기 위해서는 반드시 상상력과 간절한 의지, 그리고 지속적인 실천이 뒷받침되어야 한다.

성공한 사람들은 공통으로 상상하는 힘이 강하다. 단순히 성공을 바라기만 하는 것이 아니라, 마치 이미 이루어진 것처럼 생생하게 상상하며, 그 성공의 순간을 반복적으로 그려 본다. 성공에 대한 상상은 뇌와 마음에 강력한 이미지를 심어 준다. 이 이미지는 마치 나침반처럼 무의식의 방향을 잡아 주고, 사람을 그 목표로 이끌어 가는 강력한 추진력이 된다. 이러한 상상력은 현실을 창조하는 데 있어 매우 중요한 첫걸음이다.

상상은 현실의 어머니라 할 수 있다. 우리가 무언가를 상상하지 못한다면, 그것을 현실에서 이룰 수 없다. 비행기를 만든 라이트 형제도, 전기를 상용화한 에디슨도, 그들은 모두 상상에서 출발했다. 그 상상은 반복되고 구체화했으며, 끝내 현실이 되었다. 꿈을 이루고 싶은가? 그렇다면 먼저 그 꿈이 이미 이뤄졌다고 믿고 상상하라. 그리고 그 상상을 매일 반복하라. 반복적인 상상이 마음속에 깊이 자리 잡을 때, 우리의 생각은 행동으로 이어지고, 그 행동은 현실을 바꾼다.

꿈에 대한 간절함이 클수록 그 꿈을 끌어당기는 마음의 자석, 즉 자기력은 더욱 강력해진다. 간절한 염원이 담긴 상상은 단순한 공상이나 망상과는 다르다. 그것은 현실을 향해 가는 가장 강력한 발걸음이다. 진정성 있는 열망은 우리 안의 잠재력을 끌어올리며, 평소에는 생각하지 못했던 기발한 아이디어나 문제의 해결책을 떠올리게 만든다. 우리가 상상 속에서 성공한 자신을 반복적으로 만나면 만날수록, 우리는 그에 걸맞은 행동을 하게 되고, 마침내 꿈은 현실로 다가오게 된다.

반대로, 상상력이 약하거나 간절함이 부족한 꿈은 쉽게 공상으로 흘러버린다. 공상은 아무런 책임도, 실천도 동반하지 않기에 현실과는 먼 이야기로 남는다. 현실로 옮기지 못하는 꿈은 결국 희미한 상상에 불과하다. 실제로 많은 사람들이 꿈꾸지만, 그 꿈을 현실로 만들기 위한 행동이나 태도가 빠져 있기 때문에 성공하지 못한다. 꿈을 이루는 사람과 그렇지 못한 사람의 차이는 '실행'과 '지속성'에 있다.

생각은 말이 되고, 말은 행동이 되며, 행동은 습관이 된다. 습관은 성격을 만들고, 성격은 인격을 형성한다. 결국 인격은 우리의 운명을 바꾸며, 인생의 방향을 결정짓는다. 따라서 꿈에 관한 생각을 바꾸는 일은 곧 인생을 바꾸는 첫걸음이라 할 수 있다. 좋은 생각은 긍정적인 말을 만들고, 긍정적인 말은 용기 있는 행동으로 이어진다. 그런 행동이 반복되면 성공을 향한 습관이 생기고, 그 습관이 결국 꿈을 이루는 삶으로 이어진다.

그렇기에 오늘부터라도 자신이 이루고 싶은 꿈을 명확하게 떠올려 보자. 그리고 그 꿈을 구체적으로 상상해 보자. 마치 영화의 한 장면처럼, 자신의 성공 장면을 머릿속에 생생하게 그려 보는 것이다. 그 장면 속에서 나는 어떤 표정을 짓고 있을까? 누가 내 곁에 있을까? 어떤 말을 듣고 있을까? 어떤 감정을 느끼고 있을까? 이런 상상은 단순한 심리적 위안이 아니라, 진짜 행동의 에너지를 불러일으키는 중요한 과정이다.

또한 그 상상은 단발성으로 끝나선 안 된다. 꾸준히, 매일 반복해야 한다. 반복은 뇌에 자극을 주고, 반복은 믿음을 만든다. 처음에는 자신도 믿기 힘든 꿈이었더라도, 그것을 매일 반복해 상상하고 말하고 행동으로 실천하다 보면 언젠가는 그 꿈이 점점 현실과 가까워지고 있다는 것을 체감하게 된다. 중요한 것은 포기하지 않고 꾸준히 나아가는 것이다. 누구도 단번에 정상에 오를 수는 없다. 하지만 한 걸음씩 멈추지 않고 걸어간다면, 결국 정상에 도달하게 된다.

마지막으로, 자신을 믿는 마음도 중요하다. 꿈을 이룰 자격이 있는 사람은 누구인가? 바로 지금 이 글을 읽고 있는 당신이다. 당신의 마음속에 피어오른 꿈은 그 자체로 충분한 가치가 있다. 그리고 그 꿈은 반드시 이루어질 수 있다. 조건은 단 하나, 간절하게 원하고, 상상하고, 믿고, 행동하는 것이다. 꿈을 이루기 위한 여정은 쉽지 않다. 때로는 좌절하고, 포기하고 싶을 때도 있을 것이다. 그러나 그럴 때마다 이 말을 떠올려 보자.

"꿈은 이루어진다."

이것은 단순한 말이 아니다. 이것은 믿음이자 확신이고, 우리가 매일 실천해야 할 삶의 자세다.

오늘도 당신의 꿈을 향한 한 걸음을 내딛길 바란다. 그러면, 그 꿈은 반드시 현실이 될 것이다.

25.
삶을 채우는 작은 선행의 습관

현대 사회는 빠르게 돌아가고, 우리는 매일 수많은 정보와 과업 속에서 바쁘게 살아간다. 그 속에서 큰 행복이나 성공만을 좇다 보면, 정작 우리 삶을 따뜻하게 해주는 진짜 기쁨을 놓치기 쉽다. 그런 의미에서 '소확행(小確幸)'이라는 말은 오늘날 우리 삶에 깊은 울림을 주는 키워드다. 일본의 소설가 무라카미 하루키가 처음 사용한 이 말은 '작지만 확실한 행복'이라는 뜻으로, 일상 속에서 소소하지만, 분명히 느낄 수 있는 기쁨을 의미한다.

소소하지만 확실한 행복은 거창한 무언가가 아니다. 아침 햇살을 맞으며 따뜻한 커피 한 잔을 마시는 순간, 사랑하는 사람과의 짧은 대화, 길에서 우연히 마주친 꽃 한 송이, 혹은 책 속의 한 문장에서 느끼는 감동이 될 수도 있다. 이처럼 소소하지만 확실한 행복은 우리 주변 어디에나 존재한다. 다만 우리가 그것을 알아채고 감사하는 마음으로 받아들이는 것이 중요하다. 그동안 무심코 지나쳤던 일상 속 작은 순간들 속에서 우리는 충분히 행복을 느낄 수 있다.

이러한 관점에서, 소소하지만 확실한 행복을 단순히 느끼는 것으로 끝내지 않고 의식적으로 실천하는 습관으로 발전시켜 보는 것은 어떨까? 바로 '1일 1선(一日一善)'의 실천이다. 1일 1선이란 하루에 한 가지 선한 행동을 의식적으로 실천해 보는 것이다. 반드시 거창하고 대단한 선행일 필요는 없다. 오히려 너무 사소해서 평소엔 무심코 넘길 수 있는 행동들, 예를 들어 쓰레기를 주워 쓰레기통에 넣는다거나, 누군가를 위해 문을 열어 주고, 지친 동료에게 따뜻한 말 한 마디 건네는 것만으로도 충분하다.

처음에는 억지로 시작할 수도 있다. '오늘은 무슨 착한 일을 해야 하지?' 하고 생각하며 하루를 시작하는 것이 어색하게 느껴질 수도 있다. 하지만 습관이 되면 이 작은 실천은 우리의 시선을 점점 바꾸어 놓는다. 무심코 지나치던 사람들의 표정, 우리의 도움이 필요한 상황, 따뜻한 말 한 마디의 힘 등을 더 민감하게 느끼게 된다. 그리하여 어느새 우리는 더 따뜻하고 감성적인 시선을 가진 사람으로 변화하게 된다.

가족의 가훈으로 '1일 1선'을 삼는 것도 좋은 방법이다. 자녀들에게도 선한 행동이 단순한 도덕 교육이 아닌, 일상에서 기쁨을 주는 자연스러운 습관이 되도록 하는 것이다. 매일 저녁, 가족이 둘러앉아 오늘 실천한 선한 행동을 한 가지씩 공유해 보는 것도 매우 의미 있는 시간이다. 서로의 선한 행동을 듣고 격려하며 더 큰 기쁨과 감동을 할 수 있을 것이다. 이러한 문화는 가정의 분위기를 긍정적으로 바꾸고, 가족 구성원 모두가 따뜻한 사람으로 성장하는 데 밑거름이 된다.

무엇보다도 중요한 것은 이러한 실천을 통해 자신의 마음이 먼저 따뜻해진다는 것이다. 남을 위한 작은 행동이 결국은 나 자신을 위한 행복으로 돌아오는 것이다. 내 행동이 누군가에게 작은 기쁨을 주었다는 사실은, 자신의 자존감을 높이고 삶의 방향을 긍정적으로 이끌어 주는 힘이 된다. 삶이 점점 당당해지고, 스스로 행복을 만들어 가는 사람이 될 수 있다.

이러한 삶의 자세는 거창한 성공이나 부귀영화를 좇기보다, 지금 이 순간의 가치를 소중히 여기고, 작은 기쁨을 발견하며 살아가는 삶으로 이끈다.

하루하루가 충만하고 의미 있게 느껴지는 삶, 그것이 바로 소소하지만 확실한 행복의 진정한 본질이다. 그리고 '1일 1선'은 그 소소하지만 확실한 행복을 삶 속에서 자연스럽게 실현할 수 있는 가장 쉽고 실용적인 방법이다.

마음먹기에 따라 삶은 완전히 달라질 수 있다. 우리가 세상을 따뜻한 시선으로 바라보고, 하루 한 가지씩 착한 일을 실천하는 것만으로도 인생은 훨씬 풍요로워질 수 있다. 그리하여 어느 날 문득, 우리는 더 따뜻하고 행복한 사람으로 변화한 자신을 발견하게 될 것이다.

26.
태어나는 것은 같아도,
자라는 길은 다르다

　법륜 스님의 지론에 따르면, 컴퓨터가 공장에서 출하될 때 모두가 같지만 사용자의 필요에 따라 소프트웨어를 설치하고 사용하기 시작하면 각기 다른 형태로 달라지는 것처럼(변모한다고 한다.) 인간 역시 출산 시에는 모두가 같지만 이후의 학습과 환경에 의해 천차만별로 달라질 수 있다고 한다. 특히 출산 후 3세까지는 인생의 중요한 요소들, 즉 성품, 성격, 인격, 자아 등이 형성되는 시기이기 때문에 무엇보다도 엄마의 안정되고 따뜻한 보살핌이 중요하다고 강조한다.

　3세까지의 시기는 아이의 평생 성품과 성격을 좌우하는 결정적인 시기다. 이 시기에 엄마가 어떤 태도로 아이를 대하느냐에 따라 아이의 자아 형성에 큰 영향을 미치게 된다. 법륜 스님은 엄마가 아이를 학대하거나 천대해서는 안 되며, 특히 아버지를 욕하거나 나쁘게 이야기하는 행동을 절대 해서는 안 된다고 경고한다. 이는 엄마의 행동이 아이에게 직접적인 영향을 미치기 때문이다. 아이는 부모의 행동을 보고 배우며, 특히 엄마의 말과 행동에서 많은 영향을 받는다. 따라서 아버지가 아무리 부족하더라도 엄마가 아버지를 존경하고 칭찬하는 모습을 보이면, 아이는 긍정적인 모델을 따라 성장하게 된다.

또한, 아버지에 대한 존경과 칭찬은 아이가 훌륭한 자식으로 성장하는 데 중요한 역할을 한다. 엄마가 아버지를 존경하는 모습을 보여주는 것은 아이에게 가족 간의 존중과 사랑을 배우게 하고, 이는 아이가 커서 자신의 가정을 꾸릴 때도 긍정적인 영향을 미치게 된다. 반대로 엄마가 아버지를 무시하거나 비하하는 모습을 보이면 아이는 가족 간의 불화와 불신을 배우게 되어, 성인이 되어서도 부정적인 관계를 형성할 가능성이 높다.

　법륜 스님은 이러한 이유로 엄마의 역할이 매우 중요하다고 강조한다. 아이가 태어나서 3세까지는 후천적인 학습과 환경의 영향을 가장 많이 받는 시기이기 때문에, 엄마는 항상 안정된 마음과 따뜻한 사랑으로 아이를 돌봐야 한다. 이러한 환경에서 자란 아이는 건강한 성품과 성격을 가지게 되고, 평생 긍정적인 영향을 미치게 된다.

　결론적으로, 법륜 스님의 지론은 후천적인 학습과 환경의 중요성이다. 모든 인간이 출산 시에는 동일하지만, 이후의 학습과 환경에 따라 각기 다른 모습으로 성장하게 된다. 특히 출산 후 3세까지는 아이의 인생을 결정짓는 중요한 시기이기 때문에, 엄마의 안정되고 따뜻한 보살핌이 필수적이다. 엄마는 아이를 학대하거나 천대해서는 안 되며, 아버지에 대한 존경과 칭찬을 통해 아이가 긍정적인 성품과 성격을 가지도록 도와야 한다. 이러한 후천적인 학습과 환경은 아이의 평생에 걸쳐 큰 영향을 미치게 된다.

27.
가장 위대한 스승, 아버지

손흥민 선수가 2022년 5월, 세계 최고의 리그 중 하나인 프리미어리그에서 득점왕에 오르는 경이로운 성과를 이루었다. 이는 대한민국의 축구 역사상 유례없는 사건으로, 앞으로 이 기록을 깰수 있는 또 다른 대한민국 축구선수가 나타날지 의문을 품게 만든다. 이와 같은 위대한 성과는 손흥민 선수 개인의 남다른 노력과 부단한 자기관리 덕분이지만, 그 배경에는 아버지에 대한 절대적인 신뢰와 수용력이 큰 역할을 했다고 생각한다.

현대 축구는 최첨단 시스템과 세계적인 트레이닝 방법이 발전하여, 선수들은 더 나은 환경에서 훈련할 수 있다. 그러나 손흥민 선수는 이러한 외부 요인보다는 아버지의 생각과 경험을 방탕으로 한 진정성 있는 지도와 체계적인 교육을 믿고 따랐다. 손흥민 아버지 손웅정 씨는 축구선수 출신으로 자신만의 교육 철학을 가지고 아들을 훈련시켰다. 그는 기본에 충실한 훈련을 강조하며 손흥민 선수가 어린 시절부터 매일 기본기 연습에 매진하도록 했다. 이와 같은 꾸준한 기본기 훈련이 손흥민 선수를 세계적인 선수로 성장시키는 밑거름이 되었던 것이다.

성년이 된 대부분의 자녀는 인지도 있는 스포츠센터나 유명한 전문가의 조언을 따르려는 경향이 있다. 이는 부모의 훈육이나 지도를 가벼이 여기는 경우가 많다는 것을 의미한다. 하지만 손흥민 선수는 달랐다. 그는 아버지를 최고의 스승으로 믿고 존중했다. "아버지가 뭘 아세요! 지금이 어떤 세상인데요!"라는 말 대신 아버지를 최고의 스승이자 믿음의 대상으로 여겼다. 이러한 태도는 결국 손흥민 선수를 세계적인 축구선수로 만든 원동력이 되었다.

손흥민 선수는 아버지의 지도 아래에서 성장하며, 끊임없이 자신을 단련하고 개선해 나갔다. 아버지의 지도를 따른다는 것은 단순히 축구 기술을 배우는 것 이상의 의미가 있다. 그것은 인내와 자기 절제, 그리고 목표를 향한 꾸준한 노력을 배우는 과정이었다. 손웅정 씨는 손흥민 선수에게 축구에 대한 열정을 심어 주었고, 그 열정을 바탕으로 손흥민 선수는 자신의 한계를 뛰어넘는 성과를 이룰 수 있었다.

손흥민 선수 사례는 부모의 역할이 얼마나 중요한지를 다시금 생각하게 한다. 그의 성공은 아버지의 헌신적인 지도와 손흥민 선수의 신뢰가 만들어 낸 결과이다. 또한 이는 단순히 축구 선수로서의 성공뿐만 아니라 인간으로서의 성장에도 큰 영향을 미쳤다. 아버지의 지도 아래에서 손흥민 선수는 기술적인 능력뿐만 아니라, 인성과 태도에서도 성숙한 모습을 보였다. 그는 경기장에서 항상 최선을 다하고, 팀 동료와의 협력을 중시하며, 상대방에 대한 존중을 잊지 않았다. 이러한 모습은 아버지의 가르침을 그대로 반영한 결과라고 할 수 있다.

손흥민 선수의 성공은 한국 축구계에 큰 영감을 주었고, 앞으로도 많은 젊은 선수들에게 귀감이 될 것이다. 그는 자신의 실력과 성취로 많은 이들에게 희망과 용기를 주었다. 그러나 그의 성공 뒤에는 아버지의 헌신과 손흥민 선수의 신뢰가 있었다는 사실을 잊어서는 안 된다. 이는 부모와 자녀 간의 신뢰와 존중이 얼마나 중요한지를 보여주는 좋은 사례이다

결론적으로, 손흥민 선수의 성공은 아버지와의 신뢰와 존중을 바탕으로 한 교육의 결과라고 할 수 있다. 그의 성공은 단순히 개인의 노력이 아닌, 아버지의 헌신적인 지도와 손흥민 선수의 신뢰가 만들어 낸 결과이다. 앞으로도 이러한 사례는 많은 사람들에게 귀감이 되고, 부모와 자녀 간의 관계가 얼마나 중요한지를 다시 한 번 상기시켜 준다. 손흥민 선수의 이야기는 우리 모두에게 큰 교훈을 주며, 그의 성공이 한국 축구의 미래에도 긍정적인 영향을 미치기를 기대한다.

28.
속도보다 진정성이 경쟁력이 되는 시대

최근까지 우리 사회에서는 '빨리빨리' 문화가 당연한 것처럼 여겨져 왔다. 하루는 24시간으로 제한되어 있고, 주어진 시간 내에 더 많은 일을 해내는 것이 경쟁력으로 평가받던 시기에는 그 누군가보다 더 빠르게 더 많이 해내는 것이 최상의 전략으로 인식되었다. 이처럼 빠른 속도로 업무를 처리하고 효율성을 극대화하는 태도는 근대 산업화와 경제 성장을 이루는 데 중요한 역할을 했다.

이러한 문화는 우리의 일상 속 깊숙이 스며들어 있다. 예를 들어 길거리에서 신호를 기다리며 초조해하는 모습, 식당에서 주문한 음식이 조금만 늦어도 짜증 내는 모습 등에서 빨리빨리 문화의 단면을 쉽게 엿볼 수 있다. 이는 한편으로는 시간을 아끼고, 효율성을 높이는 긍정적인 측면이 있지만, 다른 한편으로는 조급함과 스트레스를 유발하고 여유를 잃게 만드는 부정적인 측면도 있다.

토끼와 거북이의 우화는 이러한 빨리빨리 문화를 잘 상징한다. 과거에는 많은 사람들이 토끼와 같은 태도를 우상시했다. 빠르게 목표를 달성하고자 하는 열망이 강했고, 이는 실제로는 경쟁 사회에서 필요한 덕목으로 여겨졌다. 목표를 향해 쉴 새 없이 달려가는 것이 이상적인 모습으로 그려졌던 시대에서는 토끼의 민첩함과 속도를 중요한 가치로 생각했다.

그러나 시대가 변하면서 빨리빨리의 가치는 재평가되고 있다. 오늘날과 같이 불확실성과 변화가 극심한 시대에서는 토끼처럼 빠르게 움직이는 것이 항상 효과적이지 않을 수 있다. 상황이 급변하고 미래를 예측하기 어려운 시대에서는 오히려 거북이와 같은 접근 방식이 더 적합할 수 있다. 느리더라도 꾸준히, 차근차근 목표를 향해 나아가는 거북이의 인내와 끈기, 신중함이 오히려 장기적인 성공을 담보할 수 있는 중요한 요소로 떠오르고 있는 것이다.

이러한 변화는 단순한 속도의 문제가 아니다. 오늘날의 사회는 변화의 속도뿐만 아니라 그 방향성도 예측하기 어려워졌다. 불확실성이 증대되는 상황에서 빠른 결정은 오히려 잘못된 방향으로 나아갈 위험을 높일 수 있다. 따라서 속도보다는 정확한 판단과 방향성, 그리고 변화에 대한 유연한 대응 능력이 더 중요하게 여겨지고 있다.

이와 같은 맥락에서 '빨리빨리'보다 '진정성'이 더 중요한 가치로 자리 잡고 있다. 일을 빠르게 처리하기보다는 그 과정에서의 의미와 결과물의 질을 중요시 하는 방법으로 전환되고 있는 것이다. 이는 단순히 일을 잘하는 것 이상으로, 일의 본질을 이해하고 그 가치를 높이는 데 집중하는 태도이다.

또한, 끈질긴 인내심과 농업적 근면성도 점점 더 중요한 덕목으로 주목받고 있다. 농부가 씨앗을 뿌리고, 시간이 지나 열매를 맺기까지 끈기 있게 기다리는 것처럼, 오늘날의 사회에서도 한 번에 모든 것을 이루려는 조급한 태도보다는 천천히, 차근차근 노력하며 기다리는 태도가 요구되고 있다. 이는 특히 창의성과 혁신이 요구되는 현대 사회에서 더 강조된다. 창의적인 발상이나 혁신적인 아이디어는 조급함에서 나오는 것이 아니라, 깊은 고민과 사색, 그리고 꾸준한 노력을 통해 나오기 때문이다.

　결론적으로 빨리빨리 문화가 한 시대의 경쟁력으로 자리 잡았던 시기가 있었던 반면, 현재의 불확실성과 변화무쌍한 시대에서는 '거북이와 같은 삶' 즉 느리지만 신중하고 끈기 있는 접근 방식이 더욱 바람직한 삶의 태도일 수 있다. 이는 단순히 속도를 줄이는 것을 의미하는 것이 아니라, 삶의 본질과 가치를 깊이 이해하고, 이를 바탕으로 한 걸음씩 나아가는 삶을 의미한다. 변화하는 시대에 발맞춰 '빨리빨리'가 아닌 '진정성과 인내'를 통해 진정한 경쟁력을 갖추어야 할 때이다.

2부

뜨거운 열정과
불타는 사명감으로

나를 알아가는 과정

'나는 누구인가?' 이 질문은 수많은 철학자와 사상가들이 수 세기 동안 던져 온 질문이자, 우리가 살아가면서 꾸준히 되새기게 되는 문제이다. 우리는 스스로를 얼마나 알고 있을까? 나 자신조차도 명확히 파악하지 못하면서, 남을 어떻게 제대로 이해할 수 있을까? 이러한 생각들은 우리가 겸손하게 살아가야 한다는 깨달음을 준다.

자신을 알기 위한 노력은 마치 끝이 없는 여행과도 같다. 우리는 자신을 알아 가기 위해 부단히 노력해 왔고, 앞으로도 더 발전하려는 기세를 다지게 된다. 이러한 여정 속에서 우리는 끊임없이 자신의 본질을 탐구하고, 내면의 진정한 자아와 마주하려 노력한다.

하지만 세상은 언제나 우리가 그리던 이상과는 다르게 움직인다. "모난 돌이 정 맞는다"라는 속담처럼, 사회에서 두각을 나타내거나 자기주장이 강한 사람은 종종 미움을 받거나 타인의 시선을 통해 상처를 입게 된다. 이러한 사회적 분위기 속에서 대다수의 사람은 진정한 자신의 모습을 숨기고, 보이기 위한 '가짜 자아'를 만들어 살아간다. 그 결과, 진정한 자아는 사라지고 우리는 혼란 속에서 자신을 잃어버리곤 한다.

이처럼 우리가 살아가는 세상은 때때로 매우 부정확하고 불공정하다. 진정한 자아보다는 순간의 상황에 맞게 임기응변에 능한 사람이 더 큰 경쟁력을 가지게 되는 것이 현실이다. 이러한 상황 속에서 우리는 무엇이 옳고 그른 것인가 쉽게 판단하기 어렵다. 그렇기에 때로는 타인의 시선에 맞추어 행동하거나, 자신의 본질을 감추고 가면을 쓴 채 살아가게 된다.

그러나 우리에게는 자신의 진정한 모습을 찾아 나설 책임이 있다. 진짜의 나와 보이기 위한 나 사이에서 우리는 스스로에게 최고의 품위를 지키는 감정과 진정성을 가지고 살아가야 한다. 진정한 자아를 찾기 위한 노력은 끝이 없고, 그 과정은 때로 힘들고 고통스러울 수 있다. 그러나 이러한 노력을 통해 우리는 비로소 진정한 자신을 발견할 수 있을 것이며, 이러한 자아 발견의 여정은 우리 삶에 깊이 있는 의미와 가치를 부여할 것이다.

우리는 우리의 본질을 잃지 않기 위해 자신에게 솔직하고 타인의 기대에 얽매이지 않으며, 내면의 목소리에 귀 기울여야 한다. 그것이 곧 진정한 나를 찾아가는 길이 될 것이다. 이러한 여정을 통해 우리는 더 나은 자신으로 성장하며, 세상의 부정과 혼란 속에서도 흔들리지 않는 자아를 확립할 수 있을 것이다. 나아가, 나와 타인 모두가 진정한 자신으로서 존중받고 이해받는 세상을 만들어 가기를 희망한다.

29.
변화를 두려워하지 않고
선도하기 위한 연습

인간은 본능적으로 익숙한 현재의 생활에 안주하려 하고, 변화에 대해 두려움과 부담을 느끼는 경향이 있다. 이는 안전을 추구하는 인간의 기본적인 심리에서 비롯된 자연스러운 현상이다. 그러나 이와 동시에, 우리의 삶과 사회는 끊임없이 변화하고 있으며, 이러한 변화에 뒤처지지 않기 위해서는 변화를 받아들이고 적응할 필요가 있다. 만약 변화에 적응하지 못하면 시스템, 제도, 유행, 시대정신 등에 뒤처져 사회적으로 낙오자가 될 위험이 있다. 그렇다면 변화에 순응하며 이를 선도할 방법은 무엇일까?

변화를 선도하기 위해서는 평소 변화에 대한 연습을 통해 작은 것부터 실천해 보는 것이 중요하다. 이러한 연습은 변화에 대한 두려움을 줄이고 변화 속에서 새로운 것을 발견하고 창의력을 발휘하는 능력을 키울 수 있다.

다음은 일상생활에서 변화를 실천할 수 있는 몇 가지 방법들이다.

첫째, 옷 스타일을 바꿔 보는 것이다. 옷은 자신의 외모뿐만 아니라 자아를 표현하는 중요한 수단이다. 평소에 입던 옷 스타일을 벗어나 새로운 스타일을 시도해 봄으로써 자신을 새로운 시각에서 바라볼 수 있다. 이는 자신의 이미지와 자아를 재발견하는 기회가 될 수 있으며, 자신감과 창의력을 높이는 데 도움이 된다.

둘째, 머리 모양을 바꿔 보는 것이다. 머리 모양은 외모의 큰 부분을 차지하며, 머리를 자르거나 염색하는 등의 변화만으로도 큰 변화를 느낄 수 있다. 이는 외모에 대한 새로운 자신감을 주고, 주변 사람들의 반응을 통해 자신을 다시 생각해 보는 계기가 될 수 있다.

셋째, 집안 내 가구의 위치를 바꿔 보는 것이다. 가구 배치를 바꾸는 것은 간단하면서도 공간의 분위기를 완전히 변화시킬 수 있는 효과적인 방법이다. 새로운 배치는 공간을 더욱 효율적으로 사용할 수 있게 하며, 새로운 시각적 자극을 통해 일상의 단조로움을 탈피하는 데 도움을 줄 수 있다.

넷째, 평소에 주로 다니는 길이 아닌 다른 길로 목적지를 가보는 것이다. 익숙한 길 대신 다른 길을 선택함으로써 새로운 환경을 경험하고, 일상에서 벗어난 모험을 즐길 수 있다. 이는 새로운 장소를 발견하는 재미와 함께, 새로운 정보와 경험을 통해 사고의 유연성을 키우는 데 도움이 된다.

다섯째, 주로 사용하는 마트나 식당을 바꿔 보는 것이다. 일상적으로 가는 곳을 바꾸는 것은 새로운 제품과 음식을 접할 기회를 제공한다. 이는 자신의 소비 패턴을 다양화하고, 새로운 경험을 통해 삶의 질을 높이는 데 이바지할 수 있다.

이와 같은 작은 변화들은 일상에서 적절한 긴장과 불편함을 경험하게 함으로써 변화에 익숙해지도록 도와준다. 이러한 과정을 반복함으로써 우리는 변화 속에서 새로운 것을 얻고 창의력을 키울 수 있다. 또한 변화에 대한 두려움을 줄이고, 변화에 주도권을 잡는 데 필요한 자신감을 가질 수 있게 된다. 변화를 두려워하지 않고 선도하기 위해서는 이러한 작은 변화들을 꾸준히 실천해 보는 것이 중요하다. 변화는 두려움의 대상이 아닌, 성장과 발전의 기회로 받아들여야 한다. 당신이 변화에 익숙해지고 이를 즐기게 된다면, 당신은 언젠가 이 시대의 중심에서 변화를 선도하는 주인공이 되어 있을 것이다. 변화를 두려워하지 않고, 변화 속에서 새로운 가능성을 발견하며, 자신의 삶을 더욱 풍요롭게 만드는 것은 오로지 스스로의 선택에 달려 있다.

변화를 선도하기 위한 연습은 결국 자기삶을 더욱 풍요롭고 창의적으로 만드는 과정이다. 작은 변화를 통해 자신을 끊임없이 재발견하고, 새로운 가능성을 탐구하는 것은 자기 삶을 더욱 의미 있게 할 것이다. 변화를 두려워하지 말고, 변화 속에서 새로운 기회를 찾는 노력을 계속해 나가자.

30.
현재에 집중하는 삶의 지혜

현재에 집중하며 과거와 미래의 집착에서 벗어나는 것은 삶을 풍요롭게 하고 발전을 이끄는 중요한 삶의 자세이다. 우리는 종종 지나친 과거에 얽매이거나 아직 오지 않은 미래를 걱정하며 현재를 소홀히 하는 실수를 범한다. 이러한 태도는 개인의 성장을 방해하고, 삶의 균형을 무너뜨릴 수 있다.

따라서 과거와 미래의 무게에 발목 잡히지 않고 현재를 중시하는 태도가 필요하다. 지난 과거에 너무 많은 미련을 갖거나 빠져들면 변명과 후회 속에 갇히게 된다. 과거의 실수나 실패를 떠올리며 자책하거나, 이미 지나친 영광을 되새기며 현실을 외면하는 태도는 현재와 미래를 망칠 수 있다.

특히 과거의 재력이나 명성은 자칫 잘못하면 발전을 가로막는 걸림돌이 될 수 있다. 그런데도 과거는 단순히 잊어야 할 시간이 아니다. 과거의 실패와 실수는 우리에게 값진 교훈을 제공하며, 이를 통해 더 나은 미래를 만들어 나갈 수 있는 중요한 자원이 된다. 과거를 긍정적으로 활용할 때 우리는 그 경험을 발판 삼아 삶의 큰 전환점을 만들 수 있다.

반면, 미래에 대한 지나친 걱정 또한 현재를 희생시키는 요소가 될 수 있다. 많은 사람들이 하루 동안 수많은 생각을 하지만, 그중 대부분은 어제 했던 생각을 반복하거나 아직 일어나지 않은 미래를 염려하는 데 시간을 소비한다. 이러한 부정적이고 비생산적인 생각은 삶의 에너지를 낭비하며, 현재의 소중한 가치를 놓치게 만든다. 미래는 아직 오지 않은 시간이기 때문에 그것을 지나치게 두려워하거나 기대하는 대신, 현재에 집중하며 지금의 나를 만들어 가는 데 주력해야 한다.

현재는 과거와 미래를 연결하는 유일한 시간이다. 과거는 이미 지나갔고, 미래는 아직 다가오지 않았다. 따라서 지금, 이 순간에 나 자신을 위해 투자하고, 현재를 바탕으로 내가 원하는 삶과 모습을 만들어 가는 것이 중요하다. 우리가 현재를 충실히 살아간다면 미래는 자연스럽게 더 나은 방향으로 나아갈 것이다. 과거의 실수나 실패를 교훈 삼아 성장의 발판으로 삼고, 미래에 대한 막연한 두려움 대신 오늘의 행동을 통해 그 두려움을 극복하는 것이 현명한 삶의 자세라 할 수 있다.

현명한 삶의 가치관은 과거보다는 미래를, 미래보다는 현재를 중시하는 데서 출발한다. 과거는 배우고 성장하기 위한 경험의 원천일 뿐, 되돌릴 수 없는 시간이기에 집착할 필요가 없다. 미래는 아직 오지 않았기에 걱정하거나 미리 결정지을 수 없는 영역이다. 반면, 현재는 우리가 선택하고 행동할 수 있는 유일한 시간이다. 따라서 우리는 현재를 가치 있게 여기고, 매 순간에 최선을 다하며 살아야 한다.

결국 삶의 지혜는 지금, 이 순간에 집중하는 데 있다. 오늘 하루를 살아가며 과거의 미련과 미래에 대한 두려움에 휩쓸리지 않고, 현재를 충실히 살아가는 것이야말로 자신의 삶을 신성으로 풍요롭게 만드는 길이다. 지금의 선택과 행동이 미래를 결정짓는다는 점을 기억하며, 현재의 나에게 아낌없이 시간을 투자하고, 나만의 가치를 만들어 가야 한다. 이처럼 과거와 미래의 생각에 사로잡히지 않고 현재에 집중하는 삶이야말로 우리가 추구해야 할 현명한 삶의 모습일 것이다.

31.
아름답게 내 삶의 나이테를 새기자

나이가 들수록 더욱 중요해지는 외면 관리

세월이 흐를수록 우리는 자연스럽게 변해 간다. 과거에 젊고 생기 넘치던 얼굴은 점차 주름이 생기고, 피부의 탄력이 떨어지며, 인상의 변화가 찾아온다. 이것은 단순히 외적인 노화의 과정이 아니라, 우리가 살아온 시간과 경험들이 얼굴에 새겨지는 과정이다. 많은 사람들이 "외모보다 내면이 중요하다"고 이야기하지만, 실상 외적인 모습 역시 그 사람의 인생을 반영하며 중요한 역할을 한다. 외면은 단순히 겉모습을 뜻하는 것이 아니라, 그 사람이 살아온 삶의 흔적 이자, 내면의 상태를 비추는 거울과 같다. 따라서 나이가 들수록 우리는 자신의 얼굴과 몸을 돌보고, 건강하고 긍정적인 인상을 유지하기 위해 노력해야 한다.

얼굴은 삶의 파노라마를 보여 준다

사람의 얼굴을 보면 그 사람이 어떤 삶을 살아왔는지를 짐작할 수 있다. 젊었을 때는 누구나 탄력 있고 생기 넘치는 피부를 가지고 있지만, 나이가 들면서 얼굴에는 각자의 인생이 반영된다. 항상 웃으며 긍정적인 생각을 하며 살아온 사람과 늘 불만과 짜증 속에서 살아온 사람의 얼굴은 확연히 다르게 보인다. 후자는 인상이

굳어지고 주름이 깊어지며, 부정적인 감정이 얼굴에 고스란히 새겨진다. 반면, 긍정적인 삶을 살아온 사람의 얼굴은 온화하고 따뜻한 분위기를 풍긴다.

이처럼 얼굴은 단순한 신체의 일부가 아니라, 인생의 흔적을 담은 캠퍼스다. 우리가 어떤 생각을 하고, 어떤 감정을 자주 느끼며 살아가는지가 얼굴에 나타난다. 그러므로 나이가 들면서도 건강하고 밝은 얼굴을 유지하려면, 단순한 외적인 관리를 넘어서 내면의 감정을 다스리는 것 또한 중요하다.

거울을 자주 보고 자신을 가꾸는 습관

자신을 돌보는 첫걸음은 자신의 얼굴과 몸을 자주 들여다보는 것이다. 우리는 하루에도 여러 번 거울을 보지만, 단순히 외모를 점검하는 용도로만 사용하는 경우가 많다. 하지만 거울을 통해 자기 얼굴을 관찰하고, 표정과 인상을 점검하는 것은 외면뿐만 아니라 내면을 가꾸는 과정이기도 하다.

예를 들어, 거울을 볼 때마다 스스로에게 미소를 짓는 습관을 들이면 자연스럽게 긍정적인 인상을 만들 수 있다. 무의식적으로 찡그린 표정을 짓고 있거나, 무표정하게 있는 모습을 발견했다면 의식적으로 얼굴을 부드럽게 만들고 미소를 짓도록 노력해야 한다. 이 작은 습관이 쌓이면 자연스럽게 얼굴 근육의 사용 방식이 달라지고, 인상이 온화하고 긍정적으로 변하게 된다.

또한, 얼굴뿐만 아니라 몸을 관리하는 것도 중요하다. 건강한 신체는 아름다운 외면을 유지하는 데 필수적이다. 운동을 꾸준히 하고, 영양을 고르게 섭취하며, 피부를 관리하는 등 자기 관리에 신경을 쓰는 것은 단순히 젊어 보이기 위함이 아니라, 건강하고 활기찬 삶을 살기 위한 기본적인 조건이다. 많은 연구에서도 웃음과 긍정적인 감정이 얼굴에 미치는 영향을 강조한다. 우리가 웃을 때 얼굴 근육이 활성화되면서 자연스럽게 혈액순환이 좋아지고, 피부 탄력이 유지된다. 또한, 자주 웃는 사람은 인상이 부드러워지고 호감형 얼굴이 된다. 반면, 자주 화를 내거나 불만을 품고 사는 사람은 인상이 날카롭고 굳어 보이기 쉽다.

이처럼 긍정적인 감정은 단순히 기분을 좋게 만드는 것이 아니라, 실제로 표정을 변화시키고 주름의 방향까지도 결정할 수 있다. 따라서 항상 밝고 긍정적인 생각을 하며, 자주 웃고 감사하는 마음을 가지는 것이 중요하다.

외면 관리는 자기 존중의 표현이다

어떤 사람들은 외모를 가꾸는 것이 단순히 젊어 보이기 위한 헛된 노력이라고 생각할 수도 있다. 하지만 외면을 관리하는 것은 자기 자신을 존중하는 태도에서 비롯된다. 우리는 다른 사람을 만날 때 단정하고 깔끔한 모습으로 예의를 갖추려고 노력한다. 마찬가지로, 자기 자신을 위한 외적인 관리는 자신의 삶을 소중히 여기고 자신을 아끼는 방식이다.

외면을 가꾸는 것은 단순한 미용이 아니라, 자기 관리의 한 부분이다. 피부를 건강하게 유지하고, 적절한 운동을 하며, 옷차림을 신경 쓰는 것은 단순히 꾸밈이 아니라, 자신의 삶을 더욱 활기차고 자신감 있게 만드는 요소다. 나이가 들수록 이러한 자기 관리가 더욱 중요해진다.

내면과 외면의 조화가 진정한 아름다움을 만든다

결국, 진정한 아름다움은 내면과 외면이 조화를 이루는 데서 온다. 내면이 아무리 훌륭해도 외면이 너무 무관심하게 방치되어 있다면, 그 아름다움이 온전히 드러나기 어렵다. 반대로, 외면만을 가꾸고 내면을 소홀히 하면 깊이 있는 매력을 갖기 어렵다. 그러므로 우리는 나이가 들수록 더욱 내면과 외면을 함께 가꾸는 노력을 해야 한다. 항상 긍정적인 생각을 하고, 웃는 습관을 기르며, 자기 자신을 돌보고 관리하는 태도를 유지하는 것이 중요하다. 이렇게 하면 우리의 얼굴은 단순히 나이를 먹는 것이 아니라, 더욱 빛나고 아름다운 삶의 나이테를 만들어 갈 수 있다.

아름다운 나이테를 위한 노력

시간이 지나면서 우리는 자연스럽게 변해 간다. 하지만 그 변화가 반드시 부정적인 것일 필요는 없다. 어떻게 나이 들어갈지는 우리의 선택에 달려 있다. 얼굴은 인생을 반영하는 거울이며, 표정과 인상은 삶을 살아온 방식의 결과물이다.

따라서 하루에 한 번이라도 거울을 보며 자신을 점검하고, 자주 웃으며, 긍정적인 감정을 유지하는 습관이 중요하다. 외면도 내면만큼이나 중요한 요소이며, 이를 아름답게 가꾸는 것은 자기 자신을 사랑하는 방법의 하나다.

나이가 들수록 자신의 얼굴이 더욱 아름다운 나이테를 그려갈 수 있도록, 내면과 외면 모두를 소중히 여기며 살아가자.

32.
긍정적인 사고가 만드는 행복한 삶

삶의 태도에 따라 인생의 질은 크게 달라질 수 있다. 한쪽에는 매일 긍정적이고 행복한 일들만 생각하며 사는 사람들이 있다. 이들은 삶을 능동적으로 선도하며, 자신이 원하는 방향으로 삶을 주도해 나가는 성향을 보인다. 반대로 아직 일어나지도 않은 미래의 일을 걱정하고 근심하며 살아가는 사람들이 있다. 이들은 삶의 주도권을 놓친 채, 세상의 흐름에 이끌려 살아간다. 이 두 가지 유형의 삶은 생각의 차이에서 비롯되며, 그 차이가 삶의 전반적인 태도와 방향을 결정짓게 된다.

긍정적인 사고방식을 지닌 사람들은 매 순간 행복을 생산하고 이를 주변에 전파하며 산다. 이들은 삶의 어려움이나 문제를 마주했을 때, 이를 성장과 배움의 기회로 받아들이며 해결책을 모색한다. 그렇기에 그들의 일상은 활기차고 활력이 넘친다. 반면, 부정적인 사고방식을 가진 사람들은 현실의 문제를 과장하여 바라보는 경향이 있다. 그들은 문제가 일어날 가능성을 지나치게 염려하며, 불확실한 미래에 대한 두려움 속에서 자신을 가둔다. 이러한 태도는 현재의 삶을 만족스럽게 누리지 못하게 하며, 끊임없는 걱정과 불안을 스스로 만들어 내는 원인이 된다.

똑같은 상황에 부닥쳤을 때도 사람들은 각기 다른 반응을 보인다. 예를 들어, 예상치 못한 문제가 발생했을 때, 긍정적인 사람은 이를 해결할 방법을 찾고자 하며, 상황을 새로운 도전으로 받아들인다. 그들은 어려움 속에서도 작은 희망의 실마리를 찾고, 이를 통해 더 나은 미래를 꿈꾸며 나아간다.

반면, 부정적인 사람은 문제의 크기와 그로 인한 어려움에 초점을 맞춘다. 문제를 해결할 수 없을 것이라는 생각에 빠져, 자신의 역량을 과소평가하며 자책하기도 한다. 이는 불필요한 스트레스와 정신적인 부담을 가중하며, 삶의 질을 떨어뜨리는 결과를 초래한다.

긍정적인 사고는 단순한 생각의 습관 이상으로, 우리의 몸과 마음에 직접적인 영향을 미친다. 긍정적인 생각은 신체적으로도 건강에 이롭다. 연구에 따르면, 긍정적인 마음을 가진 사람들은 스트레스 호르몬의 분비가 줄어들고, 면역 기능이 강화되며, 더 긴 수명을 누릴 가능성이 크다고 한다. 이는 긍정적인 사고가 우리 몸의 생리적 기능에도 큰 영향을 미치고 있다는 것을 보여준다.

반면, 부정적인 생각에 사로잡힌 사람들은 신체적으로도 더 취약한 상태에 놓이게 된다. 스트레스와 불안은 면역력을 악화시키며, 이는 다양한 질병의 원인이 될 수 있다. 결국, 우리의 생각과 감정은 건강에도 직결되는 중요한 요소임을 알 수 있다.

더불어, 긍정적인 사람들은 인간관계에서도 긍정적인 에너지를 전파한다. 이들은 주변 사람들과의 관계에서 주도적이고, 적극적인 태도로 소통하며, 서로에게 긍정적인 영향을 미친다. 이는 행복한 삶을 만드는 중요한 요소 중 하나이다. 반대로, 부정적인 사람들은 주변 사람들에게도 부정적인 감정을 전달할 수 있다. 그들의 불평과 불만은 주변 사람들에게 부정적인 영향을 미치며, 이는 결국 고립을 초래할 수 있다. 이는 사회적 관계에서도 부정적인 결과를 초래하며, 더 큰 불행을 경험하게 되는 악순환을 만들 수 있다.

습관은 반복적인 행동을 통해 형성되며, 이는 곧 삶의 패턴을 결정한다. 처음에는 작고 사소한 생각의 차이가 나중에는 삶 전체를 좌우하는 중요한 요소가 될 수 있다. 긍정적인 생각을 습관화한 사람들은 삶의 크고 작은 문제를 유연하게 대처하며, 더 나은 결과를 끌어낸다. 이는 곧 그들의 성공과 행복으로 이어지며, 자신감을 더해준다. 반면, 부정적인 생각을 반복하는 사람들은 끊임없는 좌절감과 자기 비하 속에 머무를 가능성이 높다. 이는 점차 자신을 한계에 가두고, 더 나아가려는 의지를 꺾어 버리게 된다.

긍정적인 태도를 유지하는 것은 쉽지 않지만, 그만큼 가치 있는 일이다. 이를 위해 우리는 자신에게 좋은 영향을 줄 수 있는 긍정적인 환경을 만들고, 부정적인 감정을 털어놓을 수 있는 사람들과 소통을 유지하는 것이 중요하다. 또한, 감사하는 마음을 갖고 일상의 소소한 행복을 찾아내는 연습이 필요하다. 이러한 작은 노력이 모여 큰 변화를 불러올 수 있으며, 자신의 삶을 더 풍요롭게 만들어 줄 것이다.

결론적으로, 긍정적인 사고방식은 삶을 더 즐겁고 행복하게 만들어 주는 중요한 요소이다. 같은 상황에서도 어떻게 받아들이느냐에 따라 삶의 방향은 크게 달라질 수 있다. 따라서 우리는 매 순간 좋은 생각과 긍정적인 에너지로 삶에 임해야 한다. 이는 단순히 개인의 행복을 넘어서, 주변 사람들과의 관계, 그리고 삶 전체에 큰 영향을 미치기 때문이다. 항상 밝고 긍정적인 마음가짐을 유지하며, 행복한 인생을 만들어 가는 것이 중요하다. 결국, 긍정적인 삶의 태도가 우리의 삶을 너 가지 있고, 의미 있게 만들어 줄 것이다.

33.
오늘이 바로 그날이다

살아가다 보면 우리는 종종 내일을 계획하고, 어제를 회상하며, 오늘을 흘려보내곤 한다. 하지만 생각해 보면 우리에게 주어진 시간 중 진짜 존재하는 것은 오직 지금 이 순간뿐이다. 지나간 시간은 되돌릴 수 없고, 아직 오지 않은 미래는 그저 가능성일 뿐이다. 그렇다면 우리는 왜 늘 과거를 붙잡거나 미래를 걱정하며, 정작 '오늘'이라는 선물을 놓치고 마는 것일까.

우리 모두에게 주어진 하루하루의 시간은 결코 의미 없는 날이 없다. 평범하게 흘러가는 것처럼 보여도, 그 하루는 다시는 돌아오지 않을 단 한 번뿐인 시간의 조각이다. 그러나 우리는 그 귀중함을 너무 쉽게 잊는다. 마치 시간이 무한정 주어질 것처럼, 마치 내일이 당연히 올 것처럼 살아간다. 하지만 시간은 누구에게도 멈춰 주지 않는다. 그 어떤 사람에게도, 그 어떤 이유로도 예외는 없다.

80대의 할아버지에게도, 60대의 아버지에게도, 그리고 30대의 아들에게도 시간은 똑같은 속도로 흘러간다. 나이와 지위를 불문하고, 시간은 묵묵히, 그러나 냉정하게 앞으로만 나아간다. 그렇기에 우리가 할 수 있는 일은 단 하나, 지금 이 순간을 진심으로 살아내는 것이다.

삶을 살다 보면 '언젠가'라는 단어가 얼마나 많은 기회를 앗아 가는지 깨닫게 된다. '언젠가 해야지', '언젠가 가보자', '언젠가 말해 보자' 하며 미루던 순간들이 결국 우리 인생에서 가장 큰 후회로 남는다. 하지만 그 '언젠가'는 오지 않는다. 왜냐하면 그날이 오기 전에 '오늘'을 잃기 때문이다. 모든 '언젠가'의 시작은 바로 오늘이다.

지금 이 순간, 이 하루가 쌓여 우리의 일생을 만든다. 결국 인생은 거창한 사건이나 대단한 성취로 채워지는 것이 아니라, 하루하루의 작은 순간들이 모여 완성되는 것이다. 매일의 선택과 태도, 그리고 시간을 대하는 우리의 마음이 곧 인생의 질을 결정짓는다.

"오늘이 제일 젊은 날이다"라는 말은 단순한 위로가 아니다. 그것은 분명한 사실이다.

10년 후의 나는 분명 오늘의 나보다 더 많은 경험을 쌓겠지만, 동시에 지금보다 10년 더 늙어 있을 것이다.

그때 나는 아마 이렇게 말할지도 모른다.

"그때, 내가 10년만 더 젊었어도…"

하지만 그 '10년 젊은 날'이 바로 지금 이 순간이라는 사실을 잊어서는 안 된다. 지금 이 순간이야말로 미래의 나에게는 그토록 부러워할 젊음이고, 다시는 돌아올 수 없는 시간이다.

돌아갈 수 없는 10년 전을 떠올리며 아쉬워하고, 그때로 돌아가고 싶다고 말하는 대신, 오늘을 그 10년 전의 나에게 부끄럽지 않게 살아야 한다.

10년 후의 내가 지금을 돌아보며 "그때 정말 잘 살았어. 후회 없이 보냈어."라고 말할 수 있다면, 그것이야말로 진정한 성공이 아닐까.

하루를 소중히 여기는 사람은 작은 일에서도 의미를 찾는다. 아침의 맑은 공기, 누군가의 미소, 따뜻한 차 한 잔에서도 감사함을 느낀다. 반대로 하루를 무심히 흘려보내는 사람은 아무리 큰 성취를 이루어도 공허함을 느낀다.

삶의 질은 시간의 양이 아니라, 그 시간을 얼마나 진심으로 대했는가에 달려 있다.

우리는 종종 '최선의 삶'을 고민한다. 하지만 완벽한 하루, 완벽한 선택이란 애초에 존재하지 않는다. 대신 진실된 하루는 누구에게나 가능하다. 무엇을 하든 그 순간에 집중하고, 내 앞의 사람에게 마음을 다하며, 하루의 끝에 '오늘은 의미 있었다'고 느낀다면 그 하루는 충분히 빛나는 시간이다.

시간은 결코 나를 위해 멈추지 않는다. 오늘이 지나면 다시는 같은 하루가 오지 않는다. 그렇기에 우리는 하루하루를 의식적으로 살아야 한다. 무심코 흘려보내는 시간 속에서도 '지금 내가 살아 있음을' 자각해야 한다. 그 깨달음이 있을 때 비로소 오늘이 특별해지고, 하루가 쌓여 인생이 된다.

앞으로 남은 시간이 얼마나 될지는 아무도 모른다. 그러나 분명한 것은, 지금 이 순간이 내 인생에서 가장 젊고, 가장 가능성이 많은 순간이라는 것이다. 내일이 아닌 오늘, 지금 이 시간부터 진실되게 살겠다고 다짐하는 것. 그것이 인생을 바꾸는 첫걸음이다.

오늘의 나를 진심으로 대하고, 오늘의 시간을 아끼며, 하루의 끝에서 '후회 없는 하루였다'고 말할 수 있다면 그 삶은 이미 충분히 아름답다. 지나간 시간을 아쉬워하지 말고, 오지 않은 시간을 불안해하지 말며, 오직 지금 이 순간을 온전히 살아가자. 오늘 하루의 의미를 아는 사람만이 진정한 내일을 맞이할 자격이 있다.

34.
바쁜 일상 속 나를 찾는 법

현대 사회는 빠르게 변화하고 있으며, 사람들은 쳇바퀴 돌 듯이 반복되는 일상 속에서 우리는 자신도 모르게 세월이 흘러가는 것을 느끼게 된다. 이러한 반복적인 생활은 어느덧 우리의 생활 태도와 습관으로 자리 잡게 되고, 이는 각자의 색깔과 이미지를 형성하게 된다.

우리가 매일 반복하는 일상적인 습관과 태도는 우리 자신을 만들어 간다. "세 살 버릇 여든까지 간다"라는 속담처럼 어릴 적부터 형성된 습관과 성격은 쉽게 변하지 않는다. 이런 습관과 태도는 종종 우리의 성격에 급한 성격과 정제되지 않은 품행을 포함하게 되며, 이는 경직된 인상과 정서로 이어질 수 있다. 바쁘게 돌아가는 일상 속에서 우리는 이러한 습관들을 되돌아볼 여유를 가지기 어렵다.

하루를 마무리하는 의식의 중요성

바쁜 일상에서 자신을 잃지 않고 더욱 발전하기 위해서는 하루를 마무리하는 의식 행위가 필요하다. 하루의 비즈니스를 복기해 보는 습관을 들이는 것은 매우 유익한 일이다. 이는 그날의 일을 다시 생각해 보며 잘한 점과 아쉬운 점을 평가하고, 다음 날 더 나은 선택을 할 수 있도록 돕는다.

하루를 돌아보는 시간은 자신을 점검하고 성찰할 수 있는 소중한 기회이다. 오늘 하루 동안 내가 어떤 일을 했는지, 어떤 감정을 느꼈는지, 어떤 사람과 어떤 대화를 나누었는지를 돌아보는 것은 나 자신을 이해하고 성장하는 데 큰 도움이 된다. 이는 단순히 일을 복기하는 것뿐만 아니라, 감정 상태와 대인 관계도 함께 점검할 수 있는 시간이다.

일상을 복기하는 습관의 효과

하루를 마무리하며 일상을 복기하는 습관은 여러 가지 긍정적인 효과를 가져온다. 첫째, 자기 성찰의 시간을 가지면서 자신을 객관적으로 바라볼 수 있게 된다. 이는 잘못된 습관을 인식하고 고치며, 더 나은 방향으로 나아가는 데 도움이 된다. 둘째, 자신이 이룬 성취를 되돌아보며 자신을 칭찬하고 격려할 수 있는 시간이 된다. 이는 자존감을 높이는 데 중요한 역할을 한다. 셋째, 일상을 복기하는 습관은 계획적인 삶을 살게 한다.

오늘의 반성을 통해 내일의 계획을 세우고, 더 나은 미래를 위해 준비할 수 있다. 언젠가 한 번쯤은 써 본 경험이 있는 일기는 더할 나위 없는 좋은 처방전이다. 이러한 습관은 긴 시간 동안 쌓여 결국 우리 삶을 긍정적으로 변화시킨다.

세상을 끌고 가는 주인공이 되기 위해

이러한 일상을 복기하는 습관을 지속적으로 실천한다면 우리는 세상에 끌려가는 모습이 아니라, 세상을 끌고 가는 주인공으로 성장할 수 있다. 주체적인 삶을 살기 위해서는 자신을 돌아보고 개선해 나가는 노력이 필요하다. 하루하루를 바쁘게 살아가면서도, 하루의 끝에 자신을 돌아보는 시간은 우리에게 큰 변화를 가져다줄 것이다.

바쁜 현대인의 삶 속에서 일상을 복기하는 습관은 자신을 성장시키고, 삶의 주인공으로 살아가게 하는 중요한 열쇠다. 급한 성격과 정제되지 않은 품행을 개선하고, 자신만의 색깔과 이미지를 긍정적으로 변화시키기 위해서는 매일의 끝에서 자신을 돌아보는 시간이 필요하다. 이를 통해 우리는 세상에 끌려가는 삶이 아닌, 세상을 끌고 가는 삶을 살아갈 수 있다.

35.
갇힌 시야에서 벗어나기

인간은 특정 환경과 문화 속에서 장기간 생활하다 보면 그 환경과 문화, 그리고 시스템에 의해 시야가 좁아지고 사고가 편협해지는 경향이 있다. 이는 마치 꿩 사육장에서 꿩을 쉽게 관리하기 위해 좌우 시야를 가리는 모자를 씌우는 것과 비슷한 현상이다. 이처럼 환경과 문화는 인간의 사고와 행동, 언어, 그리고 습관에 깊이 영향을 미치며, 때로는 개인의 다양한 관점을 이해하고 받아들이는 데 제약을 가하기도 한다.

특정 집단에서의 동화와 그 한계

특정 집단에서 장기간 함께 생활하다 보면, 그 집단의 규범과 문화에 자연스럽게 동화되기 마련이다. 사람은 자신의 소속 집단과 동일한 방식으로 생각하고 행동하며, 그 집단의 언어와 습관을 익히게 된다. 그러나 이러한 동화 과정은 때로 개인의 사고를 일정한 틀 안에 가두는 결과를 초래할 수 있다. 예를 들어, 사각형의 집단에서 오래 머물게 되면 그 구성원들은 자신의 사고와 행동이 사각형화 되어, 삼각형, 원형, 혹은 마름모 같은 다른 형태의 사고와 문화를 이해하거나 받아들이지 못하는 상황이 발생할 수 있다.

사고의 틀에서 벗어나기 위한 필요성

이러한 제한적인 사고는 개인의 성장과 발전에 장해가 될 수 있다. 따라서 적절한 시점에서 자신의 시야를 가리는 '모자'를 벗고, 다른 관점과 문화를 경험하는 것이 중요하다. 이는 자신이 속했던 환경과 문화에서 벗어나 새로운 시각으로 세상을 바라보는 시간과 노력이 필요하다는 것을 의미한다. 오랜 시간 동안 몸담았던 울타리 안에서만 머무르는 것은 안전함을 제공할 수 있지만, 동시에 다양한 가능성을 놓치게 만들 수 있다.

자기 인식과 모자의 존재 확인

고착화 된 틀 안에서 벗어나기 위한 첫걸음은 자신에게 씌워진 모자의 존재를 인식하는 것이다. 많은 사람들이 자신이 특정한 울타리나 굴레에 갇혀 있다는 사실조차 인식하지 못한다. 이는 익숙함과 안락함에 의해 무의식적으로 유지되는 상태다. 그러나 이러한 상태를 인지하고 의식적으로 벗어나려는 노력은 개인의 사고(思考)를 더욱 넓히고, 다양한 문화를 이해할 수 있는 계기를 제공한다.

다양한 시각을 받아들이는 실천

다양한 시각을 받아들이는 것은 단순히 새로운 환경을 경험하는 것을 넘어, 이를 통해 자신의 기존 사고를 원점으로 재조정하는 과정이다. 예를 들어, 새로운 사람들과의 교류, 다른 문화와의 환경을 직접 경험하는 여행, 그리고 다양한 관점의 책이나 콘텐츠를 접하는 등의 활동이 도움이 될 수 있다. 이를 통해 개인은 자신만의 좁은 틀에서 벗어나 더 넓은 세계를 이해하고 포용할 수 있게 된다.

삶의 현명함 : 꿩 모자를 벗는 용기

삶의 현명함은 익숙한 것을 벗어 던질 용기에서 비롯된다. 꿩의 시야를 가리던 모자를 벗어 던지듯, 오랜 시간 동안 의존해 왔던 자신의 사고방식과 관점을 벗어던질 필요가 있다. 이는 쉬운 일이 아니지만, 삶의 본질을 더 깊이 이해하고 풍요로운 경험을 쌓기 위한 필수적인 과정이다.

결국, 인간은 특정 환경과 문화 속에서 살아가면서 자신도 모르게 제한된 사고와 행동 양식을 습득한다. 하지만 적절한 시기에 이러한 틀에서 벗어나려는 노력이 필요하다. 다양한 시각과 문화를 이해하고 경험하는 것은 개인의 성장을 촉진하며, 보다 넓고 깊은 삶의 의미를 발견하는 데 이바지할 것이다. 자신에게 씌워졌을지 모를 '모자'를 벗어 던지고, 새로운 관점으로 삶을 바라보는 시도는 진정한 현명함과 성숙으로 가는 길이다.

36.
진정한 관계를 위한 이해와 존중의 힘

사회에서 주변에 사람이 끊이지 않는 사람과 시간이 지남에 따라 점점 사람들과 멀어져 외로움을 느끼는 사람 간의 차이는 무엇일까?

이는 단순히 성격 차이나 외향성의 정도에 따른 차이가 아니다. 이 차이는 바로 인간관계에 대한 접근 방식, 소통의 방법, 그리고 상대에 대한 이해와 존중의 태도에서 비롯된다.

오늘날 현대사회는 각박해지고 복잡한 이해관계 속에서 살고 있다. 이러한 환경에서는 서로 다른 생각과 의견이 충돌하기 쉽고, 작은 오해나 사소한 마찰로 인해 사람 간의 거리가 멀어지기도 한다. 특히, 과거에는 비교적 쉽게 넘어갔을 사소한 문제들도 지금은 예민하게 받아들여질 수 있다. 이러한 상황에서 중요한 것은 "틀리다"라고 판단하는 대신 서로의 "다름"을 인정하고 수용하는 태도이다.

갈등을 줄이기 위해선 의견이 다르더라도 그 차이를 존중하고, 부정적 반응보다는 긍정적인 태도로 대응하는 자세가 필요하다. 내가 먼저 양보하고 이해하려는 마음가짐을 갖는 것이야말로 사람들과의 관계를 더욱 원만하게 유지하는 것이 핵심이다.

흔히 사람들은 인간관계에서 갈등이나 거리감의 원인을 상대방의 변화에서 찾으려는 경향이 있다. 상대방이 나와 멀어지는 것이 마치 상대의 변화나 잘못인 것처럼 생각하는 것이다. 그러나 사실은 그렇지 않다. 상대방이 변한 것이 아니라, 내가 상대방을 멀어지게 만들었을 수 있다는 점을 되새길 필요가 있다. 사람들은 자신을 중심으로 세상을 바라보는 경향이 있지만, 인간관계는 나의 태도와 행동에 따라 달라지기도 한다. 상대방이 어떤 태도를 보이는지는 나의 행동에 따라 달라질 수 있으며, 내가 어떤 방식으로 상대방을 대하는지에 따라 관계의 깊이나 지속성이 결정된다.

성공적인 인간관계를 맺고 유지하기 위해서는 나 자신을 솔직하게 드러내는 용기가 필요하다. 자신을 있는 그대로 표현하는 것을 두려워하지 말아야 하며, 동시에 상대방의 개성과 의견을 인정하고 존중할 줄 알아야 한다. 인간관계에서 중요한 것은 상대방에게 좋은 인상을 남기기 위해 억지로 맞추려는 것이 아니라, 진정한 나를 보여주면서도 상대의 처지를 이해하고 수용하는 것이다.

상대방을 인정하며 존중하는 태도는 진정한 신뢰를 쌓는 토대가 된다. 상대방에게 신뢰를 주고, 서로에 대한 믿음을 바탕으로 관계가 형성되면 이는 쉽게 흔들리지 않는 견고한 관계로 발전한다.

또한 진정한 만남은 상대방을 대할 때 신중한 태도를 유지하고, 나아가 상대방을 비난하거나 판단하기보다는 먼저 이해하려는 자세에서 시작된다. 무의식적으로 경솔한 언행을 피하고 상대방의 입장을 고려하면서 진심 어린 소통을 해야 한다. 이는 나의 진정성과 성의를 드러내는 방식이기도 하다.

상대방은 나의 성실한 모습을 보며 신뢰를 느끼게 되고, 이를 통해 상호간의 관계는 더욱 돈독해질 수 있다.

나아가 모든 일에 있어 성실함과 최선을 다하는 태도는 사람들에게 긍정적인 인상을 남기게 한다. 인간관계는 나의 성실함이 전해질 때 더욱 깊어지고 오래 지속될 수 있다. 내가 진심으로 임할 때 상대방도 나를 진지하게 받아들이고, 결과적으로 신뢰와 존중을 바탕으로 한 건강한 관계를 유지할 수 있다. 사람들은 본능적으로 진심 어린 사람에게 끌리기 마련이며, 성실한 사람에게 신뢰를 보내기 때문에 상대방 역시 나를 떠나기보다는 곁에 머무를 가능성이 크다.

결국 인간관계에서 중요한 것은 상대방을 바꾸려는 것이 아니라, 내가 먼저 변화하고 그에 맞추어 나 자신을 다듬는 것이다. 상대방의 입장을 먼저 생각하며 다가가는 모습이야말로 사람들에게 나와 함께하고자 하는 마음을 갖게 만든다. 내가 상대방에게 진정성을 보여주고, 긍정적이고 열린 마음으로 다가가며, 신뢰를 쌓아 가는 것이 결국 좋은 인간관계를 만들어 가는 길이다.

37.
아버지의 지혜, 삶의 진정한 멘토

살면서 새로운 문제나 도전에 직면할 때, 진정으로 상의할 수 있는 가장 가깝고 소중한 사람은 누구일까? 우리는 종종 가까이 있는 소중한 것들을 당연하게 여기거나 그 중요성을 깨닫지 못하고 지낼 때가 있다. 이러한 중요한 존재 중 하나는 바로 아버지다. 아버지는 아들에게 있어 진정한 삶의 멘토이며, 그의 말씀과 가르침은 인생의 지침이 된다.

아버지는 아들의 인생에서 특별한 위치를 차지하고 있다. 직장에서의 상사나, 친구, 선배, 동료들도 중요한 조언자일 수 있지만, 아버지만큼 진실되고 신뢰할 수 있는 사람은 드물다. 아버지는 오랜 삶의 경험을 통해 얻은 지혜와 통찰력을 바탕으로 아들에게 진심 어린 조언과 지침을 제공한다. 이러한 아버지의 말씀은 단순한 충고가 아니라 삶의 철학이 되어야 한다.

아버지의 말씀을 귀담아듣고, 그 가치를 깨달으며 행동에 옮기는 것은 매우 중요하다. 아버지는 단순히 말로만 조언하지 않는다. 아버지는 자신의 행동과 삶의 방식을 통해 아들에게 모범을 보인다. 이러한 아버지의 모습을 존경하고 본받는 것은 아들이 더욱 성숙하고 지혜롭게 성장하는 데 큰 도움이 된다.

살다 보면 누구나 어려움에 직면하고, 삶의 숙제를 풀어야 하는 순간이 온다. 이럴 때 아버지의 가르침은 지혜로운 해결책을 찾는 데 큰 도움이 된다. 아버지는 자신이 겪어 온 경험을 바탕으로 어떻게 하면 문제를 극복할 수 있는지에 대한 현실적인 조언을 해 줄 수 있다. 이는 아들이 어려움을 극복하고 더 나은 방향으로 나아가는 데 중요한 역할을 한다.

아버지의 말씀과 행동을 철학으로 삼는 태도는 단순히 아버지의 지시를 따르는 것을 의미하지 않는다. 이는 아버지의 가르침을 내면화하고, 자기 삶에 적용하는 것을 뜻한다. 아버지가 가르쳐 준 가치와 원칙을 바탕으로, 자신만의 길을 찾아 나가는 것이다. 이러한 과정을 통해, 아들은 자신의 삶을 더 의미 있게 만들 수 있다.

우리는 종종 가까운 사람들의 소중함을 잊고 지낼 때가 있다. 특히, 아버지의 존재와 가르침의 중요성을 당연하게 여기기 쉽다. 그러나 아버지는 우리 삶에서 가장 큰 지혜의 원천 중 하나이다. 아버지의 말씀을 무시하거나 지나치지 말고, 진정한 가치로 여겨야 한다. 이는 우리 삶을 더 풍요롭고 의미 있게 만드는 데 큰 역할을 할 것이다.

살면서 진정으로 상의할 수 있는 사람, 그중에서도 아버지는 특별한 존재이다. 아버지의 말씀과 행동을 가치 있게 듣고, 이를 삶의 철학으로 삼는 것은 우리가 더 지혜롭고 성숙하며, 풍요로운 삶을 사는 데 중요한 밑거름이 된다. 아버지의 지혜로운 가르침을 통해 우리는 삶의 어려움과 도전에 더욱 능숙하게 대처할 수 있으며, 더 나은 인생을 살아갈 수 있을 것이다. 따라서 아버지의 말씀을 귀담아듣고 그 가치를 깨닫는 것이야말로 우리 삶의 진정한 첩경이 될 것이다.

38.
꼼수의 대가는 몇 배로 돌아온다

인생을 살아가면서 우리는 종종 편리함과 안락함을 추구한다. 당장 힘든 일을 피하고 싶은 마음, 효율적이라는 이유로 최소한의 노력만 들이려는 태도는 누구나 가질 수 있다. 하지만 이런 태도가 지속된다면, 결국 그 대가는 예상보다 더 크고 가혹한 시련 앞에 놓이고 말 것이다. 어떤 일에서든 꼼수를 부리거나 당장의 편함을 위해 해야 할 일을 미루고 남에게 전가한다면, 그것이 삶에서 몇 배의 고통과 후회로 돌아올 가능성이 크다. 진정성이 없는 삶은 결국 외로움과 어려움을 초래하며, 이는 다양한 사례를 통해 명확하게 증명된다.

작은 선택이 미래의 큰 결과로 이어진다

인생에서 우리가 내리는 작은 선택 하나하나는 미래의 삶을 결정짓는 중요한 요소가 된다. 예를 들어, 아침을 챙겨 먹는 일이 귀찮아서 지속적으로 거른다면 당장은 조금 편할 수 있다. 그러나 몇 년 후 건강이 악화해 병치레를 하게 되고, 결국 누군가의 도움이 필요한 처지가 될 수도 있다. 그때 가서 후회한들 이미 늦은 경우가 많다. 건강 관리뿐만이 아니다.

공부나 업무에서도 마찬가지다. 시험이나 중요한 회의를 앞두고 미리 준비하는 것이 부담스럽다고 대충 넘어간다면, 단기적으로는 자유로울 수 있다. 하지만 그 선택이 결국 성장이나 업무 평가에 악영향을 미쳐 미래의 기회를 놓치는 결과를 가져올 수도 있다. 결국 한 순간의 귀찮음을 이기지 못한 선택이 미래의 큰 후회로 돌아오는 것이다.

책임을 회피하면 더 큰 부담이 따른다

우리 사회에서 개인이 맡은 역할과 책임을 다하는 것은 매우 중요하다. 가족, 친구, 직장 동료들과의 관계에서도 마찬가지다. 그러나 자신의 역할을 소홀히 하고 남에게 미루려는 태도가 지속되면, 결국 그 대가는 자신에게 돌아오게 된다. 예를 들어 가정 내에서 해야 할 일을 귀찮다고 미루거나 배우자에게만 떠넘긴다면, 처음에는 편할지 몰라도 시간이 지나면서 관계의 균형이 깨지게 된다. 이러한 태도가 반복되면 결국 가정 내에서 신뢰를 잃고, 배우자와의 갈등이 심화하거나 심지어 관계가 파탄에 이를 수도 있다.

직장에서도 같은 원리가 적용된다. 맡은 업무를 성실히 수행하지 않고 대충 넘어가거나 동료에게 떠넘긴다면, 일시적으로는 편할 수 있다. 하지만 시간이 지나면서 동료들 사이에서 신뢰를 잃고, 중요한 업무에서 배제될 가능성이 커진다. 결국 이는 자신의 경력에 악영향을 미치며 더 힘든 상황을 초래하게 된다.

건강 관리를 소홀히 한 대가는 막대하다

건강은 한순간에 나빠지는 것이 아니라, 오랫동안의 습관과 태도가 누적되면서 서서히 악화하는 경우가 많다. 젊을 때 건강을 소홀히 하고 관리하지 않는다면, 중년 이후에 그 대가를 톡톡히 치르게 될 가능성이 크다.

예를 들어 운동을 귀찮다고 미루거나 식습관을 신경 쓰지 않으면, 처음에는 아무 문제가 없는 것처럼 보일 수 있다. 하지만 몇 년 후에는 체력이 저하되고 만성 질환이 생기며, 병원을 자주 드나들어야 하는 상황이 될지도 모른다. 이때는 건강을 회복하는 데 더 많은 시간과 비용, 노력이 필요하게 된다. 즉 건강 관리를 소홀히 하는 것은 미래의 삶을 불편하고 힘들게 만드는 대표적인 꼼수이며, 그 대가는 몇 배로 커져서 돌아올 가능성이 높다.

인간관계도 투자 없이 유지되지 않는다

사람은 사회적 동물이며, 인간관계는 인생에서 매우 중요한 부분을 차지한다. 하지만 바쁘다는 이유로 주변 사람들과의 관계를 유지하는 노력을 게을리 한다면, 결국 외로운 삶을 살게 될 가능성이 높다.

우리는 종종 '연락 한 번 정도는 상대가 먼저 해 주겠지'라고 생각하며 인간관계를 소홀히 하는 경우가 많다. 하지만 관계는 일방적인 것이 아니다. 상대방도 관심을 받고 싶고, 본인을 중요하게 여겨주는 사람과 가까이 지내고 싶어 한다. 따라서 바쁘다는 이유로 인간관계를 등한시한다면, 결국 주변 사람들과의 연결고리가 끊어지고, 필요할 때 도움을 받을 수 없는 상황이 될 수 있다. 인간관계는 시간이 지나면서 자연스럽게 유지되는 것이 아니라, 꾸준한 관심과 노력이 필요한 영역이다.

노력 없이 얻는 것은 없다

세상에는 운이 좋은 사람도 있고, 환경 측면으로 유리한 사람도 있다. 하지만 장기적으로 봤을 때 노력 없이 성공 가도를 달리는 사람은 거의 없다. 성공은 한 순간에 이루어지는 것이 아니라, 오랜 시간 동안의 꾸준한 노력과 성실함이 쌓여 만들어지는 것이다.

시험을 앞두고 벼락치기를 하거나, 중요한 업무를 앞두고 대충 준비하면 순간적으로는 편할 수 있다. 하지만 결국 그 결과는 실망스러울 가능성이 높으며, 더 나아가 미래의 기회를 놓치는 계기가 될 수도 있다. 반대로, 당장은 힘들어도 꾸준히 노력하는 사람은 시간이 지날수록 더 좋은 결과를 얻고, 더 많은 기회를 얻게 된다. 즉, 성실함과 꾸준한 노력이 결국은 가장 안정적인 성공을 보장하는 요소다.

꼼수는 결국 자기 자신을 속이는 행위

꼼수를 부리는 것은 결국 자신을 속이는 행위다. 남들이 모른다고 해서, 혹은 당장의 결과만 중요하다고 해서 비겁한 방법을 택하는 것은 궁극적으로 자신에게 손해로 돌아온다.

예를 들어, 직장에서 일한 것처럼 보이기 위해 상사의 눈치만 보고 실질적인 성과를 내지 않는다면, 처음에는 인정받는 듯 보일 수도 있다. 하지만 시간이 지나면서 실력이 부족한 것이 드러나고, 결국 중요한 자리에서 밀려나게 될 것이다. 마찬가지로, 학생이 시험을 앞두고 커닝한다고 해도 일시적으로는 좋은 성적을 받을 수 있다. 하지만 결국 실력이 쌓이지 않아 더중요한 순간에 무너질 가능성이 높다. 이처럼 꼼수는 결코 지속적으로 효과를 발휘하지 못하며, 오히려 더 큰 손해를 가져오는 결과를 초래한다.

지금 이 순간의 선택이 미래를 결정한다

삶에서 자신이 결정한 모든 선택에는 대가가 따른다. 당장의 편안함을 위해 해야 할 일을 미루거나 꼼수를 부린다면, 결국 몇 배의 어려움과 후회가 뒤따를 가능성이 크다. 건강 관리, 인간관계, 학업과 업무, 그리고 개인적인 책임감까지 모든 영역에서 성실하고 진정성 있는 태도를 유지하는 것만이 더 나은 삶을 보장하는 길이다.

지금 해야 할 일을 외면하지 말고, 순간적인 편리함에 현혹되지 말자. 나중에 더 큰 대가를 치르지 않기 위해 오늘 해야 할 일을 성실히 수행하는 것이 가장 현명한 선택이다.

39.
서운함 속 지혜를 찾는 법

인간관계 속 상처와 지혜: 성숙한 태도를 기르는 법

　삶을 살아가면서 우리는 다양한 인간관계 속에서 서로 다른 견해나 이견으로 인해 오해와 상처를 주고받는 상황을 경험하게 된다. 선배, 후배, 동료, 친구, 가족과의 관계에서 나의 의도와는 다르게 언어 선택이나 표현 방식으로 인해 상대방에게 상처를 주거나 나 역시 상처를 받는 경우가 많다. 이러한 상황 속에서 중요한 것은 그 결과를 받아들이는 우리의 해석과 태도이다.

해석의 중요성: 긍정적인 태도의 힘

　아무리 가슴 아프고 서운한 상황일지라도 이를 긍정적으로 받아들이고 배우려는 자세를 가지면, 그 속에 숨어 있는 중요한 교훈과 지혜를 발견할 수 있다. 예를 들어, 상대방이 날카로운 말을 했을 때 단순히 그 말에만 집중하여 상처를 받기보다는 왜 그러한 말을 하게 되었는지 상대방의 상황과 심리를 이해하려는 노력이 필요하다. 이는 단순히 서운함을 넘어서 더 높은 안목을 기르는 중요한 과정이 될 수 있다.

　긍정적인 해석은 우리가 성장할 수 있는 기회를 제공한다. 비판적인 상황에서도 상대방의 말을 열린 마음으로 받아들이고, 그것

을 성장의 발판으로 삼을 수 있는 능력이 중요하다. 이는 일시적인 감정에 흔들리지 않고, 자신을 더욱 단단하게 만드는 과정이다.

성숙한 사람의 지혜: 상대방 입장에서 이해하기

현명한 사람은 서운한 상황에서 감정적으로 반응하기보다는 먼저 상대방의 입장을 이해하려고 노력한다. 상대방이 왜 이러한 말을 했는지, 그 말 속에 담긴 진심은 무엇인지 깊이 생각하며 그 속에서 지혜를 찾는다. 이 과정에서 중요한 것은 상대방을 판단하거나 비난하기 전에, 그들의 입장에서 생각해 보는 것이다. 이렇게 하면 우리는 더 깊은 인간관계를 형성할 수 있을 뿐만 아니라, 자신도 더욱 성숙한 사람이 될 수 있다.

예를 들어, 업무상 실수를 지적받았을 때 단순히 그 지적에 상처를 받기보다는 그 피드백을 성장의 기회로 삼아야 한다. 상대방의 관점에서 그것이 어떻게 보였는지를 생각하며 자신의 부족한 점을 개선하려는 노력이 필요하다. 이러한 태도를 통해 우리는 서운함 속에서도 중요한 교훈을 얻을 수 있다.

감정 조절과 새로운 시각의 중요성

감정적으로 상처를 받거나 화가 나는 상황에서는 즉각적인 반응을 자제하고, 차분하게 상황을 다시 바라보는 것이 중요하다. 서운함에 사로잡히기보다는 이를 새로운 시각으로 해석하고, 다른 관점에서 받아들이는 연습을 생활화해야 한다. 이러한 연습이 반복되면 우리는 점점 더 넓은 안목을 가지게 되고, 인간관계 속에서 더 깊이 있는 이해와 지혜를 얻을 수 있게 된다.

이 과정에서 중요한 것은 '현명하게 듣기'와 '깊이 있게 생각하기'다. 상대방의 말을 단순히 표면적으로 받아들이기보다는 그 속에 숨겨진 진의를 파악하려는 노력이 필요하다. 이를 통해 우리는 더 많은 것을 배우고, 더욱 성숙한 사람으로 성장할 수 있다.

지혜로운 처세로 가는 길

결국 서운함을 찾는 사람과 지혜를 찾는 사람의 차이는 어떻게 해석하느냐에 달려 있다. 어리석은 사람은 자신이 받은 상처와 서운함만을 되새기며 점점 더 부정적인 감정에 빠져들게 된다. 반면, 어진 사람은 그 상황 속에서 지혜와 처세를 배우며 더 나은 사람으로 성장하려고 노력한다.

서운함 속에서도 배울 점을 찾는 태도는 우리의 삶을 더욱 풍요롭게 만든다. 인간관계는 결코 완벽할 수 없으며, 항상 마찰이 발생할 수밖에 없다. 그러나 중요한 것은 그러한 마찰 속에서 자신을 더 단단하게 만드는 것이다. 이는 단순히 감정적인 반응을 억제하는 것이 아니라, 더 높은 차원의 지혜를 얻는 과정이다.

삶을 멀리 가게 하는 지혜

이러한 성숙한 태도와 지혜는 우리의 삶을 더욱 튼튼하고 안전하게, 그리고 멀리, 깊이 있는 이해와 배려로 상대방을 대하는 사람은 더욱 신뢰받고 사랑받는 사람이 될 것이다. 이는 장기적인 인간관계를 유지하는 데 중요한 요소가 될 뿐만 아니라, 우리의 삶을 더욱 풍요롭고 의미 있게 만든다.

결국 서운함을 찾는 사람은 자신을 가둬 버리지만, 지혜와 처세를 찾는 사람은 더 큰 세상으로 나아가게 된다. 우리는 이러한 삶의 지혜를 습관화 함으로써 더욱 넓은 시야와 깊은 마음을 가질 수 있을 것이다. 이는 우리의 삶을 더욱 멋지고 행복하게 만들어 줄 것이다.

40.
서로의 존중함을 깨닫는 삶의 지혜

서로의 소중함을 깨닫는 과정과 삶의 지혜

사람이 살아가며 가장 소중하고 값진 사람은 누구일까? 많은 이들이 이에 대해 다양한 대답을 할 것이다. 모두가 소중하고 귀한 존재임은 분명하지만, 만약 단 한 사람을 선택해야 한다면 어떤 기준으로 결정할까? 기혼자의 경우, 남편은 부인이, 부인은 남편이 가장 소중한 존재로 떠오를 것이다. 그러나 일상에서의 관계를 살펴보면 이 이상적인 모습과는 다소 차이가 있는 경우를 종종 보게 된다.

평범한 일상에서는 서로의 중요성을 간과하기 쉽다. 대화를 나누거나 일상을 공유하는 과정에서의 작은 의견 차이와 마찰은 흔히 발생하며, 이러한 갈등은 서로를 미워하는 감정으로 이어지기도 한다. 그러나 이러한 상황에서도 한쪽이 생의 끝을 맞거나 심각한 어려움에 부닥치는 순간, 우리는 비로소 상대방의 진정한 소중함과 그 가치를 온전히 깨닫게 되는 경우가 많다.

이러한 깨달음은 때로는 너무 늦게 찾아온다. 상대가 곁에 있을 때는 우리가 가진 시간이 무한할 것이라 착각하며, 불필요한 자존심과 사소한 다툼으로 소중한 시간을 낭비하기도 한다. 사실 서로가 누구보다도 사랑하고 아끼는 관계임에도 불구하고, 이를 표현하지 못하거나 고집스러운 태도로 인해 행복을 스스로 밀어내는 경우가 얼마나 많은지 모른다.

작은 갈등이 가져오는 아쉬움

사소한 갈등과 다툼은 부부 사이에서 자연스러운 일일 수 있다. 하지만 이를 해결하지 않고 반복하면 두 사람 사이의 거리는 점점 멀어지고, 상대방에 대한 불만은 커진다. 시간이 지나 돌이켜보았을 때, 갈등의 이유는 대개 사소하고 별 것 아닌 문제였다는 사실을 깨닫곤 한다. 그러나 이미 지나간 시간은 돌아오지 않으며, 그 시간 속에서 잃어버린 행복 또한 되찾을 수 없다.

결국, 중요한 것은 서로의 처지를 이해하고 배려하며, 상대를 소중히 여기는 마음을 일상에서 실천하는 것이다. 서로를 사랑하는 마음은 분명 존재하지만, 이를 표현하지 않으면 상대는 그 마음을 느낄 수 없다. 때로는 '당연히 알겠지'라는 생각으로 말이나 행동을 생략하는 경우가 많지만, 사실 상대방은 내가 표현하지 않은 감정을 알아채지 못할 수 있다.

후회 없는 삶을 위한 실천

인생은 유한하며, 누구도 자신에게 주어진 시간이 얼마나 남아 있는지 알 수 없다. 그러므로 지금, 이 순간, 곁에 있는 소중한 사람에게 애정을 표현하고, 그와 함께 행복한 추억을 만들어 가는 것이 중요하다. 시간이 지나고 나서 후회하지 않으려면, 우리는 현재의 순간을, 최선을 다해 살아야 한다.

작은 다툼이 일어나더라도 먼저 손을 내밀어 화해를 청하고, 상대를 이해하려는 노력을 기울여야 한다. 함께 웃고, 울며 서로의 곁을 지키는 시간은 그 어떤 것과도 바꿀 수 없는 값진 경험이다. 특히 부부라는 관계는 일생을 함께하는 동반자로서 서로에게 가장 큰 영향을 미친다. 그렇기에 더더욱 서로를 존중하고 아껴야 할 책임이 있다.

아름다운 여생을 위한 조언

서로를 소중히 여기는 마음이 있다면, 이제는 그 마음을 행동으로 옮길 때이다. 평범한 하루 속에서도 감사와 사랑을 표현하고, 함께 의미 있는 시간을 만들어 가자. 그렇게 함으로써 대화와 공감, 그리고 작은 선의의 경쟁을 통해 서로를 더 나은 사람으로 성장시킬 수 있다.

좋은 시절과 세월을 무의미하게 흘려보내지 말고 지금, 이 순간부터라도 상대방과의 관계를 더욱 돈독히 하기 위해 노력해 보자. 서로의 소중함을 알기에 지금, 이 순간이야말로 사랑과 존중의 실천이 필요한 때이다. 먼 훗날 돌아보았을 때 후회와 아쉬움이 아닌, 아름다운 추억과 웃음으로 가득 찬 삶을 만들어 가기를 바란다.

41.
이견과 마찰, 평행선의 지혜

인간은 누구나 자기만의 고유한 생각, 의견, 감정, 지식 수준, 개성, 자존심 등으로 똘똘 뭉쳐 있다. 이러한 특성은 일상생활에서 부부, 가족, 각종 모임, 회사 등 다양한 단위 조직에서 발생하는 사소한 사안부터 중요한 의사 결정에 이르기까지 이견과 마찰을 반복하게 된다. 이는 기성 가수 문희옥 씨가 부른 '평행선'이라는 노래 가사에서도 드러나는데 '나는 나 밖에 모르고, 너는 너밖에 모르고 그래서 우리는 똑같은 길을 걷지, 평행선 ~'이라는 가사처럼 사람들은 대개 자기 관점에서 우선 생각하고 판단하는 경향이 있기 때문이다. 이러한 경향은 의견의 합치보다 이견과 마찰이 우선되는 원인이 된다.

사람들은 자신이 가진 생각과 의견을 중시하여, 이를 바탕으로 행동하고 의사 결정을 내린다. 그러나 다른 사람들도 마찬가지로 자기 생각과 의견을 중요시하므로, 서로의 차이를 좁히기란 쉽지 않다. 이는 인간이 가진 본성 중 하나로, 각자의 경험과 배경, 가치관이 다르므로 자연스러운 현상이다. 하지만 이러한 차이가 항상 부정적인 결과를 초래하는 것은 아니다. 오히려 다양한 의견과 생각은 더 나은 결론에 도달할 수 있는 중요한 자원일 수 있다.

이견과 마찰은 다양한 조직에서 필연적으로 발생한다. 예를 들어, 부부 사이에서의 갈등, 가족 내에서의 의견 차이, 친구 사이의 다툼, 회사 내에서의 의견 충돌 등은 모두 우리가 일상에서 마주하는 문제들이다. 이러한 문제들은 처음에는 불편하고 스트레스를 유발할 수 있지만, 적절하게 관리되고 해결된다면 더 강한 유대와 이해를 해올 수 있다. 갈등 해결 과정에서 서로의 처지를 이해하고 존중하는 태도는 매우 중요하다. 이를 통해 상호 간의 신뢰가 쌓이고, 더 나은 의사 결정을 내릴 수 있는 기반이 마련된다.

이견을 조정하고 합의에 도달하는 과정에서 가장 중요한 것은 '소통'이다. 열린 마음으로 상대방의 의견을 듣고 이해하려는 노력이 필요하다.

때로는 자기 뜻을 고수하기보다 상대방의 관점을 수용하고, 타협점을 찾는 것이 중요하다. 이러한 과정은 시간과 인내를 필요로하지만, 결국에는 모두가 만족할 수 있는 결과를 가져올 수 있다. 또한, 이러한 경험을 통해 서로에 대한 신뢰와 존중이 강화되며, 이는 장기적으로 긍정적인 영향을 미치게 된다.

가수 문희옥 씨의 '평행선' 노래 가사처럼, 우리는 평행선을 걷고 있는 것처럼 느껴질 수 있다. 서로 다른 길을 걷고 있는 것 같지만, 목표는 동일하다. 두 사람이 평행한 길을 걷고 있다면, 그 길이 끝나는 지점에서 결국 만나게 될 것이다. 이처럼 이견과 마찰은 우리가 더 나은 결론에 도달할 수 있도록 돕는 과정일 수 있다. 서로 다른 의견을 조율하고, 합리적인 결론을 도출하는 과정에서 우리는 더 많은 것을 배우고, 성장할 수 있다.

이견과 마찰을 긍정적으로 해결하기 위해서는 몇 가지 중요한 요소가 필요하다. 첫째, 상호 존중이다. 상대방의 의견과 감정을 존중하고, 이를 진지하게 받아들이는 태도가 필요하다. 둘째, 열린 소통이다. 자신의 의견을 분명하게 표현하면서도 상대방의 의견을 경청하고. 이해하려는 노력이 중요하다. 셋째, 융통성이다. 자기뜻을 고수하기보다는 상황에 맞게 타협하고, 조정할 수 있는 융통성이 필요하다.

결론적으로, 인간은 각자의 고유한 특성으로 인해 다양한 의견과 이견을 가지게 된다. 이러한 이견과 마찰은 일상생활에서 자연스럽게 발생하지만, 이를 긍정적으로 해결하는 과정에서 우리는 더 나은 결론에 도달할 수 있다. 평행선을 걷는 것처럼 보일지라도, 서로의 차이를 이해하고 존중하며 열린 소통과 융통성을 발휘한다면, 평행한 두 기찻길과 같이 영원히 만날 수는 없지만 목적지까지 더 빠르게 도달할 수 있는 지혜로움일 수 있다는 사실이다. 이견과 마찰을 긍정적으로 바라보고, 이를 통해 성장하고 발전할 수 있는 지혜를 잃지 말아야 할 것이다.

42.
내 편 네 편을 넘어서는
조화로운 관계의 태도

사회생활을 하다 보면 사람들과의 관계 속에서 다양한 형태의 편 가르기 현상을 경험하게 된다. 직장에서는 학연, 지연, 혈연 등과 같은 관계들이 자연스럽게 형성되고, 친구들 사이에서도 나와 성향이 맞는 사람들과 자주 어울리게 되는 일이 빈번하다. 또한, 가족과 친인척 사이에서도 알게 모르게 거리감이 생기며 내 편과 네 편을 가르는 의식이 발생하기도 한다. 이러한 현상은 의도적이지 않더라도 인간관계 속에서 피하기 어려운 현실이다.

그러나 내 편과 네 편이 형성되기 시작하면 그로 인해 없었던 눈치, 부담, 거리감, 고민 등이 생겨나고, 이는 개인에게 불필요한 번뇌와 스트레스를 가져다주며 삶의 짐으로 작용한다.

내 편 네 편 의식의 문제점

내 편 네 편 의식이 자리 잡으면 인간관계는 더 이상 순수하지 않게 된다. 사람들은 특정 그룹에 속하거나, 어떤 편에 설 것인가를 두고 신경을 쓰기 시작한다. 이는 본인의 의지와 상관없이 주위 환경이나 상황에 의해 발생하기도 하고, 때로는 개인의 편향된 사고나 행동에서 비롯되기도 한다. 예컨대, 회사에서 학연이나 지연으로 자연스럽게 모임이 생기는 경우, 자신이 속하지 않은 그룹과의 교류는 줄어들게 되고, 결과적으로 조직 내 불필요한 갈등을 일으킬 가능성이 높아진다.

친구 관계에서도 유사한 현상이 발생한다. 나와 비슷한 가치관이나 성격을 가진 친구들과 어울리는 것은 자연스러운 일이지만, 그 과정에서 다른 친구들과의 관계는 점점 소홀해질 수 있다. 이는 의도하지 않았더라도 누군가에게는 소외감을 줄 수 있으며, 관계의 균형이 무너지는 결과를 초래한다. 더 나아가 가족 간에도 이러한 내 편 네 편 의식이 생길 경우, 서로 간의 거리감이 깊어지고 갈등의 씨앗이 될 수 있다.

내 편 네 편 의식을 넘어서기 위한 자세

이러한 편 가르기 현상을 극복하기 위해서는 모든 사람을 있는 그대로 수용하고 사랑하며 함께하려는 의식과 태도가 필요하다. 이는 단순히 좋은 사람이 되고자 하는 것을 넘어 진정한 인간관계의 가치를 실현하는 데 중요한 요소이다.

첫째, 누구와도 열린 마음으로 대화하고 공감하려는 노력이 필요하다. 사람들은 각자 다른 배경, 성향, 생각을 가지고 있다. 이를 이해하고 받아들일 때 비로소 상대방을 온전히 수용할 수 있다.

둘째, 편애나 선입견 없이 균형 잡힌 시선을 유지해야 한다. 특정 그룹이나 사람에게 지나치게 치우치게 되면 다른 이들과의 관계가 소홀해질 수 있다. 모든 사람을 공정하게 대하고 존중하려는 마음가짐이 중요하다.

셋째, 공동체 내에서 모두가 동등하게 참여할 수 있는 분위기를 조성해야 한다. 조직이나 모임에서는 특정 소수만이 중심이 되는

것을 경계하고, 모든 구성원이 소속감을 느낄 수 있도록 배려해야
한다.

조화로운 삶의 가치

　내 편 네 편 의식에서 벗어나 모두를 수용하고 사랑하며 함께하
는 삶은 개인에게 뿐만 아니라 공동체에도 긍정적인 영향을 미친
다. 개인적으로는 인간관계에서의 불필요한 스트레스와 부담을 덜
고, 마음의 평화를 얻을 수 있다. 또한, 더 많은 사람들과 조화를
이루며 풍부한 인간관계를 형성할 수 있다.

　공동체 차원에서도 이러한 태도는 갈등을 줄이고 협력과 상생
을 이루는 데 이바지한다. 서로 간의 차이를 존중하며 조화롭게
어우러질 때, 더 큰 성과와 행복을 만들어 낼 수 있다. 이는 직
장, 친구 관계, 가족 등 모든 관계에서 적용될 수 있는 보편적인
가치다.

　편 가르기 현상은 현대 사회에서 자연스럽게 발생할 수 있는 일
이지만, 그것이 인간관계를 왜곡하고 불필요한 갈등과 스트레스를
초래한다는 점에서 주의가 필요하다. 모든 사람을 수용하고 사랑
하며 함께하려는 태도는 개인과 공동체 모두에게 긍정적인 변화를
가져다준다. 이러한 자세를 통해 우리는 더불어 살아가는 삶의 진
정한 가치를 실현할 수 있다. 조화롭고 균형 잡힌 관계 속에서 서
로를 이해하고 배려하는 삶은 결국 개인의 행복과 더불어 사회 전
체의 발전에 이바지할 것이다.

43.
참지 말고 이해하며 사는 삶의 지혜

우리는 살아가면서 수많은 인간관계를 맺는다. 그중에서도 가까운 사람일수록 이견과 갈등, 대립과 다툼이 자주 발생한다. 특히 가족, 친구, 연인, 직장 동료처럼 오랜 시간 함께해야 하는 사람들과의 관계에서는 갈등이 더욱 빈번하게 일어난다. 이럴 때 많은 사람들은 "참고 산다"라는 태도를 보이곤 한다. 하지만 이러한 태도는 문제를 근본적으로 해결하는 것이 아니라 단순히 회피하는 것에 가깝다. 그리고 참고 사는 삶은 결국 피로감을 누적시키고, 관계의 단절을 초래 할 수 있다.

이 글에서는 '참고 사는 것'과 '이해하며 사는 것'의 차이를 살펴보고, 보다 성숙한 관계를 형성하는 방법을 탐구해 보고자 한다. 우리는 갈등을 대하는 태도를 바꿔야 하며, 역지사지(易地思之)의 자세로 상대방을 이해하고 인정하는 것이 바람직한 삶의 방식임을 강조할 것이다.

참고 사는 삶의 문제점

많은 사람들이 갈등이 생길 때 참는 것을 미덕으로 여기며 문제를 해결하려 한다. 하지만 '참는다'라는 것은 겉으로는 평화를 유지하는 것처럼 보일지라도, 마음속에는 불만과 억울함이 쌓이게 된다. 그리고 이 억울함이 계속 쌓이다 보면 결국 한계에 도달하게 되고, 작은 갈등에도 큰 폭발을 일으킬 위험이 있다.

참고 사는 태도의 가장 큰 문제는 상대방을 이해하려는 노력이 없다는 점이다. '참는다'라는 것은 내가 옳고 상대가 틀렸다는 전제를 깔고 있는 경우가 많다. 그렇다 보니 갈등이 반복될 때마다 "나는 참고 있는데 왜 상대는 변하지 않을까?"라는 불만이 커진다. 하지만 상대방은 자신의 입장에서 행동하고 있기 때문에, 본인은 잘못했다고 생각하지 않는 경우가 많다.

또한 참고 사는 삶이 반복되면, 결국 두 가지 결과가 나타날 가능성이 크다. 하나는 평생 참고 살면서 스트레스를 쌓아 가는 것이고, 다른 하나는 결국 관계를 정리하는 것이다. 부부 사이, 부모와 자녀 사이, 친구 사이, 직장 동료 사이에서 참는 것이 습관화되면, 언젠가는 견디지 못하고 서로에게 등을 돌릴 수밖에 없다. 따라서 건강한 관계를 유지하기 위해서는 참고 사는 것이 아니라, 서로를 이해하고 대화하는 방식으로 접근해야 한다.

이해하며 사는 삶의 가치

그렇다면 갈등이 생길 때 참고 사는 것이 아니라, 어떻게 하면 이해하며 살아갈 수 있을까? 여기서 중요한 것은 역지사지의 자세다. 상대방의 입장에서 생각해 보고, 그 사람의 감정과 관점을 이해하려는 노력이 필요하다.

예를 들어, 가족 간의 갈등이 있을 때 부모는 자녀가 자기 말을 듣지 않는다고 불만을 가질 수 있고, 자녀는 부모가 자기 의견을 존중해 주지 않는다고 생각할 수 있다. 이때 부모가 '내가 참고 넘어가야지'라고 생각하거나, 자녀가 '그냥 신경 쓰지 말자'라고 넘겨버리면, 결국 이 문제는 해결되지 않고 계속 반복된다. 하지만 부모가 '요즘 아이들은 이런 점을 중요하게 생각하는구나'라고 이해하려 하고, 자녀가 '부모님 세대는 이런 가치를 중요하게 여겼겠구나'라고 인정하는 순간 대화의 가능성이 열린다.

또한 부부 관계에서도 마찬가지다. 많은 부부가 서로 다른 생활 방식과 가치관 때문에 다투지만, '참는다'라는 방식으로 해결하려 하면, 오히려 관계가 악화하기 쉽다. 한 사람이 참고만 살게 되면, 결국 불만이 폭발하거나 애정이 식어 이별로 이어질 수 있다. 하지만 '그럴 수도 있겠구나'라고 생각하고 상대방의 관점에서 이해하려 한다면, 갈등이 쌓이지 않고 오히려 관계를 더 성숙하게 만드는 계기가 될 수 있다.

이해하며 사는 삶은 단순히 상대방을 받아들이는 것이 아니다. 서로를 인정하는 태도를 바탕으로 한다. 나와 다른 의견이 틀린 것이 아니라, 단지 다를 뿐이라는 것을 인정하면 우리는 보다 유연한 태도로 관계를 유지할 수 있다. 그리고 이렇게 이해하고 인정하는 과정에서 서로가 성장하고 더 깊은 유대감을 형성할 수 있다.

갈등을 해결하는 대화의 기술

이해하며 사는 삶을 실천하려면, 갈등이 생겼을 때 효과적으로 대화하는 방법을 익혀야 한다. 다음과 같은 대화의 기술을 활용하면, 갈등을 건강하게 해결할 수 있다.

감정을 조절한 후 대화하기 : 갈등이 발생했을 때, 감정이 격해진 상태에서는 합리적인 대화가 어렵다. 화가 날 때 즉시 반응하기보다는 감정을 가라앉히고 상대방과 대화를 나누는 것이 중요하다.

상대방의 말을 경청하기: 대화에서 중요한 것은 내가 말하는 것이 아니라, 상대방의 말을 듣는 것이다. 상대방이 자신의 감정을 충분히 표현할 수 있도록 경청하고, 중간에 끼어들거나 판단하려 하지 말아야 한다.

'나'의 감정을 표현하기: 상대방을 비난하는 방식이 아니라, "나는 이런 점이 힘들었다"라는 식으로 감정을 표현하면, 상대방도 방어적으로 반응하지 않고 대화를 이어 가기 쉽다.

서로의 차이를 인정하기: 의견이 다르다는 것은 자연스러운 일이다. 모든 문제를 하나의 정답으로 해결하려고 하기보다는 서로 다른 입장을 존중하면서 절충점을 찾는 것이 바람직하다.

해결책을 함께 찾아가기: 대화를 통해 갈등을 해소한 후에는 같은 문제가 반복되지 않도록 해결책을 모색해야 한다. 서로가 실천할 방법을 함께 고민하고 협의하는 과정이 중요하다.

성숙한 관계를 위한 노력

관계에서 중요한 것은 '누가 옳고 그른가?'가 아니라, '어떻게 하면 더 나은 관계를 만들어 갈 수 있는가?'이다. 참고 사는 것이 아니라, 이해하며 사는 태도를 가진다면, 우리는 더 건강하고 성숙한 관계를 만들어 갈 수 있다.

물론 이해하는 과정이 쉽지만은 않다. 서로 다른 환경에서 자란 사람들이 완벽하게 상대방을 이해하는 것은 불가능할 수도 있다. 하지만 중요한 것은 이해하려는 노력이다. 상대방을 완전히 이해하지 못하더라도 이해하려는 태도만으로도 관계는 훨씬 부드러워질 수 있다.

우리 삶에서 갈등은 피할 수 없는 요소다. 하지만 그 갈등을 참고 넘어갈 것인지, 아니면 서로를 이해하는 계기로 삼을 것인지는 우리의 선택에 달려 있다. 지금부터라도 참고 사는 것이 아니라, 이해하며 살아가는 연습을 해보자. 그러면 어느 순간, 우리는 더 성숙하고 멋진 관계를 만들어 가고 있을 것이다.

44.
사람은 겉모습만으로 판단할 수 없다

사람을 겉모습만 보고 판단하지 말아야 한다는 교훈은 예로부터 여러 문화와 속담을 통해 전해 내려오고 있다. 한국 속담 중 "천 길 물속은 알아도 한 길 사람 속은 모른다"라는 말은 사람의 속마음을 헤아리는 것이 매우 어렵다는 사실을 잘 보여준다. 이는 외형과 표정, 말투만 보고 사람의 본질을 섣불리 단정 짓지 말아야 한다는 깊은 교훈을 담고 있다. 겉으로 드러난 모습은 종종 그 사람의 실제 상황이나 본질을 제대로 반영하지 않을 수 있기 때문이다.

사람들은 종종 겉모습을 보고 상대방의 근심 걱정 없이 행복하다고 생각하기 쉽다. 하지만, 누구나 각자의 고민과 어려움을 안고 살아간다. 미소를 짓고 다정하게 대화한다고 해서 속이 편안하고 행복한 것은 아니다. 오히려 자신의 감정을 감추기 위해 더 밝은 태도를 보이는 사람들도 많다. 이러한 상황에서 겉모습만으로 그 사람을 판단하게 되면 오해를 일으킬 수 있고, 상대방에 대해 잘못된 편견을 갖게 될 가능성이 크다.

예를 들어, 조경수로 많이 사용하는 소나무 중에서도 반송은 그 고른 외형과 아름다운 모양새 때문에 많은 사람들의 사랑을 받는다. 반송은 가지가 고르게 배열되고 빈틈이 없는 모습 그 자체로 완벽해 보인다. 하지만 겉으로 보기에 아무리 아름다운 소나무라 할지라도, 속을 자세히 들여다보면 삭정이가 많고 건강하지 않은 가지가 숨어 있는 경우가 많다. 반면, 모양이 조금 삐뚤어지고 겉으로는 예쁘지 않게 보이는 소나무라 할지라도, 가지 하나하나가 건강하고 햇볕과 공기의 순환이 원활하게 이루어지며 삭정이 없이 자란 소나무도 있다.

이와 같이 사람도 마찬가지다. 외적으로 화려하고 완벽해 보인다고 해서 그 사람의 내면이 건강하고 행복한 것은 아니다. 겉으로 드러나는 모습은 때로는 사회적 이미지나 타인에게 보여주기 위한 가면일 수 있다. 사람의 진정한 모습은 그들의 행동, 가치관, 그리고 내면의 상태를 깊이 관찰하고 이해할 때 비로소 알 수 있다. 따라서, 겉으로 보이는 모습만으로 사람을 판단하게 되면 그 사람의 진정한 매력과 가치를 놓칠 수 있다.

이처럼 섣부른 판단은 사람에 대한 깊은 이해를 방해할 뿐만 아니라, 관계에서도 오해를 일으킬 수 있다. 어떤 사람을 단순히 외모, 직업, 말투로만 판단하는 것은 그 사람의 내면과 본질을 무시하는 행위이다. 반대로, 겉모습과 상관없이 그 사람의 내면을 존중하고 진심으로 이해하려고 노력하는 사람은 건강하고 깊은 인간관계를 맺을 수 있다.

사람을 겉모습으로 판단할 때 흔히 빠지는 오류 중 하나는 선입견이다. 선입견은 사회적 편견, 과거의 경험, 미디어의 영향을 받아 형성되는데, 이는 종종 왜곡된 시각을 제공하여 사람을 공정하게 판단하지 못하게 만든다. 예를 들어, 특정한 옷차림이나 외모를 가진 사람이 성격이 나쁠 것이라고 생각하거나, 특정 직업을 가진 사람을 부정적으로 보는 것은 모두 겉모습에만 의존하여 잘못된 판단을 내리는 사례다.

반대로, 어떤 사람의 겉모습이 다소 부족해 보이거나 평범하다고 해서 그 사람의 가능성이나 내면적 가치를 무시하는 것 또한 커다란 실수다. 사람의 진정한 가치는 겉으로 보이는 외형이 아니라, 그 사람의 인격, 노력, 마음가짐, 그리고 타인과의 관계 속에서 발현되는 것이다. 이를 이해하지 못하고 외형적인 기준으로만 사람을 판단하면, 결국 자신도 왜곡된 시각에 갇혀 성장할 기회를 놓칠 수 있다.

결국 사람을 겉모습으로만 판단하는 것은 단편적인 정보에 의존해 판단하는 것과 같다. 사람의 속사정을 알지 못하면서 섣부르게 결론을 내리면, 그 사람에 대해 잘못된 오해를 하고 후회할 상황을 만들 수 있다. 따라서 우리는 사람을 판단할 때 그 사람의 겉모습뿐 아니라, 내면을 보고 진심으로 이해하려는 마음가짐을 가져야한다. 겉모습과 상관없이 모든 사람은 고유의 가치를 지니고 있으며, 이를 발견하고 존중하는 것이 진정한 인간관계의 시작이다.

따라서 사람을 겉모습만 보고 판단하지 않는 태도는 성숙한 인간관계를 맺기 위해 필수적이다. 겉으로는 부족해 보이지만 속이 건강하게 자란 소나무가 진정으로 아름다운 소나무인 것처럼, 사람도 그들의 내면과 본질을 제대로 이해하고 존중할 때 진정한 아름다움과 가치를 발견할 수 있다. 우리가 이 사실을 잊지 않고 타인을 존중할 때, 더 따뜻하고 조화로운 세상이 될 것이다.

45.
변화의 시대,
비움으로 채우는 성장의 지혜

'비워야 채워진다'라는 말은 우리가 종종 듣는 삶의 중요한 진리 중 하나다. 이 말은 단순한 일상생활의 정리를 넘어서 지식과 정보, 관계와 행동 등 인생의 여러 측면에서 중요한 의미를 지닌다. 시간이 지나면서 우리 삶 속에서 가치를 잃거나 더 이상 유효하지 않은 것들이 늘어나기 마련이다. 그러나 우리는 이러한 것들을 쉽게 버리지 못하고 고집하는 경향이 있다. 이러한 고집은 결국 우리가 더 나은 것을 받아들이지 못하게 하고, 삶의 발전을 저해한다.

특히 빠르게 변화하는 현대 사회에서 이러한 경향은 더 큰 문제로 다가온다. 끊임없이 변화하는 세상에서 시대에 뒤떨어지지 않으려면, 우리는 불필요한 것들을 제때 버리고 새로운 것을 받아들일 수 있어야 한다. 예를 들어, 과거에 쌓아 온 전문 지식이 시간이 지나면 더 이상 쓸모없게 되거나 시대에 맞지 않는 경우가 많다. 이러한 지식을 계속 고집하고 있으면, 새로운 지식과 정보를 받아들이는 데 어려움을 겪게 된다. 전문적인 지식뿐만 아니라 우리가 사용하는 시스템, 정보 처리 방식, 그리고 삶의 태도와 방향도 마찬가지다.

현대 사회에서는 정보의 변화 속도가 매우 빠르다. 인터넷과 기술의 발전으로 인해 우리는 이전 세대보다 훨씬 더 많은 정보에 접근할 수 있게 되었고, 그만큼 정보의 유효 기간도 짧아졌다. 이런 상황에서 과거의 정보나 지식에 머무르는 것은 매우 위험할 수 있다. 계속해서 변화하는 정보 속에서 새로운 지식과 트렌드를 받아들이지 못하면, 우리는 시대에 뒤처질 수밖에 없다.

또한, 우리는 삶의 방향을 설정할 때도 종종 과거의 기준이나 경험에 얽매여 새로운 도전을 두려워한다. 그러나 진정한 발전과 성장은 변화에 적응하고, 불필요한 것들을 과감하게 버릴 줄 아는 데서 시작된다. 버림을 통해 비워진 공간에는 새로운 가능성과 기회가 들어올 수 있다. 이것은 단순히 물질적인 것에만 국한되지 않고, 우리의 사고방식과 태도에도 적용된다.

삶에서 무언가를 채우기 위해서는 무엇보다 비우는 과정이 선행되어야 한다. 예를 들어, 어떤 새로운 행동 방식을 채택하려면, 기존의 습관을 먼저 버릴 필요가 있다. 만약 새로운 습관을 쌓고 싶으면서도 기존의 나쁜 습관을 버리지 못하면, 두 가지가 충돌하여 결국 아무것도 제대로 이루지 못할 가능성이 크다. 그러므로 불필요한 습관과 사고방식을 버리는 것은 삶의 질을 높이는 중요한 과정이다.

이는 인간관계에서도 마찬가지다. 우리가 맺고 있는 관계 중 일부는 시간이 지남에 따라 더 이상 우리에게 긍정적인 영향을 주지 않거나, 우리의 성장을 방해하는 경우가 있다. 그런데도 우리는 익숙함이나 정서적 의존 때문에 이런 관계를 쉽게 끊지 못한다. 그러나 이런 관계를 유지하는 것은 오히려 새로운 사람들과의 관계 형성을 방해하고, 삶의 진정한 발전을 저해한다. 때로는 과감하게 불필요한 관계를 정리하고, 새로운 관계를 맺을 수 있는 여유를 만들어야 한다.

우리는 종종 '버림'에 대해 부정적으로 인식하고 있다. 무언가를 버리는 것이 손실을 의미한다고 생각하기 때문이다. 하지만 실제로는 버림을 통해 더 큰 가치를 얻을 수 있는 경우가 많다. 우리는 오래된 것에 집착하기보다 과감하게 그것을 버리고 새로운 것을 받아들이는 용기가 필요하다. 이는 단순한 물질적인 것뿐만 아니라, 우리의 생각과 행동에도 적용된다. 무엇을 버릴지, 무엇을 남길지에 대한 현명한 판단은 우리 삶을 이끌어 가는 데 중요한 역할을 한다.

결국, '비워야 채워진다'라는 말은 단순히 공간을 만드는 것이 아니라, 더 나은 삶을 위한 준비 과정이다. 버려야 할 것을 버릴 줄 아는 사람만이 새로운 것을 받아들이고 성장할 수 있다. 그리고 이러한 태도는 개인의 삶뿐만 아니라 사회와 시대의 흐름 속에서 중요한 역할을 한다.

빠르게 변화하는 이 시대에서는 과거의 방식을 고수하기보다는 변화에 유연하게 대처할 줄 알아야 한다. 새로운 정보를 받아들이기 위해서는 기존의 고정관념이나 편견을 버릴 필요가 있다. 또한, 새로운 행동 방식을 받아들이기 위해서는 기존의 행동 방식을 과감히 버리는 용기가 필요하다. 이를 통해 우리는 단순히 변화에 끌려가는 삶이 아니라, 변화의 주체가 되어 이 시대를 이끌어 갈 수 있는 진정한 주인공이 될 수 있다.

따라서 비우는 것은 손실이 아닌 성장의 한 과정이며, 새로운 것을 받아들이기 위한 필수적인 준비 단계이다.

46.
결혼과 자녀 계획

　세상을 사는 방법에는 여러 가지가 있다. 사람마다 각자의 삶의 방식을 선택할 수 있는 권리가 있지만, 그 선택은 개인의 판단에만 국한되지 않는다.

　사회적 환경, 경제적 여건, 그리고 그 시대의 사회적 분위기 역시 삶의 방식과 선택에 큰 영향을 미친다. 즉 개인의 선택은 온전히 자유로울 수 없는 경우가 많다. 특히 결혼과 같은 중요한 인생의 선택은 이러한 외부적 요인들에 의해 좌우되는 경우가 흔하다.

　"편안하게 살고 싶으면 혼자 살고, 행복하게 살고 싶으면 결혼해라"라는 말이 있다. 이 말은 결혼을 통해 사람이 더 행복해질 수 있다는 가정을 바탕으로 한다. 결혼을 통해 서로 의지하며, 기쁨을 나누고 함께 성장하는 삶의 과정에서 얻을 수 있는 행복을 강조하는 것이다. 그러나 이러한 말이 모든 사람에게 적용되는 것은 아니다. 개인마다 삶의 목표와 가치관이 다르기 때문에, 결혼이 모든 이에게 반드시 행복을 보장하는 선택은 아니다. 또한 요즘 시대에는 결혼의 시기가 늦어지고, 혼자 사는 사람들이 늘어나고 있는 것이 현실이다. 이러한 현상은 단순히 개인의 선택일 수 있지만, 그 이면에는 다양한 사회적 변화와 개인주의적 성향의 확산이 자리 잡고 있다.

그러나 이러한 사회적 변화가 무조건 긍정적인 방향으로만 해석될 수는 없다. 결혼이 늦어지거나 결혼하지 않는 사람들이 많아지면서 결혼을 통해 얻을 수 있는 행복과 안정된 가족생활의 가치를 경시하는 경향이 생길 수 있다. 결혼과 가정은 여전히 많은 사람들에게 삶의 큰 기쁨과 안정감을 제공할 수 있는 중요한 요소 중 하나이기 때문이다. 따라서 결혼을 통해 얻을 수 있는 행복한 삶의 가능성을 너무 쉽게 간과해서는 안 된다.

결혼을 미루는 현상이 단지 개인의 선택으로만 볼 수 없는 또 다른 이유는 결혼의 시기와 부모의 역할이 밀접하게 연관되어 있다는 점이다. "모든 일에는 때가 있다"라는 말처럼, 결혼과 자녀 계획 역시 적절한 시기를 놓치면 여러 가지 어려움을 겪을 수 있다. 예를 들어, 30세에 결혼을 하고 자녀를 출산할 때, 부모가 60세가 되었을 때는 자녀가 30세가 된다. 이는 자녀가 성장하는 동안 부모가 충분한 에너지를 가지고 자녀를 돌보고 지원할 수 있는 여유를 제공한다. 반면, 40세에 결혼을 하고 자녀를 출산하면 부모가 70세가 되었을 때 자녀가 30세가 되는 상황에 놓인다. 이때 부모는 자녀가 독립할 때까지 충분한 시간을 제공하지 못하거나, 노년에 자녀를 돌보아야 하는 상황에 처할 수 있다.

결국 부모의 역할과 노년의 삶을 고려했을 때, 결혼과 자녀 계획은 단순히 개인적인 결정이 아니라 미래 삶의 질을 결정짓는 중요한 선택이다. 나이가 들어감에 따라 부모의 역할을 다하는 것이 더욱 어려워질 수 있으며, 자녀에게 충분한 지도와 돌봄을 제공하지 못할 수 있다. 또한 노년기에 안정된 자기 시간을 가지기 위해서는 자녀가 어느 정도 성장한 후에 노후를 계획하는 것이 바람직하다. 자녀가 충분히 독립한 시기에 노년을 맞이해야 자신의 삶을 온전히 누리며 안정된 삶을 살 수 있기 때문이다.

따라서 결혼과 자녀 계획은 단순히 시기를 늦추거나 미룰 수 있는 선택이 아니다. 적절한 시기에 이러한 중요한 결정을 내림으로써 자신뿐만 아니라 자녀에게도 더 나은 미래를 제공할 수 있다. 결혼과 자녀 양육은 삶에서 중요한 요소이므로, 개인의 행복과 안정된 노후를 위해 때를 놓치지 않고 적절히 준비하는 것이 필요하다.

47.
일과 휴일의 균형,
의미 있는 삶으로의 전환

'닭이 먼저냐 알이 먼저냐', '살기 위해 먹느냐 먹기 위해 사느냐' 와 같은 철학적 질문들은 우리 삶에서 주종 관계를 정하기 어려운 상황을 상징한다.

이와 비슷하게 현대인의 바쁜 일상에서도 일과 휴일의 관계는 언제나 고민거리다. 출근을 위해 휴일을 쉬며 보내는 방식과 휴일 을 즐겁게 보내기 위해 출근하는 방식 중 무엇이 옳은지 확실히 말할 수는 없지만, 보다 가치 있고 보람된 삶을 위해 어떤 방식을 선택하는 것이 좋을지에 대해 고민해 볼 필요가 있다.

현대 사회는 빠르게 변화하고 있으며, 많은 사람들이 업무와 일 상에 치여 살아간다. 출근은 일상의 중요한 부분이며, 이를 통해 생계를 유지하고 사회적 역할을 수행한다. 그러나 문제는 우리가 출근을 위해 단순히 휴일을 쉬며 보내는 삶의 방식이 과연 바람직 한가 하는 점이다. 이렇게 살다 보면 일주일 대부분을 일에만 집중 하고, 소중한 휴일은 단순히 휴식의 시간으로만 소비하게 된다. 이 는 결국 삶의 만족도를 떨어뜨리고 정신적, 육체적 피로를 가중시 킨다.

이에 반해, 휴일을 보다 즐겁고 보람되게 보내기 위해 일을 하는 방식은 우리 삶을 보다 풍요롭고 의미 있게 만든다. 이 방식은 단순히 일을 위해 휴일을 소모하는 것이 아니라, 휴일을 중심으로 일상을 재조정하는 것이다. 즉 일을 통해 얻은 성과의 보상을 바탕으로 휴일을 즐기고, 이를 통해 삶의 질을 높이는 것이다.

예를 들어, 취미 활동, 여행, 가족과의 시간 등을 통해 휴일을 보내는 것은 단순한 휴일을 넘어 삶의 에너지를 재충전하고 새로운 경험을 쌓는 기회가 된다. 이러한 경험들은 일상에 활력을 불어넣고, 더 나은 성과를 내는 동기 부여가 될 수 있다. 또한 이러한 생활 방식은 개인의 정신적, 육체적 건강에도 긍정적인 영향을 미친다.

물론, 일을 통해 성취감을 느끼고 보람을 찾는 것도 중요하다. 그러나 일이 전부가 되어 버린다면, 우리는 결국 삶의 다른 중요한 측면들을 잃게 된다. 따라서 일과 휴일의 균형을 맞추는 것이 중요하다. 일을 통해 얻은 성취를 바탕으로 휴일을 더 의미 있고 보람되게 보내고, 이를 통해 다시 일에 대한 동기 부여를 얻는 선순환을 만드는 것이 바람직하다.

이제는 열심히 살아가는 삶의 방식에서 재미있고 보람되게 살아가는 삶의 방식으로 전환할 필요가 있다. 이를 위해서는 우리의 사고방식을 바꾸고, 일과 휴일의 관계를 재정립해야 한다. 단순히 일을 위해 휴일을 소비하는 것이 아니라, 휴일을 중심으로 우리 삶을 재조정하는 것이 중요하다. 휴일을 통해 새로운 경험을 쌓고, 이를 바탕으로 더욱 열정적으로 일에 임하는 것이 우리 삶을 더욱 풍요롭고 가치 있게 만드는 길이다.

따라서 현대인의 바쁜 일상에서 휴일을 단순히 쉬며 보내는 것보다는 즐겁고 보람되게 보내기 위해 일하는 자세로 전환하는 것이 중요하다. 이를 통해 우리는 더욱 균형 잡힌 삶을 살 수 있으며, 궁극적으로 더 행복하고 만족스러운 삶을 영위할 수 있을 것이다.

48.
말과 행동의 무게

우리는 일상에서 수없이 많은 말을 하고 다양한 행동을 하며 살아간다. 말과 행동은 인간관계의 핵심이며, 우리가 세상과 소통하는 가장 직접적인 수단이다. 그러나 이 말과 행동은 일단 입 밖으로 나오고 나면, 절대로 되돌릴 수 없다는 점에서 신중해야 한다. 아무 생각 없이 내뱉은 한 마디 말, 깊이 고려하지 않은 채 저지른 행동은 때로는 상대방에게 깊은 상처를 주어 오해와 갈등을 낳으며, 결국 우리 스스로에게도 후회와 괴로움을 안겨준다. 그러므로 우리는 매 순간 언행에 대해 신중함을 갖는 태도를 기르는 것이 중요하다.

옛말에 "쌀은 쏟아도 주울 수 있지만, 말은 뱉고 나면 주워 담을 수 없다"라는 말이 있다. 이는 말과 행동의 무게를 강조하는 말로, 우리에게 언행의 신중함을 일깨워 준다.

실제로 살다 보면 나도 모르게 툭 튀어나온 말 한 마디가 누군가의 마음을 아프게 하고, 무심코 한 행동이 상대방에게 오해를 불러일으키는 경우를 종종 겪는다. 그 후에 아무리 사과하고 수습하려 해도 이미 마음에 남은 상처는 쉽게 지워지지 않는다. 말과 행동은 눈에 보이지 않지만, 그 파급력은 강력하다.

그렇다면 우리는 이러한 언행의 실수를 줄이기 위해 어떻게 해야 할까? 가장 중요한 것은 '습관'이다. 말하기 전에, 행동을 취하기 전에 잠시 멈춰서 생각하는 습관을 들이는 것이다. '내가 지금 하려는 말이 상대방에게 상처가 되지 않을까?', '이 행동이 오해를 불러일으키지는 않을까?', '이 말이 나가고 나서 내가 감당할 수 있는 결과일까?'와 같은 질문을 스스로에게 던져 보는 것이다. 이는 순간의 훈련이 아니라 꾸준한 연습을 통해 길러지는 태도다. 하지만 일단 이러한 태도가 몸에 배게 되면, 인간관계에서도 갈등을 줄이고 더욱 원만하고 품격 있는 삶을 살아갈 수 있게 된다.

또한, 말과 행동에 앞서 상대방의 입장에서 생각하는 공감 능력을 기르는 것도 매우 중요하다. 우리는 자신의 시각에서만 세상을 바라보는 경향이 있지만, 진정한 소통은 상대방의 관점에서 상황을 이해하려는 노력에서 시작된다. 내가 아무렇지 않게 한 말이 누군가에게는 큰 상처가 될 수 있다는 사실을 인식해야 하며, 반대로 상대방이 내게 한 말도 그 사람의 입장에서 보면 나름의 이유가 있다는 것을 이해해야 한다. 공감과 배려는 인간관계의 윤활유이며, 이는 언행의 신중함과도 깊이 연결되어 있다.

한편, "가는 말이 고와야 오는 말이 곱다"는 속담도 우리가 되새겨야 할 지혜다. 내가 따뜻하고 예의 바른 말을 건네면, 상대방도 자연스럽게 나에게 좋은 말을 하게 된다. 반대로 거칠고 무례한 말을 하게 되면, 갈등과 반감만이 돌아오게 된다. 말은 그 사람의 인격을 드러내는 가장 직접적인 방식이다. 품격 있는 말투와 행동은 나를 향기 나는 사람으로 만들어 주고, 사람들로부터 존중과 신뢰를 받게 만든다.

더 나아가, 말과 행동의 습관은 곧 인생의 방향을 결정짓는다. 말에는 에너지가 있고, 그 에너지는 삶의 질을 좌우한다. 부정적인 말을 자주 하는 사람은 결국 부정적인 에너지를 내뿜으며, 주변 사람들과의 관계에서도 소외되기 쉽다. 반면, 긍정적이고 따뜻한 말을 자주 하는 사람은 주변 사람들에게도 좋은 영향을 주고, 본인 자신도 밝고 건강한 삶을 살아갈 수 있다. 행동 역시 마찬가지다. 작은 친절한 행동 하나가 누군가의 하루를 바꾸고, 때로는 인생을 바꿀 수도 있다. 그만큼 말과 행동은 우리 삶에서 막강한 힘을 가지고 있으며, 우리는 이를 어떻게 사용하느냐에 따라 삶의 방향이 달라진다.

결국 말과 행동을 조심하는 것은 단순히 실수를 줄이기 위한 것이 아니라, 더 나은 사람, 더 향기 있는 사람으로 살아가기 위한 첫걸음이다. 말은 나를 드러내는 거울이고, 행동은 나의 인격을 말없이 증명하는 증거다. 따라서 우리는 매 순간 언행의 무게를 인식하고, 신중함을 바탕으로 한 언행 습관을 기르는 데 노력해야 한다.

마지막으로, 언행에 대한 자기 성찰은 꾸준히 이루어져야 한다. 하루를 마치며 내가 한 말과 행동을 되돌아보고, 누군가에게 상처를 주었는지, 또는 배려 있는 말을 했는지를 점검하는 시간을 갖는 것도 좋은 습관이다. 이를 통해 점점 더 나은 말과 행동을 할 수 있는 자신으로 성장하게 될 것이다.

말과 행동은 순간이지만, 그 여운은 길다. 품격 있는 말과 따뜻한 행동은 나를 빛나게 하고, 세상을 더욱 아름답게 만든다. 지금 이 순간부터라도 말 한 마디, 행동 하나에도 마음을 담아 나와 타인을 존중하며 살아가는 자세를 실천해 보자. 그렇게 살아간다면 우리는 누구에게나 존경받는, 진정으로 향기 나는 사람이 될 수 있을 것이다.

49.
가족 문화의 힘, 삶의 경쟁력이 되다

건강하고 건전한 가족력은 누구에게나 소중한 삶의 자산이다. 가족 간에 질병 없이 튼튼한 체질을 물려주는 유전적 건강뿐 아니라, 가정이라는 공간 안에서 살아가는 방법, 곧 '가족 문화' 또한 삶의 중요한 덕목으로 간주되어야 한다. 특히 요즘처럼 각박하고 빠르게 변화하는 사회 속에서 '어떻게 살아가는가?'라는 질문의 답은 우리가 어린 시절부터 체득한 생활 방식과 관계 맺는 법에 크게 영향을 받는다. 그중에서도 '즐겁고 행복하게 살아가는 방법'은 가정에서 자연스럽게 몸에 밴 습관과 문화로부터 비롯된다.

즐겁고 행복한 삶은 어느 날 갑자기 주어지는 것이 아니다. 웃음이 넘치고 정서적으로 따뜻한 가정환경 속에서 자란 사람은 사회생활에서도 타인과의 관계에서 여유와 유연함을 보여준다. 이러한 태도는 단순한 성격 문제가 아니라, 오랜 시간 가족과 함께하며 익혀 온 문화적 체험의 결과다. 반면, 늘 긴장과 갈등이 상존하고 정서적 표현이 부족한 환경에서 자란 이들은 어른이 된 후에도 행복을 느끼고 표현하는 데 어려움을 겪기 쉽다. 결국 '즐겁게 사는 법'은 경험에서 비롯되며, 이 경험은 곧 가정에서의 일상에 존재 한다.

동물의 세계에서도 이와 유사한 현상을 발견할 수 있다. 야생동물은 어린 시절 어미로부터 사냥법이나 생존 기술을 배운다. 만일

어미 없이 자란다면, 사냥 기술을 체득하지 못한 채 자연 속에서 살아남기 어렵다. 인간도 마찬가지다. 정서적으로 안정되고 즐겁게 살아가는 방법을 실제로 보고 배우지 못한 이들은 성인이 된 후에도 감정 표현이나 인간관계, 삶의 여유를 누리기 어렵다.

결국, 진정한 삶의 경쟁력은 물질적 배경이나 지식보다도 '즐겁고 건강한 가족 문화'를 체득했느냐에 따라 결정된다. 이는 자녀들에게도 그대로 이어진다. 자녀는 부모가 만들어 놓은 가정의 분위기와 문화를 통해 삶을 배우고, 그것을 자신의 미래 가정에 투영한다. 웃음이 넘치고 대화가 살아 있는 가정, 서로에 대한 배려와 존중이 기본으로 자리한 가족 문화는 그 자체로 하나의 교육이자 가치 전달의 통로인 셈이다.

이러한 가족 문화를 일상에서 실천하기 위해서는 구체적인 노력이 필요하다. 그중 하나로 추천할 만한 것은 매월 한 차례 '가족의 날'을 지정하는 것이다. 가족의 날은 말 그대로 가족 전원이 함께 모여 시간을 보내는 날이다. 하루 중 몇 시간이든, 하루 종일이든 함께 식사하고, 대화하고, 영화 한 편을 보고, 함께 산책하거나 취미 활동을 하는 등 형식은 자유롭되 중요한 것은 '함께하는 시간' 그 자체다.

이날만큼은 서로의 근황을 묻고 안부를 나누며, 평소에 하지 못했던 말들을 주고받는 소통의 장이 되어야 한다. 떨어져 사는 가족이 있다면 영상통화나 전화로 참여할 수 있도록 하고, 간단한 선물이나 편지를 주고받는 것도 좋은 방법이다.

이처럼 가족의 날은 일상의 바쁜 흐름 속에서 잠시 멈춰 가족의 소중함을 되새기는 계기를 마련해 준다.

가족은 삶의 시작점이며, 가장 안전한 정서적 기반이 되어야 한다. 하지만 그 역할이 자연스럽게 이루어지기 위해서는 관심과 노력이 필수적이다. 서로에게 무관심하고 각자의 삶에만 몰두하는 가족은 아무리 한 지붕 아래 살아도 진정한 의미의 가족이라 하기 어렵다. 즐겁게 웃고, 정답게 대화를 나누는 일상이 쌓일수록 그 가족은 견고한 정서적 울타리가 되어 준다. 이는 개인의 행복뿐만 아니라 사회 전체의 건강에도 긍정적인 영향을 미친다.

가족의 문화는 하루아침에 형성되지 않는다. 매일 조금씩, 매월 한 번씩이라도 가족의 의미를 되새기고 함께하는 시간을 만들어 가는 노력이 결국은 자녀에게, 또 그 자녀의 자녀에게 이어질 귀중한 유산이 된다. 가족 간의 대화, 따뜻한 관심, 함께하는 시간, 그리고 그 안에서 피어나는 웃음이 모여 결국 행복한 가정을 만든다. 그리고 그 행복한 가정이 모여 건강한 사회를 만드는 것이다.

가족이 단순히 함께 살아가는 구성원이 아닌, 함께 '사는 법'을 배워 가는 공동체가 되기를 바란다. 그리고 매월 한 번이라도 온전히 가족을 위한 시간을 가지며, 삶의 경쟁력을 키워 나가는 여정에 모두가 동참하길 진심으로 추천한다. 가족은 곧 삶의 거울이며, 나 자신을 비추는 또 다른 나이기 때문이다.

50.
아끼다 잃은 삶에서 벗어나기

아끼고 절약하며 사는 것은 과거 세대에게 중요한 삶의 철학이었다. 자원이 부족했던 시절, 생활 속에서 절약을 실천하는 것은 생존과 안정의 필수 조건이었다. 이러한 철학은 근검절약을 통해 미래를 대비하고 어려운 상황에 대처하는 지혜를 가르쳐 주었다. 하지만 살다 보면 무작정 아끼고 미루기만 하는 것이 오히려 소중한 기회를 놓치게 하거나, 감정을 소모하는 결과를 낳기도 한다.

아끼다 똥 된다는 교훈

주변 후배 중 한 사람의 핸드폰에서 '아끼다 똥 됐네'라는 부인의 애칭을 보고 놀란 적이 있었다. 당시 순간적인 충격과 동시에 깊은 생각에 빠지게 됐다. 서로 사랑했던 관계였음에도 왜 이런 애칭이 붙었을까? 너무 아끼고 보호만 하다 보니 정작 중요한 순간에 충분히 표현하지 못한 것이 아닐까 싶었다. 부부 사이, 친구 관계, 가족 관계 등 모든 인간관계에서 표현과 경험은 매우 중요하다. 서로 간에 진심을 표현하고 추억을 쌓는 것이 신뢰를 강화하는 데 필수적이다. 하지만 소중함을 이유로 감정을 아끼거나, 소통을 미루다 보면 관계는 점점 식어 가기 마련이다.

소중함을 이유로 미룬 기회들

삶을 돌아보면 소중해서 아끼기만 하다가 놓친 것들이 한둘이 아니다. 예를 들어, 특별한 날에 입으려고 아껴 둔 옷이 유행이 지나거나 몸에 맞지 않게 되어 버리는 경우가 많다. 먹고 싶었던 음식, 가보고 싶었던 여행지 역시 미루다 보면 건강이나 시간문제로 더 이상 갈 수 없는 상황이 생길 수 있다. 특히 해 보고 싶었던 일을 미루는 것은 더욱 큰 후회를 남긴다. '나중에 여유가 생기면 해야지', '조금 더 준비되면 도전해야지'라는 생각은 결국 기회를 잃게 만들기 쉽다. 시간이 흐를수록 도전은 점점 더 어려워지고 후회만이 남게 된다.

삶의 자존심, 핑계, 게으름에 대한 반성

기회를 놓치고 경험을 미루는 가장 큰 이유는 자존심, 핑계, 그리고 게으름이다. 자존심은 자신이 약하거나 부족하다는 것을 드러내기 싫어서 도전을 주저하게 만든다. 핑계는 불확실한 상황이나 두려움을 합리화하는 데 사용되며, 게으름은 단순히 변화를 시도하는 것 자체를 힘들게 만든다. 이러한 요소들은 결국 소중한 순간들을 허비하게 만든다. 상대방에게 사랑을 표현할 수 있는 기회, 새로운 경험을 할 수 있는 기회, 성장을 위한 도전의 기회를 모두 빼앗아 가는 것이다.

삶을 풍요롭게 하는 경험과 표현

살면서 아끼고 절약하는 미덕을 지키는 것도 중요하지만, 그보다 중요한 것은 소중한 순간을 놓치지 않고 경험하고 표현하는 것이다. 옷이든, 음식이든, 사람과의 시간이든, 그것들을 소중하게 여긴다면 적절한 때에 충분히 즐기고 나누어야 한다. 특히 인간관계에서는 마음속의 사랑과 감사를 표현하는 것이 필수적이다.

아무리 좋은 마음을 가지고 있어도 표현하지 않으면 상대방은 그것을 느낄 수 없다. 마찬가지로, 꿈꾸었던 일이나 도전은 바로 지금이 가장 좋은 기회일 수 있다. 기다리는 동안 시간과 기회는 절대 되돌아오지 않는다.

지혜로운 삶을 위한 다짐

결국, 소중한 것을 아끼기만 하고 사용하지 않거나, 미루기만 하다가 결국 쓸모없어지는 것은 지혜롭지 못한 삶의 방식이다. 사랑하는 사람에게 사랑을 표현하고, 경험하고 싶은 것을 적극적으로 즐기며, 도전하고 싶은 일을 주저하지 않고 시도할 때 비로소 삶은 더욱 풍요로워진다.

아끼고 절약하되, 필요한 순간에는 과감하게 사용하고 누릴 수 있는 용기를 갖자. 그럴 때 진정한 삶의 가치를 느낄 수 있다.

51.
경제력 강화를 위한
자기 평가와 경제 관리

현대 사회에서 개인의 경쟁력을 강화하기 위한 중요한 요소 중 하나는 '자기 자신에 대한 정확한 이해'이다. "나를 알고 적을 알면 백전백승"이라는 격언이 있듯이, 자신을 올바르게 파악하는 것이 성공적인 삶의 출발점이 된다.

이를 위해서는 현재 자신의 상태와 경쟁력을 다양한 항목으로 나누어 평가하고 분석하는 과정이 필요하다. 예를 들어 건강, 사회적 성격, 학력, 직업, 경제력, 가정환경 등 주요 항목을 중심으로 방사형(거미줄) 그래프를 작성해 봄으로써 자신의 장점과 약점을 명확히 파악할 수 있다.

경쟁력의 척도: 방사형 그래프 활용

방사형(거미줄) 그래프는 각 항목의 상대적 강점과 약점을 시각적으로 한눈에 파악할 수 있게 해주는 유용한 도구다. 예를 들어, 건강 항목에서는 신체적 건강 상태나 생활 습관을 평가할 수 있고, 성격에서는 대인관계 능력이나 자기관리 능력을, 학력에서는 학문적 배경과 지적 능력을 점검할 수 있다. 직업 항목에서는 직업 능력, 업무 성취도, 경력 발전 가능성을 분석하며, 경제력은 자산 규모, 소득, 부채 수준 등을 통해 평가할 수 있다. 마지막으로, 가정환경 항목에서는 가정의 경제적 안정성, 지원 아이템 등을 분석한다.

이와 같은 항목들을 통해 자신이 현재 어느 정도의 경쟁력을 갖추고 있는지 파악하고, 항목별로 강점과 약점을 명확히 하는 것이 중요하다. 자신이 어느 부분에서 부족한지 인지하고, 그에 대한 보완책을 마련하는 것 또한 경쟁력을 높이는 방법이다. 반면, 장점을 충분히 이해하고 이를 극대화할 수 있는 전략을 세워야 한다.

경제력의 중요성

특히 현대 사회에서 경제력은 개인 경쟁력의 핵심 요소 중 하나로 자리 잡고 있다. 사회에 첫발을 내딛는 사회 초년생들은 대부분 자본력이 부족한 상황에 놓이기 쉽다. 따라서 경제력을 강화하기 위해서는 다양한 방법으로 자금 동원 능력을 개발하고, 관리하는 것이 중요하다. 이 과정에서 자신의 경제적 상태를 주기적으로 점검하고, 필요한 자금을 효과적으로 관리하는 전략이 필요하다.

자금 동원 방법과 관리 전략

개인의 자금 동원 능력을 강화하기 위해서는 먼저, 세계 경제의 흐름, 국제 정세, 정책 변화, 그리고 시중금리의 움직임 등과 같은 외부 환경에 대한 관심이 필요하다. 예를 들어, 경제가 성장하는 시기에는 투자 기회가 많아질 수 있고, 불황기에는 자산 관리에 신경을 써야 할 필요가 있다.

이러한 정보들을 바탕으로 주식, 채권, 부동산, 펀드 등 다양한 자산에 분산 투자하거나, 예·적금과 안전 자산에 자금을 적절히 배분하는 것이 중요하다. 또한, 개인의 신용을 관리하는 것도 자금 동원 능력의 중요한 부분이다.

신용은 대출과 같은 자금 조달의 기본이 되며, 신용 점수가 높을수록 더 낮은 금리로 자금을 조달할 가능성이 커진다. 이를 위해서는 평소에 신용카드 대금과 대출을 연체 없이 잘 관리하고, 신용 기록을 주기적으로 확인하는 습관이 필요하다.

경제 정보에 대한 지속적인 관심

경제력을 강화하는 또 다른 방법은 지속적으로 경제 정보를 학습하고, 이해하는 것이다. 예를 들어 주식 시장의 동향, 부동산 시장의 변화, 금리 인상 및 인하와 같은 중앙은행의 통화 정책 등을 이해하면 자신의 재무 계획을 더욱 효율적으로 세울 수 있다. 또한 이러한 정보는 본인의 직업 선택이나 경력 개발에도 큰 영향을 미칠 수 있다.

이를 위해 경제 신문, 경제 관련 서적, 전문가의 분석 보고서 등을 정기적으로 읽고, 필요할 경우 경제학 강의나 세미나에 참석하는 것도 좋은 방법이다. 경제는 일상생활과 매우 밀접하게 연결되어 있기 때문에, 이를 이해하고 관리하는 능력은 결국 자신의 경쟁력을 높이는 중요한 도구가 된다.

경쟁력 강화를 위한 통합적 접근

자기 경쟁력을 강화하기 위해서는 단순히 하나의 요소에만 집중하기보다는, 여러 방면에서 균형 잡힌 접근이 필요하다. 방사형 그래프와 같은 시각적 도구를 통해 자신을 객관적으로 평가하고,

항목별로 강점과 약점을 분석하여 개선해 나가는 것이 중요하다. 특히 경제력은 사회생활을 시작하는 데 있어 필수적인 요소이므로, 이를 지속적으로 관리하고 발전시키는 것이 필요하다.

결국, 자신을 올바르게 이해하고 다양한 방법으로 경쟁력을 강화해 나가는 것이 현대 사회에서 성공적인 삶을 사는 데 중요한 전략임을 기억해야 한다.

52.
중심적 역할과 관계의 조화

인간은 다양한 관계망 속에서 살아간다. 부모, 배우자, 자녀, 친인척, 친구, 동료와의 관계는 각기 다른 역할과 중요성을 지니며, 이들 간의 조화를 이루는 것이 성숙하고 지혜로운 삶의 비결이다. 이러한 관계를 어떻게 맺고 유지할 것인지에 대해 성찰할 때는 개인의 만족도뿐만 아니라 타인의 만족도까지 고려한 포괄적인 접근이 필요하다.

부모와의 관계

먼저 부모, 즉 친부모와 장인, 장모와의 관계에서 나의 역할을 살펴보자. 부모는 나에게 생명의 근원이며, 그들의 희생과 노고가 있었기에 내가 존재한다. 이와 같은 부모에 대한 나의 역할은 존경과 감사의 마음을 표현하는 것에서 시작한다. 부모님의 말씀이나 조언을 경청하고, 그들의 삶의 지혜를 배우며, 필요한 순간에 물질적, 정서적 지원을 제공하는 것이 중요하다. 이러한 관계는 경청과 존중을 바탕으로 한 깊은 신뢰와 사랑으로 유지될 수 있다.

배우자와의 관계

배우자에 대한 나의 역할은 상호 존중과 사랑을 기반으로 한 동반자의 역할이다. 배우자와의 관계는 삶의 동반자로서 기쁨과 슬픔을 함께 나누고 서로의 성장을 돕는 동반 관계를 의미한다. 서로의 의견을 존중하고, 대화를 통해 갈등을 해결하며, 상대방의 필요와 감정을 이해하고 배려하는 태도가 필요하다. 이를 통해 신뢰와 애정을 바탕으로 한 깊은 유대감을 형성할 수 있다.

자녀와의 관계

자녀에 대한 나의 역할은 그들의 성장을 지지하고, 올바른 방향으로 이끄는 것이다. 자녀의 개성과 능력을 존중하며, 그들의 자율성을 인정하는 동시에 필요할 때는 가르침과 조언을 아끼지 않아야 한다. 또한 자녀와의 열린 대화와 애정을 통해 신뢰를 쌓고, 그들이 자신감을 가지고 자신의 길을 찾을 수 있도록 돕는 것이 중요하다. 자녀와의 관계는 끊임없는 관심과 사랑을 통해 깊어지며, 이는 자녀의 행복과 성취에 큰 영향을 미친다.

친인척, 친구, 동료와의 관계에서도 나의 역할은 중요하다. 친인척은 나의 가족 확장 관계로서, 가족 모임이나 중요한 행사에서의 참여와 관심이 필요하다. 친구는 삶의 다양한 순간을 공유하는 존재로서, 서로의 기쁨과 슬픔을 나누며 지지와 격려를 아끼지 않는 관계이다. 동료와의 관계는 직장에서의 협력과 팀워크를 의미하며, 서로의 업무를 존중하고 협력하며 공동의 목표를 달성하는 것이 중요하다.

이해관계자 간의 만족도 향상

이 모든 관계에서 중요한 것은 이해관계자들의 만족도를 높이는 것이다. 이를 위해서는 각 관계에서 상대방의 처지를 이해하고, 상호 배려와 존중을 기반으로 한 소통이 필요하다. 자신의 역할에 대해 지속적으로 자문하고, 타인의 기대와 필요를 파악하며, 이를 충족시키기 위해 노력하는 자세가 필요하다. 이러한 성숙한 태도는 개인의 행복뿐만 아니라 타인과의 삶을 이루는 데 필수적이다.

가족과 사회적 관계에서 나의 역할을 성찰하고, 각 이해관계자의 만족도를 높이려는 노력은 성숙하고 지혜로운 삶의 방법이다. 부모, 배우자, 자녀, 친인척, 친구, 동료와의 관계에서 나의 역할을 명확히 인식하고, 이를 실천함으로써 우리는 더 나은 삶을 살아갈 수 있다. 이러한 관계망 속에서의 조화는 개인의 행복뿐만 아니라 공동체의 발전에도 크게 이바지한다.

53.
인내와 성장이 빚어낸 명품 삶

인생은 마치 한 그루의 분재를 키우는 과정과도 같다. 분재가 멋진 작품으로 탄생하기 위해서는 수백 번의 전지 가위질과 아픔이 수반된다. 전지 작업은 분재의 가지와 잎을 잘라내어 모양을 잡는 과정인데, 이 과정에서는 필연적으로 나무에 상처가 생기고 고통이 따른다. 하지만 이런 아픔을 참고 견딘 끝에 아름다운 분재가 탄생하고, 그제야 주변으로부터 그 가치를 인정받는다. 이는 수없이 많은 가위질과 비틀림의 고통을 이겨내고 완성된 결과물이다.

우리의 인생 역시 분재를 가꾸는 과정과 유사하다. 분재가 전지와 비틀림 작업을 통해 아름다운 작품으로 태어나는 것처럼, 사람도 살아가는 동안 다양한 시련과 도전에 직면하며 자신을 끊임없이 다듬고 절제해야 한다. 이 과정에서 우리는 종종 아픔과 고통을 경험하지만, 이를 인내하고 견디며 성장해 나가는 것이 중요하다. 인생을 살아가는 데도 마찬가지로 낮은 자세와 무한한 겸손으로 자신을 가꾸고 다듬는 과정이 필요하다.

한 그루의 분재가 명품으로 태어나기 위해 많은 고통과 시련을 겪어내야 하듯이, 우리 삶도 마찬가지로 수많은 도전과 과제에 직면한다. 이러한 크고 작은 문제들은 때로는 우리를 힘들게 하고 좌절하게 만들기도 한다.

그러나 분재가 전지와 비틀림의 고통을 견디고 아름답게 성장하듯이, 우리도 인내하고 극복하면 더 나은 모습으로 성장할 수 있다. 중요한 것은 그러한 고통과 어려움을 어떻게 받아들이고 극복해 나가느냐 하는 것이다. 이를 긍정적으로 받아들이고 인내하며 이겨내는 과정에서 우리 인생은 더 빛나는 결과물을 만들어 낼 수 있다.

분재가 훌륭한 작품으로 인정받기 위해 수많은 전지와 비틀림의 고통을 견뎌내는 것처럼, 마찬가지로 우리도 인생이라는 긴 여정 속에서 끊임없이 도전과 시련을 맞이한다. 중요한 것은 이러한 시련을 두려워하거나 피하는 것이 아니라, 이를 받아들이고 극복하려는 자세다. 우리 삶이 명품으로 거듭나기 위해서는 이처럼 끊임없이 자신을 다듬고 절제하며, 주어진 과제들을 긍정적으로 받아들이고 해결해야 한다.

결국, 우리 삶도 끊임없는 노력과 인내를 통해 명품으로 거듭날 가능성이 있다. 인생의 여정에서 우리가 만나는 크고 작은 문제들은 우리를 단련시키고 성장시키는 중요한 기회가 될 수 있다. 그러므로 우리는 이러한 기회를 놓치지 않고, 자신의 삶을 명품으로 만들어 가기 위해 노력해야 한다. 우리의 노력과 인내가 쌓인 결과물은 분명히 명품 삶으로 이어질 것이며, 그 결과물은 우리 자신뿐만 아니라 주변 사람들에게도 깊은 감동과 영감을 줄 것이다.

따라서 우리는 분재를 가꾸는 정성과 인내처럼, 우리 삶을 더 나은 방향으로 이끌기 위해 끊임없이 자신을 다듬고 노력해야 한다. 그리고 그렇게 만들어진 명품 삶은 우리에게 큰 자부심과 행복을 안겨줄 것이다. 이처럼 인생이라는 여정은 결국 자신을 다듬고 절제하며 성장하는 과정이며, 그 끝에는 우리가 꿈꾸는 명품 삶이 기다리고 있을 것이다.

54.
삶의 울타리를 수시로 보수하라

삶의 울타리를 튼튼히 하며 살아가기

우리 삶은 집 주변을 둘러싼 울타리와 같다고 할 수 있다. 시간이 지나면 울타리가 노후화되고 손상되는 것처럼, 우리 삶에서도 크고 작은 문제들이 발생하며 때로는 삶의 균형이 흔들리곤 한다. 그러나 울타리를 보수하며 집을 지키듯, 우리 삶에서도 나와 가족의 울타리를 끊임없이 점검하고 보수해 나가는 노력이 필요하다. 이는 개인의 안정과 가족의 행복, 나아가 삶의 지속적인 성장을 위해 필수적이다.

집 울타리는 외부 환경에서 오는 풍파를 막아 주는 중요한 역할을 한다. 강한 바람과 비, 급변하는 날씨 속에서도 집을 안전하게 보호하려면 울타리를 주기적으로 확인하고 보수해야 한다. 마찬가지로 우리 삶에서도 예상치 못한 위기나 도전이 닥칠 수 있다. 이때 개인의 삶과 가족의 평화를 유지하려면 삶의 울타리를 튼튼히 세우고, 지속적으로 보수하는 노력이 중요하다. 이러한 울타리는 단순히 물리적인 보호막이 아니라, 나 자신과 가족을 지탱하는 정신적, 정서적 기반이자 사회적 관계망을 뜻한다.

가족의 울타리를 보수하며 함께 성장하기

가정은 삶의 근본적인 울타리다. 가족 구성원 각자가 서로의 행복과 안녕을 위해 끊임없이 노력할 때, 가정은 어떤 위기에도 흔들리지 않는 강한 울타리가 될 수 있다. 아버지와 어머니로서, 그리고 가족 구성원으로서 서로의 마음을 헤아리고 이해하는 태도는 가족 울타리를 보수하는 중요한 방법의 하나이다. 때로는 누군가가 어려움에 부닥쳤을 때 함께 나누고 지지하며, 때로는 각자의 역할을 충실히 해내면서 전체의 조화를 이루는 것이 필요하다.

특히 부모로서 가족의 울타리를 더욱 강건히 하기 위해서는 자녀들에게 안정감을 제공하고, 삶의 올바른 방향성을 제시해야 한다. 자녀들이 흔들리지 않고 자신의 길을 걸어갈 수 있도록, 부모는 지속적으로 지혜와 사랑으로 울타리를 다듬어야 한다. 가족 구성원 모두가 같은 마음으로 서로를 지키고, 삶의 어려움을 함께 헤쳐 나갈 때, 가족의 울타리는 더욱 튼튼해질 것이다.

나 자신의 울타리를 점검하기

가족뿐 아니라 개인의 울타리도 정기적인 점검과 보수가 필요하다. 삶을 살아가다 보면 누구나 한 번쯤은 흔들리고 나약해지는 순간을 맞이할 수 있다. 경제적 문제, 건강 문제, 관계의 어려움 등 여러 이유로 개인의 삶은 위기를 겪을 수 있다. 이런 상황에서도 무너지지 않고 버틸 수 있으려면, 자신을 단단히 세우는 과정이 필요하다.

개인의 울타리는 자신의 신념과 가치관, 목표로 이루어질 수 있다. 이를 정립하고 지속적으로 점검하며, 삶의 변화에 따라 유연하게 대응할 수 있는 자세를 기르는 것이 중요하다. 혹시 모를 위기에 대비하기 위해 자기 계발에 힘쓰고, 내면의 성장을 추구하는 노력을 게을리 하지 않아야 한다. 또한, 정서적 안정과 건강한 정신 상태를 유지하기 위해 적절한 휴식과 자기 돌봄을 생활화하는 것도 필요하다.

성숙한 삶으로 나아가기 위한 노력

삶의 울타리를 보수하는 과정은 단순히 개인의 성장을 넘어 가족과 사회의 안정과 행복에 이바지한다. 개인이 자신을 단단히 세우고 가족과의 관계를 조화롭게 유지할 때, 더 큰 공동체의 일원으로서도 건강하게 기능할 수 있다. 이러한 노력이 성숙해질수록 개인의 행복과 가족의 안녕은 더욱 지속 가능해질 것이다.

결국, 삶의 주도권을 잡고 안정적으로 살아가는 길은 끌려다니는 삶이 아니라 내가 원하는 방식대로 살아가는 삶이다. 이는 스스로 삶의 방향을 정하고, 예기치 못한 상황에도 흔들리지 않도록 준비하며, 나와 주변의 울타리를 끊임없이 보수하는 노력에서 비롯된다. 이러한 노력이 쌓일수록 우리는 더욱 성숙하고 행복한 삶을 영위할 수 있을 것이다.

삶의 울타리는 나와 가족을 보호하고, 우리의 목표와 꿈을 실현하는 기반이 된다. 오늘날처럼 빠르게 변화하는 환경 속에서도 강건한 울타리를 유지하기 위해 노력하며, 서로서로 지지하고 응원하는 삶을 살아가는 것이야말로 진정한 행복과 안정을 위한 길이다.

55.
성공의 참된 기준

성공의 진정한 의미와 기준

우리는 누구나 한 번쯤, 정신없이 달려온 인생을 뒤돌아보며 '과연 무엇이 성공인가?'라는 질문을 던져 봤을 것이다. 성공의 기준은 각자의 가치관과 환경, 상황에 따라 다를 수 있다. 하지만 이런 기준들이 종종 모호하고 상대적이라는 점에서, 우리가 흔히 생각하는 성공의 잣대는 어쩌면 제대로 된 기준이 아닐 수 있다.

상대적 성공의 함정

현대 사회에서는 종종 직책과 직급, 소득, 주거 환경, 소유한 자산 등 외형적인 요소로 성공을 평가하려는 경향이 있다.

"나 보다 높은 직책에 있으니 성공 했다."

"더 많은 돈을 벌었으니 성공했다."

"좋은 집에서 살고, 비싼 차를 타니 성공했다."

이런 기준으로 다른 사람과 나를 비교하면서 성공 여부를 판단하는 것은 흔한 일이지만, 과연 이것이 바른 판단일까?

상대적 비교는 끝이 없다. 남보다 나은 무언가를 성취했다고 하더라도, 또 다른 기준으로 자신을 비교하기 시작하면 결코 만족할 수 없다. 이는 단순히 외형적인 성취에만 초점을 맞춘 결과로, 진정한 행복과 성취감을 느끼기 어려운 이유이기도 하다.

수박 농사에서 배우는 성공의 기준

농부가 한 해 동안 최선을 다해 재배한 수박을 떠올려 보자. 수확의 결과로 크고 잘생긴 수박도 있고, 겉으로는 작고 소박해 보이지만 당도가 높고 맛이 좋은 수박도 있다. 일반적으로 크고 보기 좋은 수박이 더 성공한 결과물처럼 보일 수 있다. 그러나 실제로 많은 사람들에게 사랑받고 높은 상품 가치를 인정받는 것은 크기보다 맛과 품질이 뛰어난 수박이다.

이 예시는 우리 삶과도 밀접하게 닿아 있다. 크기와 외형, 즉 직책과 직위, 재산 등 외형적인 요소보다 중요한 것은 내면의 가치와 인간적인 매력이다. 겉으로는 소박하고 평범해 보일지라도, 속이 알차고 건강하며 맛이 좋은 수박처럼, 사람도 내면이 단단하고 성숙한 삶을 살아가는 것이 진정한 성공이라고 할 수 있다.

성공의 본질 : 내면의 가치와 인간미

인생에서의 성공은 단순히 높은 지위나 재물을 쌓는 것만으로 정의될 수 없다. 그것은 우리가 얼마나 자신의 능력을 발휘하며, 주변 사람들과 건강하고 진솔한 관계를 맺고, 삶의 본질적인 기쁨과 만족을 느끼는가에 달려 있다. 높은 직책을 가지거나 많은 부를 축적하더라도 인간미가 모자라고 자신만의 가치를 잃는다면 그것이 진정한 성공이라 할 수 있을까?

성공이란 결국 자기 자신과 타인에게 얼마나 긍정적인 영향을 느끼고, 자신만의 독창적인 색깔과 가치를 세상에 남기는가에 달려 있다. 이는 타인의 잣대가 아닌, 스스로 만족하고 행복을 느끼는 기준으로 평가될 때 비로소 의미를 가진다.

이상적 성공의 기준 정립

성공의 기준은 사람마다 다를 수 있다. 그러나 다음과 같은 질문을 스스로에게 던져 보면, 자신의 성공을 새롭게 정의할 수 있을 것이다.

나는 내 삶에 만족하는가?

내가 하는 일이 나와 주변 사람들에게 긍정적인 영향을 주고 있는가?

나는 내가 가진 것을 충분히 감사하며 살고 있는가?

다른 사람과 비교하기보다 나 자신과의 경쟁에서 얼마나 성장했는가?

이러한 질문들은 상대적 비교와 외형적인 성취에서 벗어나, 진정으로 내면의 행복과 성장을 추구할 수 있도록 도와준다.

수박 농사의 비유처럼, 우리의 인생도 외형적인 성공보다 내면의 가치를 채우는 데 집중할 때 더욱 빛날 수 있다. 겉으로 보기에 작고 평범해 보이더라도 맛이 좋고 알찬 수박이 사랑받는 것처럼, 내면의 성장과 인간미를 갖춘 삶이야말로 진정한 성공이라 할 수 있다.

우리 각자는 자신의 기준으로 성공을 정의하고, 그 기준에 맞춰 살아가는 것이 중요하다. 상대적 비교에서 벗어나 자기 내면을 채우고, 다른 이들과 따뜻한 관계를 맺으며, 진정한 행복을 추구하는 삶을 살아가길 바란다.

56.
행복과 불행의 경계, 선택은 자신의 몫

행복과 불행: 두 감정의 미묘한 관계

행복과 불행은 때로 일란성 쌍둥이처럼 서로 떨어질 수 없는 관계에 있다. 우리 삶 속에서 행복과 불행은 마치 '원 플러스 원'처럼 함께 나타나며, 언제나 가까이에서 서로를 의식하게 만든다. 결국, 어떤 관점으로 인생을 바라보느냐에 따라 행복이든 불행이든 자신의 감정 상태가 결정된다. 우리는 긍정적인 태도를 유지하며 웃으며 살 것인지, 아니면 끊임없이 불만을 토로하며 삶을 고통스럽게 만들 것인지를 선택할 수 있다. 이 선택이 바로 행복과 불행을 가르는 출발점이다.

사람이 살아가면서 모두가 행복하고 싶은 마음을 품지만, 그 과정에서 피할 수 없이 불행과 맞닥뜨리기도 한다. 이런 순간에 각자의 마음과 주관적인 판단은 중요한 역할을 한다. 우리는 때때로 행복과 불행이 영원히 지속될 것이라고 착각할 수 있지만, 사실 두 감정의 유효 기간은 그리 길지 않다. 행복의 기쁨도 영원하지 않고, 불행의 슬픔 역시 일정 시간이 지나면 흐려지기 마련이다.

행복과 불행의 경계는 그야말로 종이 한 장 차이일 수 있다. 그 차이가 그렇게 가깝게 느껴지는 이유는 행복과 불행이 외부의 사건이나 환경이 아니라, 우리 생각에서 비롯되는 경우가 많기 때문이다. 다시 말해, 어떤 마음가짐과 태도를 가지느냐에 따라 우리는 행복한 삶을 살거나 불행한 삶을 살게 된다.

행복과 불행은 내 마음가짐에서 비롯된다

우리가 행복과 불행을 어떻게 느끼는지는 외부에서 주어진 것이 아니라, 내부에서 스스로 선택하는 경우가 많다. 특정 상황에서 불행을 느낄 수도 있지만, 같은 상황을 다른 관점에서 바라보면 행복을 느낄 수도 있다.

이러한 관점의 차이는 결국 각자의 생각과 태도에서 출발한다. 우리 일상에서 작은 불만이나 어려움을 긍정적으로 바라보는 습관을 기르는 것은 매우 중요하다. 이러한 긍정적인 습관은 불필요한 불행을 줄이고 행복을 더욱 깊이 느낄 수 있는 중요한 요소가 된다.

행복한 삶을 살기 위해서는 긍정적인 사고와 습관을 가꾸는 것이 필수적이다. 누군가는 같은 상황에서 행복을 느끼고, 또 다른 사람은 불행을 느끼는 이유는 바로 이런 차이에서 온다. 즉 외부 조건이나 환경이 아니라 우리가 어떤 마음으로 상황을 대하고, 어떻게 해석하느냐에 따라 우리의 감정 상태가 결정된다.

긍정적인 습관으로 행복한 삶을 이끌기

우리는 행복을 단순히 기다리기보다는 스스로 만들어 나가는 것이 중요하다. 그렇다면 어떻게 행복을 더 많이 느끼며 살 수 있을까? 우선, 일상에서 사소한 일에도 감사하는 마음을 갖는 것이 좋다. 감사는 긍정적인 사고를 키워 주고, 삶에 대한 만족감을 높여 준다. 또한, 작은 성취감을 통해 자신감을 얻고, 삶에 대한 긍정적인 인식을 가질 수 있다.

또한 어려운 상황에서도 긍정적인 측면을 찾아내고, 그것을 통해 스스로 위로하고 발전하는 힘을 기를 필요가 있다. 이는 불행을 오히려 성장의 기회로 삼게 해주고, 긍정적인 태도를 더 강화해준다. 결국, 행복은 우리 일상에서 긍정적인 습관을 통해 이루어지며, 이는 우리 삶을 스스로 이끌어 나갈 힘을 준다.

행복과 불행은 항상 함께하며 그 경계는 매우 가깝다. 중요한 것은 외부 조건이 아닌 우리의 마음가짐과 생각에서 행복과 불행이 시작된다는 점이다. 어떤 상황에서도 긍정적인 태도와 습관을 유지하는 것은 행복한 삶으로 나아가는 첫걸음이 된다.

57.
상처는 아물지만, 흉터는 남는다

인간은 본질적으로 사회적 동물이다. 이는 우리가 다른 사람들과의 관계 속에서 살아간다는 것을 의미하며, 일상생활의 대부분은 사람과 사람 사이에 상호 작용으로 이루어진다. 이러한 상호 작용 속에서 우리는 때로는 서로에게 상처를 주기도 하고, 받기도 한다. 무한 경쟁의 현대 사회에서는 자신이 성공하기 위해 남을 깎아내리거나, 악의적인 비방을 하여 상대에게 상처를 입히는 일이 빈번하게 일어난다. 이러한 비방이나 험담에서 비롯된 상처뿐만 아니라, 선의로 이루어진 도전에서 실패하거나 패배하면서 생기는 상처도 존재한다. 이처럼 우리는 여러 형태의 상처를 받으며 살아가지만, 그 상처는 종종 시간이 지나고 오해가 풀리면 아물기도 한다. 우리는 서로를 용서할 수도 있고, 그로 인해 관계는 다시 회복될 수 있다.

하지만 모든 상처가 치유되는 것은 아니다. 어떤 상처는 시간이 지나도 흔적으로 남으며, 이는 우리가 흔히 '흉터'라고 부르는 것이다. 상처는 아물 수 있지만 흉터는 우리의 마음과 생각에 깊이 각인되어, 마치 지울 수 없는 흔적처럼 남게 된다. 이처럼 상처가 흉터로 변하는 과정은 매우 복잡한데, 이것은 단지 물리적인 차원의 이야기가 아니라, 우리의 내면과 심리에 더 깊이 연관된 문제이기도 하다.

예를 들어, 우리가 일상생활에서 누군가에게 악의 없는 농담을 던졌을 때, 상대는 그 말을 단순한 장난으로 받아들일 수 있지만, 때로는 그 말이 상대에게 깊은 상처를 남길 수도 있다. 그 상처가 시간이 지나도 치유되지 않고 상대의 마음속에 오래 남아 있다면, 그것은 결국 흉터로 자리 잡게 된다. 그러한 흉터는 상대에게 지워지지 않는 감정적 고통을 남기며, 이는 그와의 관계에서 평생 해결되지 않는 문제가 될 수도 있다.

우리는 살면서 이러한 흉터를 남기지 않기 위해 더 주의 깊게 행동할 필요가 있다. 지금 내가 하고 있는 말과 행동이 상대에게 단순한 상처로 끝나는 것이 아니라, 흉터로 남아 평생 그 사람의 마음에 지워지지 않는 흔적을 남기게 될지 고민해 보아야 한다. 그러므로 상처를 주는 말과 행동을 가급적 자제하고, 더 신중하게 상대방을 대해야 할 필요가 있다.

특히 무의미한 경쟁이나 이기기 위한 수단으로 상대를 깎아내리거나, 험담을 퍼붓는 행위는 절대적으로 지양해야 한다. 그런 행동은 그 순간의 승리감을 줄 수 있을지 모르지만, 결과적으로 상대방에게 깊은 흉터를 남길 수 있다. 이에 따라 우리가 얻게 되는 손해는 그 순간의 승리보다 훨씬 더 크고 깊을 수 있다.

또한, 흉터는 단순히 남에게만 남기는 것이 아니다. 우리가 누군가에게 상처를 주었다고 느꼈을 때, 그 행동은 우리 마음에도 흉터를 남길 수 있다. 자기 행동에 대한 후회와 자책감은 시간이 지나도 사라지지 않을 수 있으며, 이는 우리 자신의 내면에도 깊은 상처와 흉터로 남을 수 있다. 이처럼 상처와 흉터는 상호적인 것임을 기억하는 것이 중요하다.

남에게 상처를 주는 것은 곧 나 자신에게도 흉터를 남기는 일이 될 수 있다.

따라서 우리는 상처를 피할 수 없더라도 흉터는 만들지 않기 위해 노력해야 한다. 상대에게 의도치 않게 상처를 주었다면, 가능한 한 빨리 사과하고 그 상처를 치유할 수 있도록 노력하는 것이 중요하다. 진심 어린 사과와 배려는 상처가 흉터로 발전하는 것을 막아 줄 수 있다. 반면, 상대의 상처를 무시하거나 방치하면 그 상처는 곧 흉터로 남아 그와의 관계를 영원히 뒤틀리게 만들 수 있다. 이는 개인 간의 관계뿐만 아니라, 사회 전체에도 큰 영향을 미칠 수 있다. 서로에 대한 배려와 존중이 없는 사회는 결국 상처와 흉터로 가득한 불행한 사회가 될 수밖에 없다.

우리는 이러한 점을 항상 유념해야 한다. 우리의 말과 행동이 상대에게 흉터를 남기지 않도록 신중히 생각하고 행동하는 것이 중요하다. 또한, 우리는 타인에게 상처를 줄 수 있는 상황을 미리 인지하고, 이를 피하기 위해 노력해야 한다.

상대방을 이해하고 배려하는 마음을 가질 때, 우리는 상처 없는, 흉터 없는 삶을 살아갈 수 있으며, 이는 결국 우리 자신에게도 큰 행복과 만족감을 가져다 줄 것이다.

결국 상처와 흉터 없는 삶이야말로 우리가 추구해야 할 궁극적인 목표일 것이다. 이는 단지 개인적인 행복에 그치는 것이 아니라, 타인과의 관계에서의 평화, 그리고 사회 전체의 건강함을 유지하는 데도 중요한 요소이다.

58.
인생은 골프처럼 치는 대로 간다

인생과 골프, 그리고 생각대로 되지 않는 것들

세상을 살아가다 보면 우리는 종종 '내 생각대로 모든 것이 이뤄지고, 만들어지고, 진행된다면 얼마나 좋을까?'라는 생각을 하게 된다. 원하는 방향으로 일이 술술 풀리고, 계획한 대로 결과가 나온다면 얼마나 편리하고 행복할까? 그러나 현실은 그와는 거리가 멀다. 인생은 결코 내 마음대로 되지 않으며, 때로는 예상치 못한 일들이 연속적으로 벌어진다.

그렇다면 과연 내가 원하는 대로 모든 것이 흘러간다면 그것이 정말 행복한 삶일까? 되돌아보면, 우리는 예측 불가능한 상황 속에서 성장하고 변화하며 더 나은 사람이 되어 간다. 예상치 못한 변수들이 오히려 우리 삶을 다채롭게 만들고, 도전과 실패를 통해 더 깊은 깨달음을 얻게 된다.

골프라는 스포츠는 이런 인생의 원리를 잘 보여주는 대표적인 예다. 골프를 치다 보면 한 가지 확실한 사실을 깨닫게 된다.

"골프공은 생각대로 가지 않는다. 다만 치는 대로 갈 뿐이다."

이 말은 골프를 즐기는 사람이라면 한 번쯤 들어봤을 법한 유명한 표현이다. 내가 아무리 원하는 방향으로 공을 보내려 해도, 결국 공은 내가 친 대로 날아간다. 아무리 정밀한 계획을 세우고 방향을 맞춘다 해도, 개인의 스윙 실력과 순간적인 컨디션에 따라 공의 결과는 달라질 수밖에 없다.

골프와 인생의 닮은 점

골프와 인생은 많은 부분에서 닮았다. 우리는 인생에서 끊임없이 목표를 세우고 그 목표를 향해 나아가려 하지만, 예상치 못한 변수가 생기고 뜻대로 되지 않는 경우가 많다. 골프에서도 마찬가지다. 처음에는 완벽한 샷을 예상하지만, 공은 전혀 엉뚱한 방향으로 날아가기도 하고, 벙커나 해저드에 빠지기도 한다. 심지어 좋은 샷을 날렸다고 생각했는데도 바람이 변수를 만들어 기대했던 결과가 나오지 않을 때도 있다.

하지만 이 과정에서 우리는 성장한다. 공이 생각했던 방향으로 날아가지 않았을 때, 우리는 자신의 스윙을 돌아보고 분석하며 더 나은 샷을 만들기 위해 연습한다. 마찬가지로 인생에서도 우리는 실패와 실수를 경험하며 더 나은 방향으로 나아가기 위해 노력한다. 만약 골프공이 늘 우리가 원하는 방향으로만 날아갔다면, 골프라는 스포츠가 이토록 많은 사람들에게 사랑받지 않았을 것이다. 오히려 그 예측 불가능성과 도전하는 재미가 골프를 더 매력적으로 만든다.

냉정할 정도로 공평한 법칙

골프공이 '치는 대로' 가는 것처럼, 인생 또한 '하는 대로' 가는 법이다. 골프에서는 노력한 만큼 실력이 향상되고, 연습한 만큼 정교한 샷이 나오는 것처럼, 인생에서도 우리가 하는 노력만큼 결과가 나타난다. 물론 운이라는 요소가 존재하기는 하지만, 장기적으로 볼 때 인생은 놀랍도록 공평한 방식으로 돌아간다. 꾸준히 노력하고 자기 계발을 하는 사람은 결국 원하는 성과를 거두는 경우가 많고, 반대로 게으름을 피우거나 아무런 노력을 하지 않는 사람은 점점 낙오된다.

어떤 사람들은 운이 좋거나, 우연한 기회가 찾아와서 쉽게 성공하기도 한다. 하지만 그러한 행운이 지속되는 경우는 드물다. 골프에서도 초보자가 운 좋게 한두 번 좋은 샷을 날릴 수 있지만, 꾸준히 좋은 성적을 유지하려면 연습과 실력이 뒷받침되어야 한다. 인생도 마찬가지다. 운이 한두 번은 우리를 도와줄 수 있지만, 결국 우리 삶의 방향은 우리가 얼마나 노력 했느냐에 따라 결정된다.

끝없는 과정의 연속

인생은 단순한 결과가 아닌, 끝없는 과정의 연속이다. 마치 골프에서 한 홀을 망친다고 해서 게임이 끝나는 것이 아니듯, 우리 삶도 매 순간 도전과 성장이 반복되는 과정이다. 골프를 치면서 샷마다 새로운 상황을 맞이하고 그때그때 전략을 바꿔야 하듯, 인생에서도 우리는 매일 새로운 문제를 해결하고 변화하는 환경에 적응해야 한다.

골프를 치는 사람이라면 누구나 경험해 봤을 것이다. 한 홀에서 실수했다고 좌절하면 다음 홀에서도 연속적으로 실수를 하게 된다. 반대로, 한 번의 좋은 샷에 너무 도취해 방심하면 이후의 경기 운영이 무너질 수도 있다.

인생도 이와 비슷하다. 한 번의 실패로 좌절하고 멈춰 버리면 앞으로 나아갈 수 없고, 한 번의 성공에 안주하면 성장의 기회를 놓칠 수도 있다.

결국, 인생은 골프처럼 예측할 수 없는 도전과 성장의 연속이다. 우리는 종종 '왜 내 인생은 내 뜻대로 되지 않을까?'라고 고민하지만, 어쩌면 그것이 인생의 묘미일지도 모른다. 만약 모든 것이 계획한 대로 흘러간다면, 삶은 너무 단조롭고 재미없는 것이 되어버릴 것이다.

골프공이 내가 원하는 방향이 아니라, 내가 '치는 대로' 날아가는 것처럼, 인생도 우리가 '하는 대로' 흘러간다. 지금 당장 뜻대로 되지 않는 일이 많더라도, 결국 우리가 걸어온 길이 삶의 방향을 결정짓는다. 그리고 그 과정에서 성장하고 변화하며, 더 나은 자신이 되어 가는 것이야말로 진정한 인생의 의미가 아닐까?

그러니 골프를 즐기듯, 인생도 즐기며 살아가자. 실수와 실패도 받아들이고, 운 좋을 때는 감사하며, 더 나은 샷을 위해 연습하는 마음으로 오늘을 살아간다면, 우리는 어느 순간 목표했던 목적지에 도달해 있을 것이다.

3부

인생은 그렇게 흘러
황혼에 기우는데

혼적을 남기며 살아가는 시간

　　　　　우리는 사회에서 인정받고 가정을 책임
지며 하루하루를 최선을 다해 살아가고 있다. 그동안의 삶을 돌아
보면, 언제나 앞만 보고 달려온 기억밖에 남아있지 않은 것 같다.
이러한 모습은 이 시대를 살아가는 모든 이들의 공통된 숙명이자
삶의 모습이 아닐지 생각한다.

　이러한 삶을 해수욕장에 비유해 볼 수 있을 것 같다. 한 철만
북적이다가 다시 잠잠해지는 해수욕장은 마치 우리 인생을 축소
한 모습처럼 보인다. 수많은 사람들이 각기 다른 모습과 목적으로
해수욕장을 찾고, 그곳에서 즐겁게 지내고 떠나간다. 그렇게 사람
들로 북적였던 해수욕장은 다시 조용해지고, 남은 것은 그들의 흔
적이다. 해수욕장의 모래사장을 철망으로 긁어 보면 동전, 병뚜껑,
목걸이, 팔찌, 열쇠 같은 값비싼 물건부터 쓰레기까지 다양한 물건
들이 발견된다. 이처럼 해수욕장에 남겨진 다양한 물건들은 마치
우리 삶이 남긴 결과물들과 같다.

　앞만 보고 열심히 살아온 우리 삶도 해수욕장의 모래사장처럼
어느 시점에서든 그 결과물을 점검해 볼 필요가 있다. 오랜 시간
동안 달려온 삶을 잠시 멈추고 우리가 어떤 흔적을 남겼는지, 어떤
결과물을 만들어 냈는지 되돌아보는 것이 중요하다. 이는 단순히
물질적인 성취나 성공만을 의미하는 것이 아니다. 우리가 쌓아 온
인간관계, 남들에게 베푼 따뜻한 마음, 그리고 자신에게 남겨진 내
면의 성장은 삶의 진정한 결과물이라고 할 수 있다.

　옛말에 "동물은 죽어서 가죽을 남기고, 사람은 죽어서 이름을
남긴다"라는 말이 있다. 이 말처럼 우리는 결국 삶의 끝에서 우리

만의 흔적을 남기게 된다. 하지만 그 흔적을 남기기 위해서는 지금, 이 순간부터라도 우리 삶의 결과물을 점검하고 더욱 충실한 삶을 살아가는 마음가짐이 필요하다.

우리 삶이 해수욕장처럼 잠깐 북적이다가 다시 조용해지는 과정이라면, 그 짧은 시간 동안 남길 수 있는 가장 값진 것은 바로 우리 인생의 흔적일 것이다. 누군가에게 기억될 만한 자신에게 자랑스러운 흔적을 남기기 위해 우리는 어떻게 살아가고 있는지, 또 앞으로 어떻게 살아갈 것인지 고민해 봐야 할 것이다.

따라서 우리 삶이 마치 한철 해수욕장처럼 잠깐 북적인 후에 조용해질 때 그곳에 남겨진 우리의 흔적들을 점검하는 일은 매우 중요하다. 그 과정에서 우리는 더 충실하고 값진 삶을 만들어 갈 수 있을 것이다. 이렇듯 우리가 모두 삶의 결과물을 체크하는 과정을 통해 자신의 인생이 의미 있고, 가치 있는 여정이 되기를 바란다.

59.
마음의 평화 찾기와 비움의 연습

누군가를 미워하거나 마음속에 화를 품고 있는 것은 우리의 정신과 육체를 멍들게 한다. 우리는 살아가면서 다양한 사람들과 관계를 맺고, 그 관계 속에서 크고 작은 이견이나 마찰이 끊임없이 발생한다. 이런 갈등은 때로는 고민과 걱정으로 이어지고, 결국 다툼으로 폭발하거나 미움과 화로 남아 마음의 병이 되기도 한다. 그러나 시간이 지나고 나면 우리는 겪었던 그 모든 갈등과 감정의 소용돌이가 아무 의미 없이 그저 지나가는 삶의 과정일 뿐이라는 것을 깨닫게 된다.

우리 삶의 많은 부분은 관계에서 비롯된 문제들과 그것을 어떻게 다루느냐에 달려 있다. 때로는 우리가 겪은 갈등이 상대방의 문제처럼 느껴지기도 하지만, 결국 그 갈등을 통해 성장하고 배울 수 있는 사람은 나 자신이다. 어떤 관계에서든 갈등과 불화는 피할 수 없는 자연스러운 과정이지만, 중요한 것은 그것을 어떻게 바라보고 받아들이느냐에 있다. 미움과 화를 마음속에 오래 품고 있을수록 우리는 점점 더 고통스러워지고, 정신적으로나 육체적으로 피폐해질 수밖에 없다.

그렇다면, 이러한 고통을 줄이고 마음의 평화를 찾기 위해서는 어떤 대안이 필요할까? 지혜로운 사람들은 매일 저녁, 하루를 마무리하며 자신의 마음을 비워내고, 평온한 상태로 잠드는 연습을 한다. 하루 동안 쌓인 감정의 찌꺼기를 잠들기 전에 비워내지 않으면, 그것은 우리 마음속에 쌓여 스트레스로 작용하고, 결국 육체적 질병으로까지 이어질 수 있다. 따라서 자기 자신을 돌아보고, 그날의 갈등과 감정을 객관적으로 바라본 뒤, 그것들을 내려놓는 연습이 필요하다.

이러한 마음 비우기의 연습은 단순한 명상이거나 마음의 수양일 수도 있다. 중요한 것은, 그날의 감정들을 억누르거나 부정하지 않고, 있는 그대로 받아들이고 흘려보내는 것이다. 하루 동안 누군가와의 갈등이 있었다면, 그 감정을 정직하게 마주하고 그 안에서 배울 점이 무엇인지 생각해 보는 것이 좋다. 갈등이 나에게 미친 영향을 인정하고, 그 감정이 더 이상 나를 지배하지 않도록 스스로 놓아 주는 연습을 해야 한다.

또한, 잠들기 전에 마음을 비워내는 의식 행위는 꾸준한 연습이 필요하다. 처음에는 어렵게 느껴질 수 있지만, 이를 꾸준히 실천하다 보면 점차 습관이 되고, 마음이 더욱 편해지며, 육체적으로도 건강해지는 변화를 느낄 수 있다. 예를 들어, 매일 저녁 침대에 누워 눈을 감고 깊은 호흡을 하며 하루 동안의 일들을 되새겨 보는 시간을 가질 수 있다. 이때 중요한 것은 그날의 사건이나 감정을 다시 경험하는 것이 아니라, 그저 관찰하고 흘러 보내는 것이다. 마치 강물에 떠내려가는 나뭇잎을 바라보듯이 말이다.

마음을 비우는 연습이 습관화되면, 우리는 삶에서 일어나는 크고 작은 일들에 더 이상 휘둘리지 않게 된다. 어떤 일이 일어나더라도 그 순간에 집중하고, 그것이 지나가면 집착하지 않고 놓아 주는 능력이 생긴다. 이 과정에서 우리는 마음의 평화를 찾게 되고, 육체와 정신 모두 더욱 풍요로워질 수 있다. 이러한 평화는 결국 우리가 살아가는 데 있어 가장 중요한 자산이 된다. 내일 또 다른 하루가 시작될 때, 우리는 더 가벼운 마음으로, 더 긍정적인 시선 으로 세상을 맞이할 수 있을 것이다.

결국, 미움과 화를 품고 있는 것은 자신에게 가장 큰 해악이 된 다. 이를 방치하지 않고 매일매일 씻고 비워내는 연습을 통해 우리 는 보다 건강하고 평화로운 삶을 살아갈 수 있다. 마음이 평온해 지면, 우리 삶도 자연스럽게 평화로워지고 그 안에서 진정한 행복 을 찾을 수 있을 것이다.

60.
품격 있는 대화를 위한 기술

대화의 기술은 인간관계 형성과 유지에 매우 중요한 요소로 작용한다. 하지만 시대와 문화에 따라 대화 방식의 기준은 다르게 발전해 왔고, 이는 사람들의 소통 방식에도 큰 영향을 미쳤다. 한때 말수가 적고 입이 무거운 것을 미덕으로 여기던 시대가 있었다. 그 당시 사람들은 자신의 감정과 생각을 내보이기보다 침묵과 절제를 미덕으로 여기는 경향이 강했다. 오랜 세월 이러한 환경 속에서 생활하다 보니 자연스럽게 감정 표현에 서툴러지고 대화에 익숙하지 않은 사람들이 많았다. 여전히 그 시대의 가치관이 남아있는 경우도 있어, 표현 방식에서도 서툴거나 부적절한 언어를 선택해 상대에게 오해나 상처를 주기도 하는 것이 현실이다.

현대 사회는 점점 더 다양하고 깊이 있는 소통을 요구한다. 사회적 상호 작용 속에서 감정을 전달할 뿐만 아니라 상대방의 입장에서 생각하고 공감하는 것이 중요해졌다. 그러나 여전히 많은 사람들이 자신의 생각을 일방적으로 전달하거나, 같은 표현이라도 상황에 맞지 않은 부적절한 언어를 사용하여 상대에게 상처를 주는 경우가 많다. 이러한 방식은 건강한 인간관계를 형성하는 데 걸림돌이 될 수 있다.

따라서 우리는 더 이상 과거의 가치관에만 머물러 있지 말고,

대화의 기술을 연마하고 상대방의 관점에서 말할 수 있는 능력을 길러야 한다. 이를 통해 서로의 감정과 생각을 존중하고 공감하는 대화를 할 수 있다.

같은 의미를 전달하더라도 유머와 가벼운 표현을 적절히 사용하며, 상대방이 편안하게 느낄 수 있는 단어 선택을 통해 대화를 더욱 원활하게 만들 수 있다. 예를 들어, 날카로운 언어를 사용하기보다는 완곡하게 표현하거나, 상대방의 마음을 헤아리는 방식으로 언어를 선택하는 것이 좋다. 이는 단순히 기분을 좋게 만드는 것뿐 아니라 상대방에게 더 깊이 있게 다가가는 효과를 줄 수 있다.

또한 우리는 자신의 대화 방식을 점검하고 복기하는 노력이 필요하다. 과거의 대화를 되짚어 보며, 특정 표현이 상대방에게 어떤 영향을 미쳤는지, 부정적인 감정이나 오해를 불러일으킬 표현이 있었는지를 분석해 보는 것이다. 이를 통해 개선할 점을 찾고 다음에는 더 나은 표현을 사용할 수 있도록 연습하는 것이 중요하다. 이러한 과정을 통해 우리는 더 나은 대화 방식을 익히고, 상대방을 배려하며 이해할 수 있는 성숙한 대화 스킬을 쌓을 수 있다.

건강한 소통을 위해서는 단순히 대화를 주고받는 것이 아니라, 서로의 마음을 이해하고 존중하는 표현 방법을 찾는 것이 핵심이다. 상대방의 감정과 입장을 고려하는 대화 방식은 관계를 더욱 깊고 풍성하게 만들어 준다.

이와 함께 유머러스하면서도 깊이 있는 표현, 상황에 맞는 단어 선택 등을 통해 분위기를 유연하게 조절할 수 있다. 적재적소에 맞는 단어와 표현을 구사함으로써 상대방에게 긍정적인 인상을 줄 수 있다. 이러한 대화 방식은 더 깊은 유대감을 형성하는 데 중요한 역할을 하며, 관계에 있어서도 긍정적인 영향을 미친다.

나아가, 사람들은 속 깊고 마음 넓은 사람으로 기억되고 싶은 마음이 있을 것이다. 이를 위해서는 대화의 그릇을 키우고, 상대방을 배려하는 대화 방식을 연습하는 것이 중요하다. 상대방이 나와의 대화에서 긍정적인 감정을 느끼고 편안함을 경험할 수 있도록 표현 방식을 갈고 닦는 것이 필요하다. 또한, 대화 중 상처를 주는 표현을 피하고, 상대방을 존중하는 대화 방식을 통해 신뢰를 쌓을 수 있다. 대화는 단순한 말의 교환이 아니라, 상대방과 감정을 나누고 유대감을 형성하는 과정이기 때문이다.

말은 사람의 인격을 반영하는 중요한 요소이다. 그 때문에 우리는 신중함과 자제력을 발휘하여 말을 아끼고, 필요할 때는 간결하고 적절한 언어를 사용하려는 노력을 기울여야 한다. 어떤 말이 상대방에게 상처를 줄 수 있을지 생각하고, 부정적인 감정을 표현할 때는 특히 조심해야 한다. 때로는 차분하고 온화한 표현을 사용하는 것이 상대방에게 더욱 긍정적인 영향을 미칠 수 있으며, 갈등을 피할 방법이 되기도 한다. 더불어, 자기 말이 언젠가 부메랑이 되어 되돌아올 수 있다는 사실을 명심하고 신중하게 표현하려는 자세가 필요하다.

결론적으로, 대화의 기술을 갈고닦는 것은 자신을 표현하고, 상대방과의 관계를 건강하게 만드는 데 매우 중요한 역할을 한다. 이를 통해 상대방의 마음을 이해하고 존중하며, 상대방이 편안함을 느낄 수 있도록 도울 수 있다. 현대 사회는 다양한 사람들과의 소통이 필수적인 시대이다. 따라서 우리는 대화 스킬을 꾸준히 연습하고 발전시켜야 한다. 이를 통해 건강하고 긍정적인 대화 문화를 형성하며, 보다 성숙하고 풍요로운 인간관계를 만들어 나갈 수 있다.

61.
3 Less & 3 More 원칙

나이가 들수록 삶의 지혜와 함께 찾아오는 변화

나이가 들면서 우리는 삶에서 많은 경험과 비결을 쌓게 된다. 이러한 지식과 경험은 우리의 소중한 자산이지만, 때로는 이러한 자산이 오히려 주변 사람들에게 부담이 될 수 있다. 특히 지나친 참견과 간섭, 그리고 잔소리는 사람들을 멀어지게 하고, 그로 인해 우리는 외로움을 느낄 수 있다. 이런 상황을 예방하고, 나이가 들수록 더 많은 사람들과 즐겁게 어울리기 위해서는 몇 가지 중요한 원칙을 기억하는 것이 중요하다.

3 Less: 말, 음식, 몸무게 줄이기

첫 번째로 '말을 줄이는 것'이다. 나이 든 사람들이 겪는 문제들 중 하나는 젊은 세대에게 자신의 경험과 지혜를 전달하려는 과도한 열망이다. 이러한 열망은 종종 지나친 잔소리로 이어질 수 있다. 잔소리는 듣는 이로 하여금 피로감을 느끼게 하고 결국에는 거리를 두게 만든다. 따라서 중요한 순간에만 핵심적인 조언을 하고, 나머지 시간에는 경청하는 자세를 가지는 것이 필요하다. 말을 줄이고, 들을 때 더 집중하면, 대화의 질이 높아지고 관계는 더욱 견고해질 것이다.

두 번째로, '음식을 줄이는 것'이다. 나이가 들면 신진대사가 느려지고, 과도한 음식 섭취는 건강에 악영향을 미칠 수 있다. 또한, 과도한 음식 제공이나 식사에 대한 집착은 주변 사람들에게 부담이 될 수 있다. 적절한 양의 음식을 즐기고, 건강을 유지하는 것이 중요하다. 이를 통해 우리는 활기찬 생활을 유지할 수 있으며, 주변 사람들에게도 건강한 생활 습관을 전파할 수 있다.

세 번째, '몸무게를 줄이는 것'이다. 과도한 체중은 여러 건강 문제의 원인이 된다. 나이가 들수록 운동과 식이 조절을 통해 적절한 체중을 유지하는 것이 중요하다. 건강한 신체는 활동적인 삶을 가능하게 하며, 이는 자연스럽게 사람들과의 만남과 교류를 촉진한다.

3 More: 웃음, 칭찬, 경청 늘리기

첫 번째로 '웃음을 늘리는 것'이다. 웃음은 사람들을 끌어들이는 강력한 도구다. 긍정적인 에너지와 밝은 분위기를 만드는 데 큰 역할을 한다. 자주 웃고, 주변 사람들과 유머를 나누는 것은 관계를 더욱 깊고 즐겁게 만들어 준다. 웃음은 스트레스를 줄이고, 마음의 여유를 찾게 해 준다.

두 번째로, '칭찬을 늘리는 것'이다. 칭찬은 사람들에게 자신감을 주고, 긍정적인 관계를 형성하는 데 도움을 준다. 진심 어린 칭찬은 상대방으로 하여금 존중받고 있다는 느낌을 갖도록 하며, 이는 관계를 더욱 견고하게 만든다. 작은 일에도 칭찬을 아끼지 말고, 상대방의 장점을 인정해 주는 자세를 가지는 것이 중요하다.

세 번째로 '경청을 늘리는 것'이다. 경청은 상대방에게 관심을 가지고 있음을 나타내는 중요한 행위다. 사람들은 자신이 존중받고 있다고 느낄 때 더욱 친밀감을 느끼고, 그 관계는 깊어진다. 상대방의 이야기를 귀 기울여 듣고, 그들의 감정과 생각을 이해하려는 노력을 기울이는 것이 중요하다. 경청은 단순히 듣는 것이 아니라, 상대방의 관점에서 공감하고 이해하는 능력이다.

Less Talk, More Listen: 관계를 유지하는 핵심 가치

마지막으로 'Less Talk, More Listen'의 원칙을 항상 명심해야 한다. 나이가 들수록 자신의 이야기를 줄이고, 상대방의 이야기를 더 많이 듣는 태도가 중요하다. 이는 단순히 잔소리를 줄이는 것을 넘어서, 진정한 소통의 핵심을 이루는 원칙이다. 대화에서 자신이 주도권을 잡으려 하지 않고, 상대방의 의견을 존중하며 들어주는 자세는 관계를 긍정적으로 유지하는 데 큰 도움이 된다.

이러한 원칙을 통해 우리는 나이가 들어도 여전히 주변 사람들과 즐겁고 의미 있는 관계를 유지할 수 있다. 말과 음식 몸무게를 줄이고, 웃음과 칭찬, 경청을 늘리는 것은 단순히 우리의 행동을 조절하는 것을 넘어서 우리 삶의 질을 높이고, 더 많은 사람들과 깊고 긍정적인 관계를 맺는 데 이바지한다. 따라서 이러한 원칙을 일상생활에서 실천하며, 더 나은 관계를 만들어 나가는 데 힘써야 한다.

62.
수평적 사고와 존중

퇴직 후에도 지속 가능한 인간관계의 조건

사회생활을 하다 보면 우리는 다양한 관계 속에서 살아가게 된다. 이러한 관계는 대개 수직적 또는 수평적 구조로 형성되며, 구체적으로는 상사와 부하, 선배와 후배, 혹은 동료 관계로 나뉜다. 이러한 관계는 직장이나 특정 공동체 내에서 정해진 역할과 위치에 따라 자연스럽게 형성된다. 하지만 이러한 관계는 퇴직 이후 어떻게 변화하고 유지될 수 있을까?

직장 내에서 형성된 관계는 일반적으로 공적인 역할 수행을 중심으로 이루어지기 때문에, 퇴직이나 조직의 해체와 함께 그 관계도 자연스럽게 소멸되기 쉽다. 그러나 일부 관계는 퇴직 이후에도 지속될 수 있다. 이러한 지속 가능성을 결정짓는 핵심 요소는 무엇일까? 그것은 서로 간의 수평적 사고, 상호 존중, 그리고 진정성 있는 예우에 달려 있다.

퇴직 후 관계의 전환: 수직에서 수평으로

퇴직 이후의 관계를 긍정적으로 유지하기 위해서는 기존의 수직적 관계에서 벗어나 수평적 사고로 전환해야 한다. 직장에서의 관계는 대개 직책과 연차에 의해 형성되었기에 상하 구도가 뚜렷하다. 하지만 퇴직 후에는 더 이상 조직 내 역할이 유효하지 않기 때문에 과거의 상하 관계를 그대로 유지하려는 태도는 오히려 관계를 경직시키고 단절을 초래할 수 있다.

예를 들어, 상사가 퇴직 이후에도 부하 직원에게 권위적인 태도를 유지하거나, 선배가 후배에게 계속해서 충성심을 요구한다면 이는 자연스러운 관계의 발전을 방해하게 된다. 퇴직 이후의 관계는 공적인 경계를 넘어선 개인적 유대감과 진정성에 기반해야 하며, 이를 위해서는 상호 간의 수평적 사고가 필수적이다. 즉 더 이상 상대방을 직책이나 역할로 대하지 않고 한 인간으로 존중하는 태도가 필요하다.

예우와 존중: 지속 가능한 관계의 기본

퇴직 후에도 과거의 관계를 지속하려면 예우와 존중이 필요하다. 이는 단순히 상대방을 공손히 대하는 것 이상으로 서로의 삶과 가치를 인정하는 태도에서 비롯된다. 예를 들어, 과거의 선배와 후배 관계가 수평적 사고를 바탕으로 전환되면, 양측은 상대방을 나이나 직책이 아닌 동등한 위치에서 바라보며 서로를 존중할 수 있게 된다.

또한, 과거의 추억과 관계에 대한 기본적인 예우도 중요하다. 이는 지나친 의무감이나 강요가 아닌 자연스러운 마음으로 나오는 것이어야 한다. 퇴직 후에도 상대방을 배려하고 진심으로 대하는 태도는 오랜 관계를 더욱 공고히 하는 기반이 된다. 과거의 관계를 지나치게 강조하거나 유지하려고 애쓰기보다는 적절한 거리를 유지하며 상대방의 현재를 존중하는 태도가 더 바람직하다.

강요 없는 자연스러운 관계 유지

퇴직 후 관계를 건강하게 지속하려면 무엇보다 강요를 피해야한다. 직장 내에서 형성된 관계는 대개 일정한 기대치와 의무감에 의해 유지되었지만, 퇴직 후에는 이러한 구속에서 벗어나 자유로운 관계를 형성할 필요가 있다.

상사나 선배가 과거의 권위를 바탕으로 계속해서 지시하거나 후배에게 지나친 충성을 요구하는 것은 바람직하지 않다. 반대로, 후배가 선배에게 과도한 의존심을 보이는 것도 관계의 균형을 깨뜨릴수 있다. 이러한 점에서 퇴직 후의 관계는 자연스러움이 중요하다. 서로에 대한 부담감을 덜어내고, 상대방의 새로운 삶과 방향성을 인정하며, 필요할 때만 소통하는 태도가 바람직하다. 이는 상대방에게 강요 없이 서로를 존중하는 태도를 보이는 것으로부터 시작된다.

지속 가능한 만남을 위한 조건

결국 퇴직 후에도 관계를 지속할 수 있는 핵심은 서로 간의 수평적 태도와 존중, 그리고 진정성 있는 예우다. 과거의 관계를 억지로 유지하려 하기보다는 자연스러운 흐름 속에서 서로의 변화를 인정하고 적절한 거리를 유지하는 것이 중요하다. 이러한 태도를 바탕으로 할 때, 퇴직 후에도 관계는 더 나은 방향으로 발전할 수 있다.

이와 같은 조건들이 충족될 때 퇴직 후에도 과거의 관계는 단순한 추억으로 끝나지 않고, 새로운 형태로 지속 가능하게 된다. 인간관계의 본질은 서로의 존재를 인정하고 존중하는 데 있다는 점을 기억해야 한다. 퇴직 후에도 건강하고 의미 있는 관계를 이어가는 노력을 기울인다면, 개인적인 만족감과 사회적 유대감 모두를 충족시킬 수 있을 것이다.

63.
소중한 사람 그 의미와 관계의 재발견

살면서 우리는 끊임없이 '나에게 가장 소중한 사람은 누구인가?'라는 질문을 던지며 자신을 돌아볼 필요가 있다. 이는 단순한 질문처럼 보이지만, 실제로는 삶의 다양한 시기마다 그 답이 달라질 수 있으며, 우리의 가치관과 인생의 우선순위를 재정비하는 중요한 과정이 된다. 태어나서부터 자아가 확립되기 전까지, 우리는 부모나 보호자의 손길 아래 살아간다.

이때 우리는 자신이 누구인지도 잘 모르고, 세상의 위험이나 고통으로부터 보호받아야만 하는 존재이다.

이 시기에는 자연스럽게 부모님, 혹은 우리를 돌봐 주는 사람들이 가장 소중한 사람으로 자리 잡는다.

어린 시절과 학창 시절을 거치며 우리는 친구들과 교사들, 그리고 가족을 통해 사회와의 상호 작용을 배운다. 누군가에게 보호받고 의지하며 관계를 맺는 과정을 겪는다. 이 시기에 우리는 부모님 외에도 친구들이나 교사들, 형제자매들이 우리 삶에서 중요한 사람으로 자리 잡을 수 있다. 이들은 우리의 정서적, 정신적 발전에 이바지한다.

그러나 성인이 되어 자아가 확립되면, 우리는 독립된 사회적 존재로서 자신만의 세계를 만들어 가게 된다. 사회생활을 시작하며 직장 동료, 친구, 연인 등과 관계를 맺고, 그들 중 일부는 우리에게 새로운 의미를 부여하며 삶에서 중요한 사람들로 자리 잡는다. 이때부터는 더 이상 부모나 보호자에게만 의존하지 않으며, 우리 자신이 중요한 사람들의 삶에 영향을 미치는 존재로 발전하게 된다.

결혼을 통해 새로운 가정을 꾸리게 되면, 우리는 가족의 중심에 서게 된다. 이 시기에는 배우자와 자녀가 가장 중요한 사람들로 자리 잡는다. 가정을 이끌어 가며 서로에게 의지하고, 책임을 다하는 과정에서 우리는 사랑과 신뢰를 쌓아 가게 된다. 배우자는 우리가 인생의 동반자로서 함께 걸어가는 사람이며, 자녀는 우리 삶의 연장선으로 새로운 의미와 목표를 제시한다.

그러나 시간이 지나 자녀들이 성장하고 출가한 후에는, 부부만이 남게 된다. 이 시기에는 다시 배우자가 가장 중요한 사람으로 돌아온다. 함께 나이가 들어 가며, 서로를 돌보고 이해하며 남은 삶을 함께 보내는 동반자로서, 배우자는 노년의 삶에서 다시 한 번 중요한 인물로 자리 잡게 된다.

이러한 인생의 다양한 시기 속에서 우리는 끊임없이 중요한 사람들과의 관계를 형성하고, 그들로부터 영향을 받는다. 하지만 중요한 것은 단순히 그들이 '중요한 사람'이라는 것만이 아니라, 우리가 그들을 어떻게 대하고 있느냐다.

혹시나 우리가 지금 가장 소중하고 중요한 사람에게 마음의 상처를 주고 있지는 않은지, 근심과 걱정을 끼치고 있지는 않은지 자문해 볼 필요가 있다.

가장 소중한 사람은 때로는 가까이 있기 때문에 소홀히 대하기 쉽다. 그들이 늘 우리 곁에 있을 것이라는 생각에 무심코 상처를 주거나 그들의 소중함을 잊는 경우가 많다. 그렇기에 우리는 그들이 얼마나 중요한 존재인지 끊임없이 상기해야 한다. 특히나 그 소중한 사람이 때로는 우리에게 미움의 대상이 될 수도 있다. 사랑하는 사람일수록 때로는 다툼이 잦아지고, 그들이 밉고 귀찮게 느껴질 수도 있다. 그러나 그럴 때일수록 그 사람이 우리에게 얼마나 중요한 사람인지를 잊지 말아야 한다.

우리가 미워하는 그 사람이 어쩌면 가장 소중한 사람일 수 있다. 많은 사람들이 시간이 지나고 나서야 비로소 소중한 사람의 의미를 깨닫고 후회하는 경우가 많다. 후회는 너무 늦기 전에 피해야 할 감정이다.

우리 곁에 있는 소중한 사람들에게 진심 어린 사랑과 관심을 표현하고, 그들과의 관계를 소중히 여겨야 한다. 그들이야말로 우리가 인생에서 가장 지켜야 할 보물 같은 존재이다.

삶의 순간순간마다 중요한 사람은 바뀔 수 있지만, 그들에게 항상 감사하는 마음과 진심을 담아 대하는 것이 우리의 과제이다. 그들을 소중히 여기지 않으면 지나고 나서 후회하는 날이 올 수도 있다.

64.
부모와 자식 사이, 새로운 변화

우리 사회는 오랫동안 자녀가 부모를 모시는 것을 당연시해 왔다. 이러한 전통적 정신문화는 오랜 시간 동안 우리의 문화 시스템 중 하나로 자리 잡았고, 자녀가 부모를 모시는 일은 자연스럽고 바람직한 것으로 여겨졌다. 그러나 시간이 지나면서 이러한 가치관에도 변화가 생기고 있다. 부모를 모시는 것에 대한 의무감을 느끼던 마지막 세대와 달리, 요즘 젊은 세대는 부모보다 자신의 삶과 행복을 우선시하는 경향이 두드러지고 있다.

이와 같은 변화는 자녀 세대뿐만 아니라 부모 세대의 생각에도 큰 영향을 미치고 있다. 과거에는 부모가 자녀에게 의지하는 것이 당연한 것으로 여겨졌다면, 이제는 '자식에게 의지하지 않겠다'는 부모의 생각도 점점 더 많아지고 있다. 이는 자녀에게 부담을 주기보다는 자신의 삶을 독립적으로 영위하려는 의지의 표현으로 해석될 수 있다. 부모를 모시는 것에 관해 부담을 느끼는 자녀의 생각과 자녀에게 의지하지 않겠다는 부모의 생각은 모두 시대적 변화 속에서 나타난 현상이다.

특히 이러한 변화의 흐름 속에서 양쪽의 역할을 모두 수행하지 못하는 '낀 세대'의 고충은 더욱 두드러진다. 이들은 부모 세대를 모셔야 한다는 전통적 의무감과 자녀 세대가 자신들을 모셔줄 것이라는 기대감 사이에서 갈등을 겪고 있다. 한편으로는 부모를 모서야 한다는 압박감을 느끼고, 다른 한편으로는 자녀에게 자신을 의지할 수 없다는 생각에서 오는 불안감을 느끼기도 한다. 이러한 이중적인 상황을 낀 세대에게 심리적, 감정적 어려움을 가져다주며, 그들의 삶을 더욱 복잡하게 만든다.

그러나 시대의 흐름에 순응하며 긍정적인 태도로 변화에 적응하는 것도 필요하다. 고집스러운 태도보다는 열린 마음으로 새로운 환경을 받아들이고, 변화를 주도적으로 수용하는 자세가 요구된다. 예를 들어, 부모와 자녀가 서로의 독립성을 존중하며 서로의 삶을 지지해 주는 형태로 관계를 재적립할 수 있다. 자녀는 부모의 노후를 존중하고 지원하면서도 자신의 삶을 유지하고, 부담을 주지 않고 독립적인 삶을 추구할 수 있다.

이러한 변화들은 우리의 전통적인 가족 문화와 생활 방식에 큰 도전을 가져다주고 있지만, 한편으로는 우리에게 새로운 기회를 제공하기도 한다.

새로운 시대의 요구에 맞게 가족의 역할과 의미를 재정의 하고, 서로 존중하며 독립적이지만 함께 성장할 방법을 모색하는 과정은 긍정적인 변화로 해석될 수 있다.

그런데도 이러한 변화 속에서 아직도 개운하지 않은 마음이 남아있는 것도 사실이다. 오랜 시간 동안 당연하게 여겨졌던 가치관이 변화하면서 발생하는 혼란과 불안은 자연스러운 일이다. 그렇지만 이러한 변화를 받아들이는 과정에서 생기는 감정들을 충분히 이해하고, 서로의 입장을 존중하며 대화하는 자세가 중요하다. 부모와 자녀 모두가 서로의 삶을 이해하고 존중하는 과정에서 우리는 더 나은 가족 문화를 만들어 갈 수 있을 것이다.

65.
적당한 거리와 사랑, 자녀 양육의 균형

자식 농사는 100년 농사

"자식 농사는 100년 농사"라는 말은 자식의 양육이 그만큼 중요하고 어렵다는 것을 함축하고 있다. 이는 단순히 아이를 낳고 키우는 일이 아니라, 한 개인의 삶과 미래에 깊은 영향을 미치는 일이기 때문이다. 과거에는 가정마다 10명에 가까운 자녀를 낳아 키우는 일이 흔했다. 당시에는 산아 제한도 없었고, 물질적으로 풍족하지 못한 상황이 대부분이었다. 부모는 자녀들에게 충분한 관심과 사랑을 줄 여력이 부족했지만, 그 속에서도 자녀들은 각자의 타고난 성품과 운명에 따라 성장하며 세상에 적응했다. 그중에는 건강하고 훌륭한 사람으로 성장해 성공한 자녀도 있었고, 부족한 환경에서도 자신의 삶을 즐기며 살아가는 자녀도 있었다. 이처럼 각기 다른 환경과 성격, 운명 속에서 자녀들은 자립적으로 성장하며 자신의 길을 찾아갔다.

현대 사회의 한 자녀 가정

그러나 현대 사회는 과거와는 사뭇 다른 양상을 보인다. 오늘날에는 한두 명의 자녀를 낳아 금이야 옥이야 키우는 가정이 많다. 부모는 경제적 여건이 과거보다 나아진 만큼 자녀에게 풍족함을 제공하려 하고, 모든 사랑과 관심을 쏟아 부으며 자녀를 키운다. 그러나 이렇게 과잉 보호와 과잉 관심 속에서 자란 아이들이 항상 긍정적인 결과를 낳는 것은 아니다.

과잉 보호로 인해 자녀는 독립심과 문제 해결 능력을 기르지 못하거나, 자기중심적인 성향을 보이게 되는 경우가 많다. 모든 것이 풍족한 환경 속에서 자란 아이들은 어려움과 부족함을 경험하지 못했기에, 사회에서 맞닥뜨리는 도전과 시련에 대해 내성이 약할 수 있다.

주말농장과 양육의 공통점

한편, 자녀 양육의 문제를 주말농장에서 작물을 기르는 경험에 비유해 볼 수 있다. 처음에는 농사에 대해 잘 알지 못한 채 대충 물을 주고 잡초를 뽑는 방식으로 작물을 관리했지만, 그런데도 수확의 기쁨을 맛볼 수 있었다.

그러나 욕심이 생겨 더 많은 수확을 기대하며 지나치게 자주, 그리고 과도한 양의 퇴비를 준 결과 작물이 망가진 경험이 있었다. 이 경험을 통해 중요한 교훈을 얻었다. 작물이든 사람이든 지나친 관심과 사랑이 오히려 해가 될 수 있다는 점이다. 적절한 거리와 균형 잡힌 사랑과 관심이야말로 건강한 성장에 필수적이라는 사실을 깨달았다.

적절한 사랑과 관심의 중요성

자녀 양육에서도 이 원칙은 동일하게 작용한다. 자녀에게 사랑과 관심을 주는 것은 부모의 당연한 책임이지만, 그 범위와 강도가 지나치게 되면 자녀의 자립심과 건강한 성장에 부정적인 영향을 미칠 수 있다. 모든 것을 대신해주기보다는 스스로 경험하고 문제를 해결할 기회를 주는 것이 필요하다.

또한, 자녀가 세상에 적응하며 자신의 길을 찾아갈 수 있도록 돕는 것이 부모의 역할이다. 자녀를 완벽하게 보호하고 모든 어려움을 대신 해결하려는 과잉보호는 자녀가 성장할 기회를 빼앗는 행위일 수 있다.

자식 농사는 단순히 자녀를 키우는 일을 넘어, 한 세대의 미래를 준비하는 일이다. 과거의 많은 자녀를 키우던 환경에서든 현대의 적은 자녀를 키우는 환경에서든 중요한 것은 적절한 사랑과 관심, 그리고 자녀가 스스로 성장할 기회를 제공하는 것이다. 부모는 자녀를 위해 균형 잡힌 환경을 조성해야 하며, 지나치지도 부족하지도 않은 적당한 거리를 유지해야 한다.

사람이든 작물이든 적절한 환경이 조성되어야 건강하게 성장할 수 있다. 지나친 사랑과 관심이 자칫 해가 될 수 있다는 사실을 잊지 말아야 하며, 자녀가 자신의 삶을 스스로 꾸려 나갈 수 있도록 돕는 것이야말로 진정한 사랑임을 기억해야 한다.

66.
추억을 되새기며 관계를 지키는 지혜

살다 보면 우리는 늘 웃으며 좋은 일만 경험할 수 없고, 듣기 좋은 말만 들으며 칭찬과 격려 속에만 살 수는 없다. 우리 삶에는 여러 가지 불가피한 상황들이 있고, 때로는 예상치 못한 사람들로부터 억울한 말을 듣거나 비판을 받기도 한다. 그 과정에서 상처를 받기도 하고, 나 자신에게 실망하고 미워지는 감정을 느끼게 되는 순간들도 생긴다.

우리가 살아가는 동안 모든 일이 내 뜻대로 되는 것은 아니다. 때로는 내가 저지른 실수나 미숙한 행동들이 결국 부메랑처럼 돌아와 나에게 영향을 미치기도 한다. 그로 인해 예상하지 못했던 결과를 맞이하거나, 다른 사람에게 비난을 받기도 한다. 신빙성이 떨어지는 이야기가 돌고 돌아 나에 대한 오해와 편견으로 자리 잡는 경우도 있고, 사실과 다른 " ~ 카 더라" 식의 뒷담화가 들려오기도 한다. 이런 말들이 나의 평판에 나쁜 영향을 미치고, 그로 인해 주변 사람들과의 관계가 틀어질 때 마음이 아프고 억울한 기분이 들게 된다. 내 행동이 불러온 결과일 수도 있지만, 그렇다고 해서 그 모든 비난이 합당하다고 생각되지는 않기 때문이다. 이런 순간들은 우리가 사람 사이의 관계에서 겪을 수밖에 없는 어려움이기도 하다.

그런가 하면, 우리가 가까이 지내던 사람들과의 관계에서도 이러한 어려움은 생기곤 한다. 오랜 시간 함께하며 소중한 추억을 쌓은 친구, 동료, 선후배, 그리고 사랑하는 사람과도 예상치 못한 갈등이나 오해로 인해 서운한 감정이 생기고, 거리가 멀어지는 경우가 있다. 과거에는 그 사람과 함께한 순간들이 즐겁고 좋았는데, 어느 순간부터 관계에서 어색함이 느껴지고, 가까이 다가가기 힘든 거리감이 생겨나는 것을 느끼게 된다. 서로에 대한 감정이 식어 가거나, 그 사람과의 관계가 예전 같지 않음을 자각하는 순간 마음이 복잡해진다. 이럴 때 우리는 그와의 좋은 추억을 떠올리며 한때의 긍정적인 감정을 되새기곤 한다.

이처럼 가까웠던 사람들과의 관계가 소원해졌을 때는 추억을 통해 그때의 좋은 감정을 다시 불러오는 방법이 큰 도움이 될 수 있다. 함께 찍은 사진이나 영상, 공유한 추억의 장소 등을 다시 살펴보며 과거의 좋은 순간들을 상기하는 것이다. 사진첩을 꺼내어 그 시절 즐거웠던 기억을 떠올리며 그때의 감정을 되살려 보면 마음이 조금 더 편안해지고, 그 사람에 대한 거리감이나 미워지는 감정도 차츰 사라질 수 있다. 이러한 감정들은 시간이 지나면 잊히기도 하지만, 우리가 노력하지 않으면 그 감정들을 온전히 되살리는 것은 쉽지 않다.

따라서 긍정적인 감정을 다시 떠올리며, 관계를 회복하기 위한 작은 노력들을 지속하는 것이 중요한 이유이다. 또한 우리는 관계 속에서 쌓아 온 좋았던 감정의 '마일리지'를 기억하는 것이 필요하다. 사람과의 관계는 언제나 좋기만 할 수 없고, 때로는 갈등도 생기고 서로에 대한 기대가 실망으로 바뀌는 경우도 많다. 그럴 때마다 그동안 쌓아 온 긍정적인 감정의 마일리지를 되새겨 보면서, 이 관계가 얼마나 소중했는지를 떠올리는 것이 관계 유지에 큰 도움이 된다. 마일리지는 비록 당장 눈에 보이지는 않지만, 어려운 시기에 다시 관계를 이어주는 연결고리 역할을 해주기도 한다. 관계가 힘들어질 때마다, 이 마일리지를 잘 기억하며 그동안의 좋았던 시간을 생각해 보면 지금의 불편한 상황도 조금 더 긍정적으로 볼 수 있다.

살면서 우리는 수많은 사람을 만나고 헤어지며 다양한 경험을 한다. 그 과정에서 나도 모르게 상처를 주고받기도 하고, 예상치 못했던 실수를 저질러 주변 사람들에게 미움을 받기도 한다. 하지만 실수를 통해 성장할 수 있는 기회로 삼고, 억울한 소문에 휘말려 힘든 순간에도 내 본래의 모습을 잃지 않는 것이 중요하다. 때로는 지나가는 소문에 흔들리기보다는 내 가치와 믿음을 굳건히 지키며, 주변의 관계 속에서 긍정적인 부분을 기억하는 것이 삶을 좀 더 단단하게 만들어 준다.

결국 삶에서 가장 중요한 것은 사람과 사람의 관계이며, 그 안에서 얻는 기쁨과 슬픔, 그리고 경험을 통해 우리는 성장한다. 좋은 관계를 위해 긍정적인 감정을 쌓아 가고, 그것을 유지하기 위해 노력하는 자세가 필요하다. 우리는 늘 좋은 일만을 겪을 수는 없지만, 좋았던 기억과 감정을 소중히 간직하며 어려운 시기를 지나더라도 그 감정을 바탕으로 다시 관계를 이어갈 수 있다. 이렇게 살아가는 것이야말로 진정한 삶의 지혜가 아닐까?

67.
향기 나는 사람이 되는 길

우리는 삶이라는 여정을 걸어가며 수많은 사람들과 마주하고, 다양한 관계 속에서 살아가게 된다. 가족, 이웃, 친구, 직장 동료, 사회의 여러 구성원들까지, 우리 인생은 이처럼 수많은 이해관계자와의 만남과 관계의 연속이라 해도 과언이 아니다. 그러한 만남 속에서 우리가 진정 추구해야 할 삶의 자세는 무엇일까?

그것은 바로 서로에게 상처를 주지 않으려는 마음, 그리고 더불어 살아가려는 태도일 것이다. 세상을 살아가다 보면, 때때로 억울한 일을 당하기도 하고, 마음에 상처를 입기도 하며, 이해받지 못한 채 서운함을 느끼는 순간도 있다. 그러나 그럴 때일수록 우리는 감정을 삭이고 깊은 호흡을 하며 상대방을 이해하려고 노력해야 한다.

우리는 완전하지 않기에, 서로가 서로에게 실수도 하고, 오해도 하고, 상처를 줄 수도 있다. 그렇다고 해서 그것을 되갚고자 하거나, 지나친 민원을 제기하거나, 상대를 힘들게 하는 방식으로 응수한다면 그것은 또 다른 상처를 만들고, 우리 사회를 더욱 각박하게 만들 뿐이다. 상처를 덧내는 방식이 아니라, 이해와 배려의 방식으로 풀어 나가는 지혜가 필요하다.

그런 삶의 태도는 곧 내가 향기 나는 사람으로 살아가는 길이
된다. 상대에게 고통이나 부담을 주는 말보다는 온화하고 따뜻한
말 한 마디가, 억울함을 참으며 내뱉는 긍정의 미소 하나가, 결국에
는 나 자신을 빛나게 만든다. 언뜻 보기엔 손해 보는 듯하고, 억울
한 듯 느껴질 수 있지만, 그러한 사려 깊음과 인내는 반드시 돌아
오게 되어 있다.

삶에서 행한 선한 말과 행동, 따뜻한 배려는 절대 헛되지 않는
다. 지금은 보이지 않아도 그 은덕은 언젠가 나에게 열 배, 백 배의
좋은 인연과 복으로 되돌아 오게 된다. 우리가 뿌린 말의 씨앗, 행
동의 씨앗은 반드시 열매로 맺어지기 마련이다. 그것이 인간관계의
법칙이며, 세상을 살아가는 또 하나의 진실입니다.

이 세상은 혼자 살아갈 수 있는 곳이 아니다. 내가 누군가에게
힘이 되어 주고, 상대 또한 나에게 힘이 되어 주는 것이 우리가 살
아가는 공동체의 모습이다. 그렇기에 우리는 함께 사는 삶의 지혜
를 배워야 한다. 내가 조금 양보하고, 내가 먼저 웃고, 내가 먼저
손을 내밀어야만 관계는 회복되고, 세상은 조금 더 따뜻해진다.

누군가에게 화가 났을 때, 감정에 치우치기보다는 '나도 저럴 때
가 있었지' 하고 생각해 보는 마음, 무심코 던진 말 한 마디가 상대
에게 깊은 상처가 될 수 있음을 기억하는 태도, 다툼보다는 대화
를, 비난보다는 공감하는 선택이 결국 나를 더 성숙하게 만든다.
사람은 관계 속에서 성숙하고, 그 관계는 결국 나의 품성과 인격을
반영한다.

항상 사랑하는 마음을 품고, 따뜻한 시선을 간직하며, 가능한
한 누구도 상처받지 않게 하려고 노력한다면, 우리는 비로소 '향기

나는 사람'으로 살아갈 수 있다. 그 향기는 말로 표현할 수 없지만, 누구나 느낄 수 있는 깊은 울림이 되어 주변을 편안하게 만들고, 신뢰받는 존재로 우뚝 서게 한다.

사람의 향기는 향수가 아닌 마음에서 나온다. 그 마음은 온화한 말투에서, 배려 깊은 시선에서, 불편한 상황에서도 끝까지 예의를 지키는 인내심에서 배어 나온다. 이런 향기를 가진 사람은 어디에 있어도 사람을 끌어당기고, 신뢰를 얻으며, 결국엔 자신도 더 큰 복을 누리게 된다.

인생은 짧고, 사람과의 인연은 언제 끝날지 알 수 없다. 그렇기에 우리는 매 순간을 소중히 여기며, 누군가에게 짐이 아닌 위로와 희망이 되는 사람으로 살아가야 한다. 말 한 마디, 행동 하나, 태도 하나가 결국 나의 삶을 결정짓는 열쇠가 된다.

오늘 하루도, 나로 인해 누군가가 위로받고 웃을 수 있다면, 그것만으로도 충분히 의미 있는 삶이다. 억울함을 감내하고, 상처를 주기보다는 감싸 안으며 살아가는 그런 사람이야말로, 이 시대에 진정 필요한 '향기 나는 사람'일 것이다.

68.
삶의 덫을 피하는 지혜

세상을 살아가다 보면 수많은 선택과 결정을 해야 하는 순간이 찾아온다. 그 과정에서 우리는 의도치 않게 다양한 덫에 걸리곤 한다. 이러한 덫은 우리의 삶을 어렵게 하고, 때로는 돌이킬 수 없는 상황으로 몰아넣기도 한다. 따라서 매 순간 현명하고 지혜로운 사리 분별력을 가지고 행동하는 것이 중요하다. 이는 단순한 삶의 기술을 넘어, 올바른 삶의 태도와 가치관을 형성하는 데 필수적이다.

욕망과 유혹의 덫

삶에서 가장 흔히 접하는 덫은 욕망과 유혹이다. 누구나 더 나은 삶을 꿈꾸며 다양한 기회를 추구한다. 하지만 때로는 그 욕망이 지나쳐 무리한 결정을 하게 되고, 이는 곧 덫으로 작용한다. 예를 들어, 최근 몇 년간 부동산 시장의 과열로 인해 젊은 세대들은 무리한 '영끌'(영혼까지 끌어 모아 투자) 대출로 부동산에 투자하는 경우가 많았다. 초기에는 부동산 가격 상승에 대한 기대감이 컸지만, 이후 경기 침체와 금리 인상이 겹치면서 상황은 급변했다. 대출 부담은 가중되고 부동산 가격은 하락하면서, 이들은 더 이상 나아갈 수도 물러설 수도 없는 상황에 갇히고 말았다.

또 다른 예는 주식 투자에서 찾아볼 수 있다. 손쉽게 돈을 벌 수 있다는 일확천금의 꿈에 빠져, 무리하게 주식 거래를 하거나 검증되지 않은 정보에 의존해 투자하다 보면 큰 손실을 경험하게 된다. 이러한 경험은 단순히 경제적인 손실에 그치지 않고, 개인의 삶 전반에 걸쳐 부정적인 영향을 미친다. 욕망과 유혹은 우리가 더 나은 삶을 살도록 동기 부여를 주기도 하지만, 이를 통제하지 못할 때 큰 덫으로 작용할 수 있음을 명심해야 한다.

말의 덫

삶에서 덫은 단지 물질적인 것에만 국한되지 않는다. 우리의 언어 또한 강력한 덫이 될 수 있다. 감정이 격해지거나 상황이 예민할 때, 무심코 내뱉은 한 마디가 돌이킬 수 없는 결과를 초래하는 경우가 많다. 특히 오랜 시간 동안 참고 참다가 한순간에 터뜨린 말은 상대방에게 깊은 상처를 주고, 결국 인간관계의 단절로 이어질 수 있다.

예를 들어, 가족이나 친구, 직장 동료와의 갈등 상황에서 적절히 표현하지 못한 감정은 언젠가 폭발하게 된다. 이러한 상황에서 내뱉은 말은 후회로 남지만, 이미 관계는 회복하기 어려운 상태가 되는 경우가 많다. 결국 우리는 말의 덫에 스스로 갇히게 된다. 따라서 말하기 전에는 항상 그 말이 어떤 결과를 초래할지 심사숙고하고, 상대방의 관점에서 한 번 더 생각하는 자세가 필요하다.

관계와 만남의 덫

사람과 사람 사이의 관계에서도 덫은 존재한다. 처음에는 좋은 의도와 순수한 마음으로 시작된 관계도 시간이 지나면서 다양한 문제로 인해 악화할 수 있다. 특히 기대와 실망이 반복되면, 서로에 대한 불신과 오해가 쌓이게 된다. 이 과정에서 우리는 관계 자체가 덫처럼 느껴질 때가 있다. 예를 들어, 상대방에 대한 지나친 의존이나 통제, 혹은 상대방의 마음을 헤아리지 못하는 무관심은 관계를 파탄으로 이끌 수 있다.

사람과의 만남은 우리 삶을 풍요롭게 만들지만, 동시에 적절한 거리와 경계를 유지하지 못하면 큰 상처와 후회를 남기기도 한다. 따라서 모든 관계에서 서로를 존중하며, 자신의 감정과 상대방의 감정을 균형 있게 바라보는 태도가 중요하다.

덫에서 벗어나기 위한 태도

삶에서 덫에 걸리지 않기 위해서는 몇 가지 중요한 태도를 견지해야 한다.

심사숙고와 사리 분별력: 모든 결정과 행동에 앞서 충분히 고민하고, 다양한 가능성을 고려해야 한다. 감정이나 순간의 충동으로 움직이지 말고, 긴 안목으로 상황을 바라보는 지혜가 필요하다.

절제와 균형 감각: 욕망을 적절히 통제하고, 과도한 기대나 탐욕에서 벗어나야 한다. 지나친 욕망은 자신을 덫에 가두는 가장 큰 원인이 된다. 균형 잡힌 삶을 추구하며, 필요 이상의 것을 바라지 않는 태도가 중요하다.

자기 성찰: 자기 행동과 말, 그리고 선택을 끊임없이 돌아보는 습관이 필요하다. 이는 현재 내가 어디에 서 있는지, 그리고 앞으로 나아가야 할 방향을 명확히 설정하는 데 큰 도움이 된다.

타인의 시선에서 바라보기: 인간관계에서 덫에 걸리지 않기 위해서는 항상 상대방의 관점에서 상황을 바라보려는 노력이 필요하다. 말과 행동이 상대방에게 어떤 영향을 미칠지 생각하는 태도가 관계를 건강하게 유지하는 데 도움을 준다.

삶은 수많은 선택과 만남으로 이루어져 있다. 그 과정에서 우리는 의도치 않게 덫에 걸릴 수 있다. 하지만 중요한 것은 그러한 상황을 미리 인지하고 대비하는 태도이다. 욕망과 유혹, 말과 관계에서 비롯되는 덫에 현명하게 대처하기 위해서는 항상 신중함과 균형감을 유지해야 한다. 매순간 삶을 깊이 성찰하고, 사리 분별력을 발휘하며, 타인과의 관계에서 배려와 존중을 실천한다면, 덫을 피할 수 있을 뿐 아니라 더욱 풍요롭고 행복한 삶을 살아갈 수 있을 것이다.

69.
여유롭게 사는 3등의 미학

인생을 50년 넘게 살아보며, 뒤를 돌아보니 삶의 방식에 대해 많은 생각이 들게 된다. 만약 다시 새로운 삶을 시작할 수 있다면, 성공과 1등을 목표로 하는 삶보다는 오히려 3등을 목표로 하는 삶을 추천하고 싶다. 1등을 향해 달려가는 삶도 분명 많은 성취와 보상을 안겨줄 수 있지만, 그 이면에는 무거운 책임감과 끊임없는 경쟁, 중압감, 그리고 주변의 시기와 질투를 감내해야 하는 고단함이 따른다. 경쟁이 심화할수록 감당해야 할 일도 많아지고, 더 큰 무게감에 시달리며, 때로는 외로운 싸움을 계속해야 한다.

1등을 목표로 할 때는 항상 긴장된 상태에서 한시도 방심할 수 없다. 1등을 유지하기 위해 자신을 끊임없이 채찍질해야 하고, 주변의 평가와 시선을 의식하게 된다. 주변 사람들의 시선도 부담으로 작용하며, 뜻하지 않은 오해와 시기가 생겨나기도 한다. 이는 때로 인간관계를 소원하게 만들고, 삶에서 중요한 것들을 놓치게 할 수도 있다. 타인과의 관계에서 배려보다 경쟁심이 앞서며, 고립감과 소외감을 느끼는 경우가 많아질 수 있다. 이렇듯 1등을 목표로 한 삶은 자신에게 강한 동기와 자극을 줄 수 있지만, 얻는 것 못지않게 잃는 것도 많다.

반면, 3등을 목표로 하는 삶은 여유와 자유로움을 누릴 가능성이 크다. 1등이 되기 위한 긴장과 중압감에서 어느 정도 벗어나 좀 더 편안한 마음으로 삶을 즐길 수 있다. 3등의 위치는 타인과 지나친 경쟁보다는 협력을 우선시하게 하고, 그 과정에서 좋은 인간관계를 형성할 기회가 많아진다.

사람들과 상생하고 서로 협력하는 과정에서 더 많은 지지와 도움을 받게 되며, 결과적으로 더 길고 안정적인 사회생활을 이어갈 수 있다. 또한, 3등의 삶을 선택하면 한발 물러서서 앞서가는 사람들을 지켜보며 스스로의 방향과 속도를 조절할 여유가 생긴다. 1등을 목표로 전력 질주하는 대신, 자신에게 맞는 속도로 삶을 꾸려 나가며 지나치게 무리하지 않고 적절한 위치에서 만족을 찾게 된다. 이는 마음의 여유와 더불어 지속 가능한 자기 관리와 균형 잡힌 삶을 가능하게 한다. 삶의 속도와 방향을 조절할 수 있는 이러한 여유는 3등의 삶이 주는 큰 장점이라 할 수 있다.

또한, 3등의 삶은 타인의 성취를 통해 배울 기회도 많이 제공된다. 1등과 2등이 놓친 부분을 살펴보며 더 좋은 선택을 할 가능성을 가지며, 필요할 때는 그들의 경험을 참고하고 벤치마킹하면서 자신에게 맞는 방향으로 나아갈 수 있다. 굳이 최고가 되겠다는 부담감을 덜어내고, 조금 양보하는 마음으로 여유롭고 느긋한 삶을 추구하는 것도 나름의 가치가 있는 선택이다. 지나친 욕심을 부리지 않고 자기만의 길을 찾으며, 여유롭게 살아가는 것이야말로 진정한 행복을 찾는 길일지도 모른다.

결국 삶의 목표는 각자 다를 수 있지만, 꼭 1등을 지향할 필요는 없다. 때로는 3등을 목표로 한 발짝 뒤에서 스스로에게 맞는 여유로운 속도로 삶을 살아가는 것도 충분히 가치 있고 의미 있는 선택이다.

70.
근심을 다루고 행복을 넓히는 법

보편적인 행복한 삶의 정의

행복한 삶은 근심과 걱정이 없는 상태, 그리고 괴로움에서 벗어난 상태를 의미한다. 이 행복은 누군가가 주는 것이 아니라 스스로 끊임없이 만들어 가는 과정이다. 하지만 인간은 태어나면서부터 근심과 걱정의 연속된 과정을 겪으며 살아간다. 이것은 자연스러운 삶의 일부이며, 그 과정에서 우리는 근심과 걱정을 만들고, 받고, 해결하고, 없애는 일을 반복하게 된다.

근심과 걱정의 다양성

근심과 걱정은 그 정도와 지속 기간에 따라 차이를 보인다. 어떤 걱정은 오래 지속되고, 또 어떤 걱정은 금세 사라지기도 한다. 중요한 점은 이러한 근심과 걱정의 상당수가 불필요하거나 의미 없는 것일 수 있다는 것이다. 많은 경우, 우리는 스스로가 행복해지는 것을 거부하거나 스스로 발목을 잡는 경우가 많다. 예를 들어, 어떤 일에 대해 미리 일어나지도 않은 상황을 예측하고 그에 대해 걱정하는 경우가 있다. 이러한 걱정은 실제로 일어나지 않을 가능성이 높지만, 그런데도 우리는 불필요한 근심을 만들어 내어 스스로 행복을 밀쳐내곤 한다.

근심과 걱정의 기원: 만드는 것인가, 해결하는 것인가?

우리는 근심과 걱정을 만드는 존재인가, 아니면 해결하는 존재인가? 이 질문은 행복에 있어 매우 중요한 의미를 지닌다. 많은 경우 우리는 스스로 근심 걱정을 만들어 내고 그것에 매달린다. 상황이 발생하기 전에 미리 상상하고 해석하며 불필요하게 고민을 키운다. 이 과정에서 스스로 행복할 수 있는 공간을 점점 줄여 가게 된다.

예를 들어 누군가가 나에게 어떤 말을 했을 때, 그 말의 의도를 과도하게 해석하여 부정적으로 받아들일 수 있다. 이에 따라 근심이 생기고, 그 사람과의 관계에 부정적인 감정이 쌓일 수 있다. 하지만 실상은 그 사람이 특별한 의도 없이 한 말일 수도 있다. 이러한 과도한 해석과 상상은 불필요한 걱정을 낳고, 우리의 행복을 해치게 된다.

근심 걱정을 줄이고 행복의 공간 넓히기

우리는 근심과 걱정을 줄이고, 행복의 공간을 넓히기 위해 몇 가지 노력이 필요하다.

현실 인식하기: 일어나지 않은 일이나 과거에 대한 집착은 현재의 행복을 앗아갈 수 있다. 현재 상황을 객관적으로 인식하고, 실질적인 문제 해결에 집중하는 것이 중요하다.

긍정적인 사고방식 채택하기: 어려운 상황에서도 긍정적으로 사고하려는 노력이 필요하다. 이는 단순히 낙관적으로 생각하는 것을 넘어, 문제를 해결할 수 있는 구체적인 방안을 모색하고 실행하는 것을 의미한다.

스트레스 관리하기: 스트레스를 줄이기 위해 명상, 운동, 독서 등의 방법을 활용할 수 있다. 이러한 활동은 마음을 편안하게 하고 불필요한 근심을 해소하는 데 도움을 줄 수 있다.

소통하기: 주변 사람들과 소통하며 자신의 걱정을 나누는 것도 중요한 방법이다. 혼자서만 걱정을 품고 있으면 그것이 더 커질 수 있지만, 타인의 관점을 듣고 조언을 받으면 걱정이 완화될 수 있다.

자기 수용: 자신을 있는 그대로 받아들이고, 완벽하지 않음을 인정하는 것도 필요하다. 우리는 누구나 실수를 할 수 있고, 모든 것을 통제할 수는 없다. 이러한 사실을 받아들임으로써 스스로에게 불필요한 부담을 주지 않을 수 있다.

누군가의 근심 걱정을 유발하지 않기: 우리가 행복하게 살기 위해서는 자신뿐만 아니라 타인에게도 근심 걱정을 유발하지 않는 것이 중요하다. 타인에게 불필요한 부담을 주거나, 의도치 않게 상처를 주는 말과 행동을 자제할 필요가 있다. 타인을 배려하고, 긍정적인 관계를 형성하는 것은 궁극적으로 우리 자신의 행복으로도 이어질 수 있다.

행복한 삶은 근심 걱정이 없는 상태가 아니라, 근심 걱정을 잘 다루고 해결할 수 있는 상태에서 비롯된다. 우리는 스스로가 불필요한 근심을 만들어 내지 않도록 노력해야 하며, 행복을 방해하는 요인들을 인식하고 제거할 필요가 있다. 또한, 타인과의 관계에서도 긍정적인 소통을 통해 서로에게 행복을 주는 사람이 되어야 한다. 이를 통해 우리는 행복의 공간을 점점 넓혀 갈 수 있을 것이다.

71.
영원한 것은 없다
- 삶을 대하는 지혜

이 세상에서 영원한 것은 없다. 사회적 신분, 인간관계, 재력, 건강, 행복, 사랑, 심지어는 목숨까지도 언젠가는 사라진다. 우리는 마치 그것들이 계속될 것처럼 믿고 살아가지만, 실상은 그렇지 않다. 모든 것은 변하고, 모든 것은 끝난다. 그것이 인생의 본질이며, 우리가 반드시 기억하고 마음에 새겨야 할 진리이다.

사람들은 종종 영원할 것 같은 착각 속에 살아간다. 지금의 사랑이 영원할 것 같고, 현재의 건강이 앞으로도 계속될 것 같고, 오늘 누리는 재산이나 지위가 끝까지 유지될 것처럼 느껴진다. 하지만 삶은 예측할 수 없는 방향으로 흘러간다. 어느 날 갑자기 관계가 단절되고, 예상치 못한 사고나 병으로 건강을 잃기도 하며, 경제적 상황이 한순간에 바뀌기도 한다. 이러한 변화는 누구에게도 예외 없이 찾아온다.

따라서 우리는 삶을 살아가면서 이러한 무상함을 인식하고 받아들일 줄 아는 지혜를 가져야 한다. 삶이 영원하지 않다는 사실을 부정하거나 두려워할 것이 아니라, 오히려 그것을 통해 지금, 이 순간을 더 소중히 여기고, 현재를 충실히 살아갈 이유를 찾아야 한다. 영원하지 않기에 지금의 인연이 더 귀하고, 지금의 건강이 더 감사하며, 지금 누리는 작은 행복조차도 더욱 값지게 느껴지는 것이다.

우리는 종종 '내일'이라는 막연한 시간 속에 우리의 소망과 계획을 미룬다. 하지만 내일은 누구에게도 보장되어 있지 않다. 내일을 기다리다 오늘을 흘려보낸다면, 결국 어느 순간 우리는 아무것도 준비하지 못한 채 삶의 마지막을 맞이할지도 모른다. 그러므로 삶에서 가장 중요한 시간은 바로 지금, 이 순간이다. 현재를 충실히 살아가는 것, 바로 그것이 진정한 삶의 지혜이다.

또한, 이러한 무상함을 인정함으로써 우리는 삶의 고통과 상실 앞에서도 조금은 담담해질 수 있다. 누군가와의 이별이나 실패, 건강의 악화 등 삶의 여러 가지 고난은 피할 수 없는 현실이다. 하지만 '이 또한 지나가리라'라는 마음으로, 모든 것이 잠시 머무는 것일 뿐이라는 사실을 되새긴다면, 우리는 고통 속에서도 희망의 끈을 놓지 않을 수 있다.

삶의 유한성을 인식하는 것은 동시에 삶을 더욱 아름답고 깊이 있게 살아가는 출발점이 된다. 지금 내 곁에 있는 사람들에게 더 자주 고마움을 표현하고, 사소한 것에도 감사하는 마음을 가지며, 내가 가진 것들을 나누고 베푸는 삶을 살아갈 수 있도록 하자. 우리는 언젠가 이 세상을 떠나게 될 존재지만, 우리가 남긴 선함과 아름다움은 누군가의 기억 속에, 또는 세상 어딘가에 오래도록 남을 수 있다.

누구에게나 공평하게 주어진 시간, 누구에게나 끝이 있는 인생. 이처럼 불변하는 진실 앞에서 우리는 어떻게 살아가야 할까? 그 해답은 어쩌면 단순하다. 하루하루를 진심으로 살아가고, 현재를 충실히 누리며, 언제 끝이 와도 후회 없는 삶을 만들어 가는 것이

다. 오늘의 나, 오늘의 사람들, 오늘의 기쁨을 소중히 여기며 살아
간다면, 우리는 비록 영원을 살 수는 없지만, 순간 속에서 영원을
느낄 수는 있을 것이다.

삶은 무상하지만, 그렇기에 더욱 값지다. 끝이 있기 때문에 시작
이 의미 있고, 이별이 있기에 만남이 더 귀하다. 그리고 그 모든 경
험이 모여 한 사람의 인생을 만든다. 그러니 오늘 하루를 후회 없
이 살아가자. 선하고 아름답게, 지혜롭고 따뜻하게 그렇게 살아가
다 보면, 언젠가 마지막 순간이 찾아오더라도 우리는 미소 지으며
말할 수 있을 것이다. "나는 충분히 잘 살아 왔다"라고.

72.
주부 생활의 은퇴와 사회적 인식 변화

은퇴라는 개념은 대부분 직장인이나 사회활동을 하는 사람들에게만 적용되는 경우가 많다. 그러나 실상 우리 사회의 많은 부분을 책임지고 있는 또 다른 중요한 역할, 즉 가정 내에서 주부로서의 역할 역시 '은퇴'라는 개념이 필요하다는 목소리가 점점 커지고 있다. 주부 생활을 평생의 직업으로 살아온 이들에게도 일정한 시점이 되면 일에서 물러나고, 자신만의 휴식과 새로운 삶을 찾을 수 있는 시간이 필요하다는 것이다.

주부로서의 생활은 전통적으로 여성의 역할로 여겨지며, 오랫동안 사회적, 문화적으로 중요한 위치를 차지해 왔다. 과거 종갓집 맏며느리 시대에는 대가족을 돌보고, 가정을 유지하기 위해 많은 희생과 헌신이 요구되었다.

당시의 주부들은 거의 평생을 가족과 가정을 위해 헌신하며 살았다. 이후, 사회가 변화하고 핵가족화가 진행되면서 주부의 역할도 변화했지만, 여전히 주부 생활은 많은 책임과 의무를 수반하는 역할로 남아 있다.

그런데 최근 몇 년간 결혼의 연기, 경제적 어려움, 캥거루족의 증가 등 다양한 사회적 요인으로 인해 가정 내에서의 주부 은퇴 시기가 점점 지연되고 있다. 결혼을 늦게 하거나 하지 않는 경우가 늘어나면서 가정 내에서 주부로서의 역할을 맡는 시점이 늦어지고, 이는 자연스럽게 은퇴 시점 또한 늦추는 결과를 초래하고 있다. 예를 들어, 며느리가 집에 들어오는 시점이 늦어지면서 가정 내 노모, 노부가 여전히 부엌일을 책임져야 하는 경우가 흔해지고 있다.

이런 상황은 주부의 역할을 더 지속해야 하는 부담을 안기며, 가정 내에서 오랫동안 부엌일을 책임지고 있는 노부모들에게는 새로운 문제를 일으킬 수 있다. 건강상의 이유, 체력의 한계, 또는 단순히 오랜 시간 동안 지속된 일에 대한 피로감 등 다양한 이유로 인해 은퇴가 필요한 시점이 올 수 있지만, 현실적으로는 이를 쉽게 실현하기 어려운 상황이 펼쳐지는 것이다. 노모, 노부가 은퇴하지 못하고 부엌에서 일하는 모습은 종종 아름답지 않은 현실로 비치며, 이들의 헌신이 당연시되는 사회적 시선은 변화가 필요하다.

주부로서의 생활에서 은퇴가 사회적 문제로 인식되지 않는 이유 중 하나는, 주부의 역할이 비공식적이며 보상받지 못하는 노동으로 여겨지기 때문이다.

전통적인 직장에서는 정년퇴직 제도가 있으며, 퇴직 후에는 연금이나 기타 복지 혜택을 통해 안정적인 노후를 보상받을 수 있지만, 주부의 경우에는 그러한 제도적 보장이 전혀 없는 경우가 많다. 주부의 역할 역시 가정 내에서 중요한 노동임에도 불구하고, 이를 '일'로 인정하지 않는 사회적 분위기가 지배적이기 때문이다.

이 문제를 해결하기 위해서는 몇 가지 사회적 변화가 필요하다.

첫째, 주부의 역할을 '노동'으로 인정하고, 이에 따른 적절한 보상과 권리를 부여하는 것이 중요하다. 예를 들어, 가정 내에서 주부 생활을 위한 은퇴 제도나 보상 체계를 마련하는 것도 하나의 방법이 될 수 있다. 이는 단지 경제적 보상에 그치는 것이 아니라, 정서적, 심리적 측면에서도 주부들에게 중요한 지원이 될 수 있다.

둘째, 가족 구성원 간의 역할 재분담이 필요하다. 노모, 노부가 부엌에서 은퇴할 수 있도록 젊은 세대가 가정 내 역할을 점진적으로 인수하는 것이 필요하다. 이를 통해 가정 내에서도 자연스럽게 세대 교체가 이루어지고, 노부모가 여유롭고 편안한 노후를 보낼 수 있는 환경이 조성될 수 있다. 이러한 변화는 단순히 주부의 은퇴를 위한 것이 아니라, 모든 가족 구성원이 더욱 균형 잡힌 삶을 살 수 있는 기반이 될 것이다.

마지막으로, 사회 전반적으로 주부의 은퇴에 대한 의식을 제고하고, 이를 정당하게 받아들이는 문화적 변화가 필요하다. 주부의 역할도 하나의 중요한 직업이라는 인식을 확산시키고, 이들이 은퇴를 맞이할 때 축하하고 존중하는 분위기를 만들어 나가는 것이 중요하다. 이는 개인의 삶의 질 향상뿐만 아니라, 사회 전체의 건강한 발전을 위해서도 필요한 변화이다.

결론적으로, 주부 생활에서의 은퇴는 이제 더 이상 무시할 수 없는 중요한 사회적 문제로 주목받고 있다. 노모, 노부가 부엌에서 벗어나 자신만의 삶을 즐길 수 있는 시간이 필요하며, 이를 위해 사회적, 문화적 변화가 반드시 이루어져야 한다. 주부의 역할을 평생의 의무로 여기지 않고, 일정 시점이 되면 정당하게 은퇴할 수 있는 사회적 제도와 문화가 마련되기를 기대한다.

73.
남자에게도 수다가 필요하다

때로는 남자도 수다가 필요하다

과거부터 우리는 남자는 말이 적고 입이 무거운 존재여야 한다는 사회적 통념 속에서 살아왔다. 감정을 드러내기보다는 묵묵히 참아야 하고, 고민이 있어도 쉽게 털어놓지 않는 것이 남자다운 태도라는 인식이 오랫동안 자리 잡아 왔다. 그러나 과연 이것이 정말 건강한 삶의 방식일까?

실제로 남자들에게도 수다는 정신적, 정서적으로 긍정적인 영향을 미칠 수 있다. 마음속 깊이 쌓인 감정을 털어놓고 나누는 과정은 스트레스를 해소하고 심리적 안정을 찾는 데 도움이 된다. 남자들이 오랜 시간 동안 감정을 억누르고 살아가다 보면, 결국 우울감과 외로움에 빠질 가능성이 커진다. 따라서 가끔은 수다를 통해 감정을 나누고 풀어내는 것이 필요하다.

남자는 왜 말을 아낄까? 남자들이 일반적으로 여자들보다 말이 적은 이유는 단순히 개인적인 성향의 문제가 아니라, 문화적·사회적 배경이 깊이 자리 잡고 있기 때문이다. 전통적으로 남성은 강인함, 인내, 무뚝뚝함과 연결됐다. 감정을 쉽게 드러내면 약한 사람이라는 인식이 퍼져 있었고, 이는 남자들이 어려운 상황에서도 자신의 속마음을 표현하지 못하도록 만들었다.

어릴 때부터 "남자는 울면 안 된다", "남자가 왜 그렇게 말이 많아?" 같은 말을 들으며 자란 남성들은 감정을 내보이는 것이 부끄럽거나 불필요한 일이라고 생각하게 된다. 심지어 고민이 있어도 털어놓기보다는 스스로 해결해야 한다는 압박을 받는다. 이러한 태도는 성인이 되어서도 지속되어 회사에서든 가정에서든 속내를 드러내는 일이 점점 줄어들게 된다. 하지만 문제는, 이렇게 혼자 삭이고 참는 것이 반드시 좋은 결과로 이어지는 것은 아니라는 점이다. 오히려 오랜 시간 동안 쌓인 스트레스와 감정적 억압은 결국 폭발하거나, 심한 경우 우울증으로 이어질 수 있다.

남자의 수다가 필요한 이유

수다는 단순히 말장난을 하는 것이 아니다. 마음을 나누고 공감대를 형성하며 서로의 감정을 해소하는 중요한 과정이다. 특히 남자들에게도 이러한 수다의 기능은 정신건강을 유지하는 데 큰 도움이 될 수 있다.

스트레스 해소: 일상생활에서 겪는 다양한 스트레스, 직장 내 갈등, 가정 문제, 미래에 대한 불안 등을 혼자만 떠안고 있으면 점점 더 부담이 커진다. 그러나 가끔 친구나 가까운 지인과 대화를 나누면서 이런 스트레스를 풀어낼 수 있다. 감정을 표현하는 것만으로도 마음이 한결 가벼워지고, 문제를 바라보는 시각도 달라질 수 있다.

심리적 안정감 제공: '나만 이런 고민을 하고 있는 게 아니구나' 라는 깨달음은 굉장한 위로가 된다. 고민을 나누다 보면, 비슷한

경험을 한 사람들의 조언을 들을 수 있고, 단순히 들어주는 것만으로도 큰 위안을 받을 수 있다.

우울감과 외로움 예방: 현대 사회에서 남자들은 점점 더 외로워지고 있다. 직장에서의 인간관계는 업무 중심으로 이루어지고, 가정에서는 가족을 책임져야 하는 역할을 강요받다 보니 감정을 나눌 기회가 줄어든다. 이런 상황이 지속되면 우울감이나 고립감을 느끼기 쉽다. 그러나 가까운 사람들과 수다를 떨며 속마음을 나눈다면, 이런 감정적 부담을 덜 수 있다.

관계 형성 및 유지: 인간관계는 지속적인 소통을 통해 유지된다. 남자들 사이에서도 가끔 만나 가벼운 이야기나 진지한 고민을 나누는 시간이 있다면, 관계가 더욱 돈독해질 수 있다. 때로는 서로의 문제를 들어주고 공감해 주는 것만으로도 친밀감이 쌓인다.

남자의 수다, 어떻게 하면 좋을까?

남자들이 수다를 더 잘 활용하려면 몇 가지 방법을 고려할 수 있다.

신뢰할 수 있는 사람과 대화하기: 아무에게나 속마음을 털어놓을 수는 없다. 중요한 것은 진정으로 믿을 수 있고, 편안한 관계를 유지할 수 있는 사람과 대화하는 것이다. 가까운 친구, 형제, 가족, 또는 믿을 수 있는 동료가 좋은 대화 상대가 될 수 있다.

형식적인 모임이 아니라 편안한 자리에서: 일부러 심각한 분위기에서 대화를 나누려고 하면 부담이 될 수 있다. 술자리, 운동후, 여행 등 자연스럽게 대화가 오갈 수 있는 편안한 환경을 만드는 것이 중요하다.

서로를 존중하는 태도 유지하기: 수다를 나누면서 가장 중요한 것은 서로를 존중하는 태도다. 한 사람이 고민을 털어놓을 때 비판하거나 평가하기보다는 공감하고 들어주는 자세가 필요하다. 단순히 들어주는 것만으로도 상대에게 큰 힘이 될 수 있다.

자신의 감정을 솔직하게 표현하기: 처음에는 어려울 수 있지만, 자신의 감정을 솔직하게 표현하는 것이 필요하다. "힘들다", "요즘 고민이 많다", "이런 일이 있었는데 기분이 별로다"와 같이 가벼운 표현부터 시작하면 된다. 그러다 보면 점점 자연스럽게 깊은 이야기를 나눌 수 있게 된다.

말을 아낄 때와 수다를 떨 때의 균형

물론, 모든 상황에서 수다를 떠는 것이 정답은 아니다. 중요한 것은 균형을 맞추는 것이다. 꼭 필요한 순간에는 말을 아끼는 것도 지혜로운 태도지만, 반대로 너무 참기만 하면 오히려 부작용이 생길 수 있다.

자신이 감당하기 힘들 정도로 스트레스가 쌓였다면, 적절한 방법으로 해소하는 것이 필요하다. 그리고 그중 하나가 바로 수다다. 가끔은 가벼운 농담을 나누고, 때로는 진지한 고민을 털어놓으며, 남자들도 감정을 표현하는 법을 배워야 한다.

남자도 수다가 필요하다. 말수가 적고 감정을 드러내지 않는 것이 미덕으로 여겨졌던 시대는 지나가고 있다. 이제는 정신적, 정서적 건강을 위해 가끔은 수다를 통해 감정을 나누고 스트레스를 해소할 필요가 있다.

누군가 내 이야기를 들어줄 사람이 있고, 나 또한 다른 사람의 이야기에 귀 기울일 수 있다면, 우리는 더 이상 외롭지 않을 것이다. 너무 참지만 말고, 가끔은 가슴속 이야기를 꺼내 보자. 그것이 건강한 삶을 위한 또 하나의 방법이 될 수 있다.

74.
내면에서 찾는 행복

행복한 삶이란 무엇일까? 이 질문에 대해 우리는 수많은 답을 내놓을 수 있지만 그중 하나로 '근심 걱정이 없는 삶'이라는 정의를 들어본 적이 있다. 물론 이는 정답일 수는 없지만, 모든 인간이 행복하게 살 권리가 있다는 점은 분명하다. 여기서 중요한 사항은 근심과 걱정이란 것은 본래 내가 만들어 낸 것이며, 동시에 내가 해결해야 하는 것이라는 사실이다. 이 맥락에서 드라마나 매스컴에서 보이는 이상적이고 각색된 행복은 진정한 행복이라기보다는 일종의 '이미테이션(모조) 행복'에 불과하다.

진정한 행복은 외부의 이상적인 이미지를 쫓는 것이 아닌, 내면에서부터 차오르는 만족감과 평화로움을 찾는 것이다. 한편으로 행복을 보석에 비유할 수 있다. 원석이 그저 땅속에 묻혀 있을 때는 아무 가치가 없지만, 채굴해서 두드리고 갈아내고 깎고 다듬는 수많은 공정을 거친 후에야 비로소 값진 보석으로 탈바꿈한다. 마찬가지로 우리의 삶도 역경과 시련을 이겨내는 과정 속에서 진정한 행복의 가치를 발견할 수 있다.

사람들은 종종 완벽한 삶, 완전한 행복을 꿈꾸지만, 현실에서 이러한 이상은 드물다. 오히려 조금은 부족하고 모자라는 삶 속에서, 자신을 남과 비교하거나 과한 욕심을 부리지 않을 때 우리는 진정한 행복에 가까워질 수 있다. 마음의 평온함은 이러한 비교와 욕심에서 벗어날 때 비로소 찾아오며, 그 속에서 우리는 진정한 행복을 경험할 수 있다.

근심 걱정이 없는 삶이란, 단순히 문제나 어려움이 전혀 없는 상태를 의미하지 않는다. 오히려 이러한 근심과 걱정에서 벗어나, 그것들을 가벼운 마음으로 받아들이고 해결할 수 있는 능력을 갖추는 것이 중요하다. 이는 마음의 여유를 가지는 것이며, 상황을 있는 그대로 받아들이고, 그것을 과하게 꾸미지 않아도 초라하지 않은 상태를 받아들이는 것이다.

우리는 삶 속에서 크고 작은 근심과 걱정을 마주하게 된다. 그러나 그것을 어떻게 다루느냐에 따라 우리의 행복이 결정된다. 이 과정에서 중요한 것은 나 자신을 알고, 내가 무엇을 원하는지 깨닫는 것이다. 내 삶의 목표와 가치관을 명확히 하고, 그것에 집중할 때 우리는 외부의 불필요한 요소들로부터 자유로워질 수 있다.

결국 행복한 삶이란 내면의 평화를 찾고, 그 평화를 지키기 위해 자신을 다듬어 가는 과정이다. 그것은 인생의 역경을 이겨내며 얻어진 내적인 성장이며, 남들과의 비교에서 벗어나 스스로에게 만족을 느끼는 상태이다. 이렇듯 근심 걱정을 털어내고 있는 그대로의 나를 받아들이며, 꾸미지 않아도 초라하지 않은 마음을 가질 때, 우리는 진정으로 행복한 삶을 살고 있다고 할 수 있을 것이다.

75.
'부부'라는 이름으로 살아가는 길

인생을 살아가며 우리는 수많은 사람을 만나고 스쳐 지나가지만, 평생을 함께할 단 한 사람, 바로 '배우자'는 우리 삶의 가장 소중한 동반자이다. 시간이 흐를수록 외모는 변하고, 삶의 환경도 바뀌며, 서로의 역할도 달라지지만 그 모든 순간을 함께 견디고 나아갈 수 있는 존재가 바로 부부이다. 그러나 현실은 항상 이상처럼 아름답지만은 않다. 사랑으로 시작된 관계도 어느 순간 대화가 줄고, 서로에 대한 관심이 식으며, 결국은 같은 집에서 살면서도 다른 방에서 지내는 상황이 벌어지기도 한다.

처음엔 사소한 이유에서 시작된다. 아이가 밤에 자주 깨니 각방을 쓰자, 상대방의 코골이나 이갈이로 잠을 잘 수 없으니 잠시 따로 자보자, 피곤한 하루를 마치고 조금 더 편하게 쉬고 싶으니, 혼자만의 공간이 필요하다는 핑계 등. 그 어떤 이유도 이해 못 할 일은 아니고, 때로는 불가피한 선택이기도 하다. 하지만 문제는 그 '잠시'가 습관이 되고, 결국 마음까지 멀어지게 되는 데 있다.

같은 집에서 살고 있지만 서로의 하루에 관심을 두지 않고, 눈을 마주치고 웃는 일도 드물어지며, 손 한 번 잡지 않은 채 각자의 생활에 익숙해지는 모습은 결혼이라는 이름 아래 가장 슬픈 단면일지 모른다. 서로에게 너무 익숙해진 탓일까. 아니면 더 이상 설레지 않기 때문일까. 불같았던 사랑은 사그라지고, 일상에 치이며 우리는 점점 서로의 존재를 당연하게 여긴다. 때로는 귀찮고, 때로는 말 한 마디가 상처가 되어 돌아올 것 같아 침묵하게 된다. 그렇게 마음의 거리는 물리적인 거리보다 더 멀어지고 만다.

하지만 생각해 봐야 할 것은, 그렇게 멀어진 관계 속에서 우리는 과연 무엇을 얻고 있는가이다. 편안함일까? 자유일까? 아니면 그냥 익숙함 일 뿐일까?

분명한 것은, 우리가 애초에 원했던 결혼 생활은 그런 모습이 아니었다는 것이다. 우리는 누군가와 함께 늙어 가고, 함께 웃고, 함께 울며, 인생의 마지막 순간까지 서로의 손을 잡고 의지할 수 있는 삶을 꿈꾸었을 것이다. 사랑이라는 감정이 언젠가는 변할 수 있다고 해도, 함께한 시간 속에서 피어난 신뢰와 의리는 오히려 사랑보다 더 강한 힘이 되어 부부를 하나로 묶는 고리가 된다.

부부는 결국 책임이다. 코를 골고, 이빨을 갈고, 때로는 실수하고 다투더라도 같은 공간에서 함께 숨 쉬며 살아가는 것, 그것이야말로 부부로서의 의무이자 권리이다.

오랜 시간이 지나 돌아보았을 때, "당신만을 사랑했다"라고 말할 수 있는 자신감은 바로 그 책임을 다한 이들에게만 주어지는 특권이다. 결국 함께 살아간다는 것은, 서로의 부족함을 감싸고 받아들이며 그 시간을 쌓아 가는 과정일 뿐이다.

오늘날, 많은 부부가 각방을 쓰고 있는 현실은 단순한 생활 방식의 변화가 아닐 수도 있다. 그것은 어쩌면 관계의 위기, 소통의 부재, 마음의 거리감이 구체적으로 드러난 결과일 수도 있다. 물론 모든 경우를 일반화할 수는 없지만, 중요한 것은 그 선택이 습관이 되지 않도록, 다시 한 번 서로의 마음을 확인하는 계기가 되어야 한다는 점이다.

이 글을 읽고 있는 당신에게 조심스럽게 권하고 싶다. 지금이라도 각방살이를 청산해 보는 건 어떨까? 서로의 체온을 느끼고, 밤잠을 방해하는 코골이마저도 함께 웃어넘길 수 있는 여유를 가져 보는 것이다. 처음엔 어색하고 불편할 수 있다. 하지만 시간이 지날수록 부부 간의 사랑은 더 하기가 아니라 곱하기라는 사실을 느낄 수 있을 것이다. 혼자서는 얻을 수 없었던 감정들, 예상하지 못했던 행복들이 다시 찾아올 것이다.

사랑은 멀리 있지 않다. 행복도 마찬가지다. 그것은 늘 가장 가까이에 있었고, 우리가 잠시 외면했을 뿐이다. 이제는 다시 마음을 돌이켜, 처음 그 마음으로, 서로를 바라보며 같은 방에서 같은 꿈을 꾸어 보자. 그 길 끝에 있는 건 후회가 아닌 따뜻한 추억, 그리고 진심으로 '함께여서 참 다행이었다'는 마음일 것이다.

76.
우리 가족의 행복지수 높이기

한 해를 보내며 우리가 느낀 감정과 경험은 매우 다양하다. 때로는 바쁜 일상에서 앞만 보고 달리다 보면, 지나온 시간을 돌아볼 여유조차 없이 허무함과 무상함을 느낄 때가 있다. 이런 감정은 비단 개인의 문제로 끝나지 않고 가족 구성원 모두에게 영향을 미친다. 행복은 인간의 본능적인 욕구 중 하나로, 우리는 부족함 속에서 조금씩 행복을 채워 나가며 살아가는 존재이다. 그렇다면 같은 환경 속에서도 조금 더 행복하게 한 해를 보내는 방법은 무엇일까? 우리 가족의 행복지수를 돌아보고, 이를 높이기 위한 방법을 고민해 보는 시간을 가져 보자.

행복지수는 무엇인가?

행복지수는 개인이나 집단이 느끼는 삶의 만족도와 즐거움을 수치로 표현한 것이다. 각 가족 구성원이 느끼는 행복지수는 모두 다를 수 있다. 누군가는 가족과 함께 보내는 시간이 행복의 기준이 될 수 있고, 또 다른 누군가는 경제적 안정이나 개인적인 성취를 더 중요한 요소로 여길 수 있다. 행복지수는 단순히 현재의 감정 상태뿐 아니라, 삶의 질과 만족도를 포괄적으로 측정하는 지표로 볼 수 있다.

우리 가족의 행복지수는?

우리 가족의 한 해를 돌아보며 각 구성원이 느꼈던 행복과 부족함을 점검해 보는 것은 중요하다. 가족 구성원 각각이 느끼는 행복지수를 체크함으로써, 다음과 같은 질문을 던져볼 수 있다.

- 올해 가장 즐거웠던 경험은 언제(무엇)였는가?
- 가족 간의 힘들었던 경험은 무엇이었는가?
- 서로 배려와 관심을 보여주었는가?
- 가족 구성원 중 누구의 행복지수가 상대적으로 낮았는가?
- 나의 전반적 행복지수는 어느 정도인가?(10점 척도)

이 질문을 통해 우리는 가족 전체의 행복 상태를 점검할 수 있으며, 부족한 부분을 발견하여 개선할 기회를 얻을 수 있다.

행복지수를 높이는 방법

행복지수를 높이기 위해서는 가족 간의 소통과 배려가 가장 중요하다. 구성원이 각자 느끼는 행복의 기준을 이해하고, 이를 존중하며 함께 노력해야 한다. 아래는 행복지수를 높이는 몇 가지 방법이다.

소통을 통한 이해와 공감: 가족 간의 원활한 소통은 행복의 핵심 요소이다. 서로의 생각과 감정을 나누는 시간을 통해 공감대를 형성하고, 갈등을 줄일 수 있다. 매주 혹은 매달 정기적으로 가족의 날(회의)을 지정하여 함께 식사하며 대화를 나누는 시간을 가져보자.

가족 활동을 통한 유대감 강화: 함께하는 활동은 가족 구성원

간의 유대감을 강화한다. 가족 여행, 게임, 운동, 연극, 영화 등 모두가 참여할 수 있는 활동을 계획해 보자. 이러한 시간을 통해 가족 구성원은 서로가 더 가까워지고, 행복감을 느낄 수 있다.

개인의 행복을 존중하기: 가족이 함께 행복하기 위해서는 각 구성원이 자신의 행복을 느낄 수 있는 환경을 제공하는 것이 중요하다. 개인적인 시간을 존중하며, 각자 원하는 취미나 목표를 이룰 수 있도록 격려와 지원을 아끼지 않아야 한다.

감사와 칭찬의 표현: 일상에서 감사와 칭찬을 자주 표현하는 것도 행복지수를 높이는 좋은 방법이다. 작은 일이라도 서로 고마움을 표현하면, 가족 간의 관계는 더욱 따뜻해지고 긍정적인 분위기가 형성된다.

균형 잡힌 삶 추구: 행복을 위해서는 가족 구성원이 모두 균형 잡힌 삶을 살 수 있도록 돕는 것이 중요하다. 과도한 업무나 학업 부담, 경제적 스트레스는 행복지수를 낮추는 요인이다. 균형 잡힌 삶을 위해 서로의 짐을 나누고, 어려움을 함께 해결하려는 노력이 필요하다.

행복지수가 낮은 구성원에 대한 배려

가족 구성원 중 누구라도 행복지수가 낮다면, 이는 가족 전체의 문제로 이어질 수 있다. 이럴 때는 해당 구성원이 무엇 때문에 힘들어하는지, 어떤 부분에서 만족감을 느끼지 못하는지를 깊이 이해하려는 노력이 필요하다. 이들의 이야기를 경청하고, 실질적인 도움을 제공함으로써 가족 전체가 어려움을 극복할 수 있다.

더 나은 한 해를 위한 다짐

한 해를 돌아보며 우리 가족이 행복하게 보낸 순간들과 부족했던 점들을 되짚어 보는 것은 더 나은 미래를 위한 출발점이 된다. 행복은 저절로 얻어지는 것이 아니라, 끊임없는 노력과 관심 속에서 만들어지는 것이다. 가족 구성원이 함께 행복을 위해 고민하고 노력한다면, 더 따뜻하고 성숙한 가족 문화를 만들어 갈 수 있을 것이다.

이제 우리 가족의 행복지수를 점검해 보고, 행복한 한 해를 만들어 가기 위한 작은 실천들을 시작해 보는 건 어떨까? 가족 구성원 모두가 서로의 행복을 위해 힘쓴다면, 그 결과는 분명 더 큰 기쁨과 만족으로 돌아올 것이다.

77.
기우(杞憂)를 버리고 행복 찾기

우리 삶 속에서 걱정과 근심은 떼려야 뗄 수 없는 존재다. 하지만 그 걱정이 정말 필요한 것인지, 아니면 불필요한 것인지에 대해 고민해 본 적이 있는가? 우리는 종종 일어나지도 않을 일에 대한 걱정에 휩싸여 스스로 스트레스를 만들고, 정신적인 에너지를 낭비하며, 심지어는 삶의 질까지 저하시킨다. 이러한 불필요한 걱정을 '기우(杞憂)'라고 한다. 이는 기나라 사람이 하늘이 무너질까 봐 걱정했다는 고사에서 유래한 말로, 앞일에 대해 쓸데없는 걱정을 한다는 의미를 지닌다.

기우의 본질: 불필요한 걱정에서 오는 스트레스

기우는 단순한 걱정이 아니다. 이는 우리의 삶을 좀먹고, 정작 중요한 일에 집중해야 할 시간과 에너지를 빼앗아 가는 요소다. 우리가 하는 많은 걱정들은 현실적으로 발생하지 않거나, 해결할 방법이 존재하는 문제들임에도 불구하고 우리의 뇌는 그 걱정을 증폭시켜 더욱 심각하게 받아들이게 만든다.

이러한 불필요한 걱정이 반복되면 정신적 피로가 누적되고, 불안과 스트레스가 증가하며, 심리적 안정을 잃게 된다. 또한 지속적인 기우는 자신감을 저하시켜 도전 정신을 위축시키고, 결국 삶을 소극적으로 만드는 결과를 초래할 수도 있다. 그렇다면 우리는 이러한 기우에서 어떻게 벗어날 수 있을까?

기우를 줄이는 방법: 현명한 삶을 위한 실천 방안

현실과 비현실을 구분하기: 걱정할 때 가장 먼저 해야 할 일은 그 걱정이 현실적인지, 아니면 단순한 기우인지를 판단하는 것이다. 이를 위해 걱정의 근거를 분석해 보는 것이 필요하다. 다음과 같은 질문들을 스스로에게 던져 본다면, 많은 걱정이 단순한 기우에 불과하다는 것을 깨닫게 될 것이다.

- 실제로 발생 가능성이 있는 일인가?
- 해결 방법이 존재하는가?
- 이미 발생한 문제인가, 아직 일어나지 않은 문제인가?

'다 지나가리라'는 마음가짐 가지기: 삶에서 마주하는 대부분의 문제는 시간이 지나면 해결되거나, 적어도 심각성이 줄어든다. 걱정이 우리를 짓누를 때 '이 또한 지나가리라'는 태도를 가지는 것이 중요하다. 이는 단순한 자기 최면이 아니라, 많은 사람들이 인생에서 겪어 온 경험을 바탕으로 한 지혜로운 태도이다.

통제할 수 없는 것과 통제할 수 있는 것을 구분하기 : 우리가 하는 많은 걱정들은 사실 우리가 직접 통제할 수 없는 요소에서 비롯된다. 예를 들어 날씨가 좋지 않거나, 다른 사람이 나에 대해 어떻게 생각할지 같은 것들은 우리가 직접적으로 바꿀 수 없는 부분이다. 반면, 자신의 노력과 행동으로 개선할 수 있는 문제들도

있다. 통제할 수 없는 것에 대한 걱정은 버리고, 통제할 수 있는 것에 집중하는 것이 중요하다.

마음 챙김과 명상 실천하기: 명상과 마음 챙김(mindfulness)은 현재에 집중하게 도와주는 효과적인 방법이다. 걱정은 주로 미래에 대한 불안에서 비롯되므로, 현재에 집중하는 연습을 하면 기우를 줄이는 데 큰 도움이 된다.

- 깊은 호흡을 하며 현재의 감각에 집중하기
- 하루 5~10분 정도 명상 시간 갖기
- 자신의 감정을 있는 그대로 받아들이되 과도하게 몰입하지 않기

생각의 흐름을 기록하고 객관적으로 분석하기: 걱정이 계속될 때, 그 걱정을 글로 적어 보는 것도 효과적인 방법이다. 걱정의 내용을 종이에 적고, 그것이 현실적인 걱정인지 기우인지 분석해 보면 자신의 생각이 얼마나 비합리적인지를 깨닫게 된다. 또한, 해결 방법이 있는 경우 이를 구체적으로 적어 보는 것도 좋다.

긍정적인 마인드셋 형성하기: 부정적인 생각은 기우를 증폭시키는 역할을 한다. 따라서 긍정적인 태도를 가지는 것이 중요하다. 물론, 무조건적인 낙관주의를 가지라는 것은 아니다. 하지만 매사에 긍정적인 가능성을 먼저 고려하고, 문제가 생겼을 때 해결할 방법을 모색하는 태도를 가지는 것이 중요하다.

건강한 생활 습관 유지하기: 건강한 몸은 건강한 마음을 만든다. 규칙적인 운동, 충분한 수면, 균형 잡힌 식사는 기우를 줄이고

스트레스를 완화하는 데 큰 도움이 된다. 특히, 운동은 신체적인 건강뿐만 아니라 정신적인 안정에도 긍정적인 영향을 미치므로, 꾸준한 운동 습관을 들이는 것이 좋다.

기우를 없애면 삶이 어떻게 달라질까?

기우를 줄이고 보다 현실적인 사고방식을 가지게 되면, 우리의 삶은 훨씬 더 행복하고 안정적으로 변할 수 있다. 불필요한 걱정을 하지 않음으로써 우리는 더 많은 에너지를 생산적인 일에 집중할 수 있고, 정신적으로도 더욱 건강한 상태를 유지할 수 있다. 또한, 불안과 스트레스가 줄어들면서 보다 긍정적인 삶의 태도를 가지게 되고, 이는 대인관계나 직장 생활에도 긍정적인 영향을 미친다.

기우는 결국 우리가 스스로 만들어 내는 장애물이다. 행복으로 가는 길을 가로막는 이러한 장애물을 줄이고, 보다 현명한 삶을 살기 위해서는 자신의 사고방식을 점검하고, 불필요한 걱정을 줄이는 노력이 필요하다. 인생은 짧고, 우리가 걱정하기엔 아까운 시간이 너무 많다. 그러니, 기우를 멀리하고 현재를 살아가자!

78.
잃는 것의 미학,
적절한 포기의 중요성

아름다운 마무리의 지혜

인생에서 가장 중요한 선택 중 하나는 언제, 어떻게 물러나야 하는지를 아는 것이다. "박수 칠 때 떠나라!"라는 말처럼 우리는 가장 좋은 순간에 깔끔하게 마무리하는 것이 중요하다. 향기가 날 때 멈춰야 향기가 오래 남듯이, 지나친 욕심을 부리다가 오히려 자신과 주변 사람들에게 부담이 되는 경우를 우리는 종종 보게 된다. 결국 인생의 모든 과정에서 적절한 종료 시점을 판단하는 능력은 지혜로운 삶의 핵심이다.

인생의 흐름과 변화

시간이 흐르면 누구나 정신적으로 희미해지고 육체적으로 나약해진다. 한때 왕성했던 활동과 열정이 줄어들고, 대신 과거의 권위를 내세우거나 불필요한 간섭과 잔소리가 많아지기 쉽다. 이러한 변화를 깨닫지 못하고 지나친 집착을 하게 되면, 결국 주변 사람들에게 짐이 될 수 있다. 우리는 이러한 변화의 흐름을 받아들이고, 자연스럽게 다음 단계로 넘어갈 준비를 해야 한다.

손익의 균형을 고려하라

우리가 하는 일에서 얻는 것보다 잃는 것이 많아지는 시점이 반드시 온다. 그 시점을 수시로 점검하고 간파하며 살아가는 것이 중요하다. 많은 사람들이 자신의 역할과 존재감에 집착하여 물러나야 할 시점을 놓치는 경우가 많다. 그러나 이를 깨닫고 적절한 순간에 내려놓는 것이야말로 인생의 지혜다.

예를 들어, 직장 생활을 오래 한 사람이 퇴직 시점을 고민할 때, 더 높은 연봉과 직책을 유지하고 싶은 욕심이 있을 수 있다. 하지만 나이가 들면서 업무 능률이 떨어지고, 조직 내에서 새로운 변화에 적응하기 어려워진다면, 그때가 바로 떠날 때일 수 있다. 지나친 욕심을 부리다가 결국 자존심을 상하고 인간관계가 악화하는 때도 적지 않다.

내려놓음의 미학

과감하게 내려놓고 포기할 줄 아는 용기는 또 다른 인생을 여는 문이 될 수 있다. 직장에서 물러나는 것뿐만 아니라, 사회적 관계나 특정한 역할에서도 적절한 시점에 내려놓는 것이 필요하다. 내려놓는 것은 단순한 포기가 아니다. 그것은 오히려 더 나은 삶을 위한 전략적 선택이다. 자신이 떠난 자리에서 새로운 사람들이 기회를 얻고, 본인도 새로운 삶을 즐길 수 있는 길을 마련하는 것이 진정한 미덕이다.

새로운 여정을 위한 준비

우리는 떠날 시점을 결정한 후에도 남은 시간을 어떻게 보낼지 고민해야 한다. 단순히 쉬는 것이 아니라, 인생의 또 다른 목표를 설정하고 새로운 취미나 활동을 시작하는 것이 필요하다. 예를 들어, 은퇴 후에는 봉사 활동을 하거나 여행을 다니며 인생의 새로운 의미를 찾을 수 있다. 지나간 영광에 집착하기보다 미래를 긍정적으로 바라보는 것이 중요하다.

또한, 정신적·육체적 건강을 유지하는 것도 필수적이다. 건강이 없으면 여생을 즐길 수 없어서, 적절한 운동과 건강한 식습관을 유지하는 것이 중요하다. 또한, 가족이나 친구들과의 관계를 돈독히 하여 사회적 고립을 방지하는 것도 행복한 삶을 위해 필요하다.

남은 삶을 즐기는 지혜

결국, 인생은 단거리 경주가 아니라 긴 여정이다. 우리가 어디에서 출발했든, 어디에서 멈출 것인지를 아는 것이 중요하다. 최적의 아름다운 마무리 시점을 고민하고, 욕심을 버리고 자연스럽게 받아들이는 것이야말로 현명한 선택이다. 남은 삶을 즐기며 살아가는 것은 단순한 운이 아니라, 지혜롭고 현명한 선택의 결과다. 우리는 스스로에게 솔직하게 물어야 한다. 지금 하고 있는 일이 나에게 여전히 의미 있는가? 아니면 이제 내려놓을 때가 되었는가?

이러한 질문에 진지하게 답할 수 있다면, 우리는 아름다운 마무리를 준비하고 새로운 시작을 향해 나아갈 수 있을 것이다.

79.
나이 들수록 말은 줄이고
행동은 신중하게

나이가 들수록 말을 줄이고 행동을 좁게 하자. 나이가 들수록 사람의 생각과 행동은 점점 변화한다. 젊은 시절에는 새로운 것을 배우고 다양한 경험을 쌓으며 세상과 적극적으로 소통하지만, 어느 순간부터는 삶의 무게를 실감하며 말과 행동을 신중히 하게 된다. 특히 나이가 들면서 우리는 경험을 통해 세상을 보는 시야가 넓어지고, 많은 일에 대한 판단력이 생긴다. 그러나 이러한 경험이 오히려 불필요한 간섭과 참견으로 이어질 수 있다는 점을 경계해야 한다.

젊었을 때는 모든 일에 의견을 내고 자기 생각을 표현하는 것이 중요하게 여겨졌다. 하지만 나이가 들수록 말을 많이 하는 것이 도움이 되기보다는 오히려 실수를 초래하고, 주변 사람들과의 관계를 멀어지게 만들 수 있다. 그래서 선배들이 자주 하는 말 중 하나가 "나이 들수록 말은 줄이고, 지갑을 열어라"라는 것이다. 이는 단순한 조언이 아니라 인생을 살아오며 경험한 이들의 깊은 깨달음에서 나온 말이다.

지나친 말이 부르는 문제

말이 많으면 자연스럽게 실수할 확률도 높아진다. 특히 나이가 들수록 자신의 경험을 바탕으로 후배들에게 조언하거나, 주변의 일에 개입하려는 경향이 강해진다. 하지만 이런 조언이 항상 상대에게 도움이 되는 것이 아니다. 때로는 좋은 의도로 한 말이 상대방에게 부담이 될 수도 있고, 시대의 흐름과 맞지 않는 조언이 될 수도 있다.

사람은 누구나 자기 방식대로 살아가고 싶어 한다. 아무리 선의로 한 말이라도 상대방이 그것을 원하지 않거나 받아들이기 어려운 경우가 많다. 특히 요즘 시대는 개인주의가 강해지고, 자기 주도적인 삶을 중요하게 여기는 문화가 자리 잡았다. 이런 환경에서 나이 든 사람이 자신의 경험을 바탕으로 지나치게 개입하면 오히려 불편함을 줄 수 있다.

말보다 행동이 중요한 이유

삶을 살아가면서 깨닫게 되는 중요한 교훈 중 하나는 말보다 행동이 더 큰 영향을 미친다는 것이다. 말로 많은 것을 설명하려 하기보다는 행동으로 보여주는 것이 더욱 효과적일 때가 많다. 예를 들어, 후배들에게 좋은 영향을 주고 싶다면 직접 모범을 보이는 것이 중요하다. 단순히 "이렇게 해야 해"라고 말하는 것보다 스스로가 그 가치를 실천하는 모습을 보일 때 후배들은 자연스럽게 배우고 따라오게 된다.

또한, 말이 많아질수록 타인과의 관계에서 갈등이 생길 가능성이 커진다. 때로는 의견이 다를 수도 있고, 자신의 의도가 왜곡될 수도 있다. 하지만 행동으로 보여주면 불필요한 오해를 줄이고, 진정성을 더 강조할 수 있다.

지갑을 열어라, 마음을 열어라

나이가 들수록 "말은 줄이고, 지갑을 열어라"라는 말이 강조되는 이유는 단순히 경제적인 의미를 넘어선다. 단순히 금전적인 도움을 주라는 것이 아니라, 후배나 주변 사람들에게 따뜻한 마음을 표현하는 방법을 배우라는 뜻이다.

사람들은 말보다 행동에서 진심을 느낀다. 예를 들어, 후배가 힘들어할 때 말로 조언을 늘어놓기보다는 따뜻한 한 끼 음식을 대접하거나, 작은 선물을 건네는 것이 더 큰 위로가 될 수 있다. 이런 행동은 단순히 물질적인 지원이 아니라, "나는 너를 이해하고 있고, 네가 힘든 상황을 공감하고 있다"는 메시지를 전달하는 역할을 한다.

또한, 지갑을 연다는 것은 단순히 금전적인 것뿐만 아니라 마음을 여는 것을 의미하기도 한다. 나이가 들수록 젊은 세대와의 문화 차이가 벌어지고, 서로 이해하기 어려운 부분이 많아진다. 이럴 때, 마음을 열고 상대방을 이해하려는 노력이 필요하다. 자기 생각을 강요하는 것이 아니라, 상대방의 이야기를 들어주고 공감하는 것이 중요하다.

많이 듣고 인정하는 자세

우리는 대화할 때 말하는 것보다 듣는 것이 더 어렵다는 사실을 자주 경험한다. 특히 나이가 들수록 자신이 경험한 것들이 많아지면서 "이건 이렇게 해야 해"라고 말하고 싶은 순간이 많아진다. 하지만 오히려 그런 순간일수록 한 걸음 물러나 상대방의 이야기를 들어주는 것이 더 중요하다.

젊은 세대는 자신들의 방식대로 세상을 살아가고 싶어 한다. 때로는 우리가 보기에 미숙해 보일 수도 있고, 잘못된 방향으로 가는 것처럼 보일 수도 있다. 하지만 그들도 시행착오를 겪으며 배워 나가는 과정에 있다. 그들이 성장할 수 있도록 기회를 주고, 믿어주고 인정해 주는 것이 중요하다.

"그래 너의 생각도 일리가 있구나."

"나는 이런 경험이 있었지만, 네 방식도 나름대로 의미가 있겠다."

이렇게 상대방을 인정하는 말 한 마디가 관계를 더욱 돈독하게 만들고, 서로를 이해하는 계기가 될 수 있다.

행동을 좁게 하여 몸과 마음을 보호하자

나이가 들수록 에너지는 한정적이다. 젊었을 때처럼 모든 일에 관여하고, 적극적으로 움직이는 것이 힘들어지기 마련이다. 따라서 행동의 범위를 좁히고, 꼭 필요한 일에 집중하는 것이 중요하다.

말을 줄이고, 행동으로 보여주며, 마음을 넓히자

결국 나이가 들수록 '말을 줄이고, 행동을 좁게 하며, 지갑과 마음을 열어야 한다'라는 것은 인생의 중요한 지혜다. 불필요한 말로 실수를 줄이고, 행동으로 신뢰를 쌓으며, 후배들과 주변 사람들에게 따뜻한 마음을 전하는 것이 더 나은 삶으로 이어진다.

많이 듣고, 인정하고, 꼭 필요한 순간에 도움을 줄 수 있는 사람이 되는 것, 그것이 나이가 들면서 지향해야 할 삶의 태도일 것이다.

80.
진짜 나를 돌아보는 시간

우리는 살아가며 다양한 도구를 통해 자신을 바라보고 점검한다. 그중 가장 일상적인 도구 중 하나가 바로 '거울'이다. 거울은 우리의 겉모습을 가장 명확하게 보여주는 도구로, 매일 아침 집을 나서기 전 우리는 습관처럼 거울 앞에 선다. 옷매무새를 다듬고, 머리를 정리하고, 표정을 가다듬는다. 이는 단순한 외모 점검을 넘어서, 사회 속에서 타인에게 비칠 나의 이미지를 관리하는 행위다. 말하자면 거울은 타인을 위한 나를 준비하게 해주는 도구이다.

하지만 우리는 종종 잊고 살아간다. 거울은 단지 외면을 비추는 도구일 뿐, 우리의 내면까지 비춰 주지는 못한다는 사실을 말이다. 거울 속의 모습은 웃고 있고 단정해 보이지만, 그 이면의 진짜 감정과 생각, 삶의 무게는 고스란히 숨겨져 있다. 오히려 그 숨겨진 부분이 우리 삶을 더 진실하게 보여주는 요소 일지도 모른다. 거울에 비친 내 모습이 때로는 연출되고 꾸며진 모습이라면, 보이지 않는 내면은 숨길 수 없는 진짜 내 모습일 것이다.

이러한 생각은 어린 시절 아버지께서 하셨던 말씀을 떠올리게 한다. "겉옷은 남루하고 허름하게 입더라도 속옷은 항상 깨끗하고 청결하게 챙겨 입어라." 당시에는 단순히 청결과 위생에 대한 당부로 들렸지만, 시간이 지나면서 그 말씀이 지닌 깊은 의미를 새삼스럽게 깨닫게 된다. 이는 외면보다 내면을 더 소중히 여기고 관리하라는 삶의 지침이었다. 남들이 보는 겉모습보다, 스스로 느끼고 살아가는 내면이 더욱 중요하다는 가르침이었던 것이다.

현대 사회는 외모와 이미지, 인상에 큰 가치를 두는 경향이 있다. SNS와 같은 매체에서는 사람들이 더욱 화려하고, 더 행복해 보이기 위해 애쓰며 살아간다. 거울에 비치는 모습처럼, SNS에 올라오는 사진 속 웃음은 종종 진실한 감정이라기보다는 연출된 장면에 가깝다. 우리는 타인의 시선을 의식하며 살아가고, 자신도 그런 사회적 기대에 부응하기 위해 자신을 꾸민다. 하지만 그 꾸밈 뒤에 있는 진짜 내가 불행하다면, 그 모든 연출은 결국 허상에 불과하다.

진정한 자기 관리란 단지 외모나 사회적 이미지를 가꾸는 데 그쳐서는 안 된다. 진정한 자기 관리란 내면을 들여다보고, 그 속에서 나를 이해하며, 나만의 행복을 찾아가는 과정이어야 한다. 나를 위한 웃음, 나를 위한 여유, 나를 위한 배려가 필요한 시점이다. 우리는 남을 위한 봉사도 중요하지만, 때때로 자신을 위한 돌봄 역시 필요하다는 사실을 자주 잊곤 한다. 거울 속 봉사와 헌신이 타인을 위한 것이라면, 거울에 비치지 않는 뒷면의 자아는 나를 위한 위로와 회복이 되어야 한다.

삶은 단순히 보이는 이미지로만 정의되지 않는다. 오히려 가장 본질적이고 중요한 부분은 보이지 않는 그 무언가일 수 있다. 우리가 외면을 꾸미는 데 드는 시간만큼, 내면을 돌보는 데에도 시간을 들인다면 우리 삶은 더욱 균형 잡히고 건강해질 수 있을 것이다. 내면의 감정을 정직하게 들여다보고, 스스로에게 다정해지며, 자신의 삶을 있는 그대로 인정하고 수용하는 태도는 진정한 자기 돌봄의 시작이다.

거울에 비친 모습은 지금, 이 순간의 외면일 뿐이다. 시간과 상황에 따라 바뀔 수 있는 모습이다. 하지만 거울의 뒷면, 즉 내면의 자아는 쉽게 변하지 않으며, 그 사람의 삶의 방향성과 본질을 결정짓는 중요한 요소이다. 그러므로 우리는 하루에 몇 번씩 거울을 들여다보며 외모를 점검하는 것처럼, 정기적으로 자신의 내면을 들여다보며 삶을 돌아볼 필요가 있다. 오늘 하루, 나는 어떤 감정을 느꼈고, 무엇이 나를 힘들게 했으며, 어떤 일에 기뻐했는지를 스스로에게 묻는 시간은 결코 낭비가 아니다.

내면을 돌보는 일은 생각보다 어렵지 않다. 자신에게 진실되게 대하는 것, 감정을 억누르지 않고 표현하는 것, 남의 기준이 아닌 나만의 가치와 삶의 목적을 지키며 살아가는 것, 이 모든 것이 내면을 돌보는 행위이다. 또한 내면의 건강함은 외면으로도 스며 나오게 마련이다. 억지로 웃지 않아도 자연스럽게 따뜻함이 묻어나는 사람이 있는 이유는, 그들의 거울 뒤편이 단단히 정리되어 있기 때문일 것이다.

우리는 앞으로도 계속해서 거울을 마주하며 살아갈 것이다. 외모를 다듬고, 웃는 얼굴을 만들어 낼 것이다. 그러나 그와 동시에 거울 속에 비치지 않는 뒷면, 즉 나의 마음과 내면, 감정과 생각을 더욱 깊이 있게 들여다보는 삶을 살아야 한다. 보이는 것에만 집착하지 않고, 보이지 않는 곳에 진정한 나의 가치를 심는 삶. 그것이 야말로 우리가 진정으로 추구해야 할 모습이다.

거울에 비치는 내 모습보다 더 중요한 것은, 거울의 뒤편에 존재하는 나의 진짜 모습이다. 우리는 그 모습을 잊지 않고 살아야 하며, 오히려 그것을 중심으로 자신을 만들어 가야 한다. 진정한 행복은 거울 속 연출된 미소가 아닌, 거울 뒤편에서 진실로 웃고 있는 자신에게서 비롯된다는 사실을 기억해야 한다.

81.
인생 후반의 진짜 경쟁력은 건강

인생의 후반부에 들어서면 우리는 자연스레 삶의 본질과 진짜 중요한 것들이 무엇인지에 대해 돌아보게 된다. 젊은 시절에는 가족을 위해, 성공을 위해, 돈과 명예를 위해 쉼 없이 달려온 이들이 많다. 그 과정에서 소중한 인간관계를 맺고, 나름의 성취를 이루며 살아왔을 것이다. 하지만 시간이 흘러 인생의 후반에 들어서면, 결국 모든 것의 기반이자 가장 중요한 삶의 경쟁력이 무엇인지 선명해진다. 그것은 바로 건강한 육체와 올바른 정신이다.

돈도, 명예도, 가족도 물론 중요하다. 그러나 이 모든 것을 누리고 지키기 위해서는 무엇보다 '건강'이 뒷받침되어야 한다. 건강이 무너지면 돈이 아무리 많아도 소용이 없다. 건강을 잃고 병상에 누워 있거나 정신이 흐려져 타인과의 관계가 무너지면, 우리가 그토록 소중히 여겨 온 삶의 가치들이 힘을 잃는다. 건강은 인생을 지탱하는 가장 근본적인 토대이자, 우리가 삶을 주체적으로 살아가기 위한 유일한 수단이다.

문제는 건강이라는 것이 하루아침에 손에 넣을 수 있는 것이 아니라는 점이다. 한순간에 무너지기도 하지만, 회복은 절대 빠르지 않다. 그래서 건강은 마치 은행에 저축하는 돈처럼, 평소에 조금씩 꾸준히 쌓아 가는 과정이 되어야 한다. 하루 10분의 스트레칭, 일주일에 두세 번의 가벼운 운동, 꾸준한 수면과 균형 잡힌 식사, 나쁜 습관을 멀리하는 삶의 태도, 그리고 긍정적이고 유연한 사고방식. 이런 작은 실천들이 결국에는 육체와 정신의 균형을 이룬 건강한 삶으로 이어진다.

노년의 건강은 '지금'의 습관이 만든 결과물이다. 지금 무심코 넘기는 피로, 조금씩 쌓이는 스트레스, 나중으로 미루는 운동, 불규칙한 생활 습관이 바로 내일의 건강을 위협한다. 특히 중년 이후부터는 근육이 줄고, 면역력이 떨어지며, 정신적으로도 외로움이나 우울감에 쉽게 노출될 수 있다.

이때 건강을 방치하면 노년기에 일상생활조차 힘들 수 있다. 간단한 외출이나 식사 준비도 벅차고, 정서적으로는 고립되며 주변과의 관계도 점차 단절되기 쉽다. 육체가 약해지면 삶의 동력이 떨어지고, 정신이 흐려지면 사회적 관계가 무너진다.

따라서 인생 후반을 준비하는 가장 확실한 방법은 지금, 이 순간부터 '건강 마일리지'를 차곡차곡 쌓아 가는 일이다. 매일 은행에 저축하듯, 내 몸과 마음을 위한 투자를 게을리 하지 말아야 한다. 운동을 하고, 나에게 맞는 식단을 유지하고, 충분히 쉬고, 명상과 독서, 또는 좋은 사람들과의 대화를 통해 정신의 근력을 키워야 한다. 단 5분이라도 몸을 움직이고, 긍정적인 말을 한 마디라도 나누고, 하루에 물 한 컵 더 마시는 실천이 누적되어, 결국에는 튼튼한 '건강이라는 통장'을 만들어 낸다.

많은 이들이 돈을 벌기 위해 노력하듯, 이제는 건강을 벌기 위해 노력해야 할 시기다. 이미 가지고 있는 건강을 잃지 않기 위한 노력도 중요하다. 병을 예방하는 삶, 마음을 다독이는 습관, 그리고 사람들과 따뜻하게 소통하는 자세. 이는 우리를 병원 대신 공원으로, 요양원 대신 여행지로 이끌어 줄 것이다. 건강한 육체가 있으면 걷고 움직이며 세상을 누릴 수 있고, 올바른 정신이 있으면 타인과 어울리며 삶의 의미를 나눌 수 있다.

노후의 삶이 풍요롭기 위해서는 경제적 준비도 물론 필요하다. 그러나 그 경제적 자산을 활용할 수 있는 힘, 바로 건강이 있어야 그것들이 비로소 의미를 갖는다. 건강이 없다면 여행도, 친구와의 만남도, 가족과의 시간도 무색해진다. 나아가 건강은 남에게 의존하지 않고 살아갈 수 있는 가장 중요한 자립의 기반이다. 스스로 씻고, 걷고, 말하고, 생각할 수 있는 능력이야말로 인간다움의 핵심이며, 인생의 품격을 결정짓는 요소다.

결국, 인생 후반의 진짜 경쟁력은 건강한 육체와 건강한 정신을 유지하려는 태도에서 비롯된다. 젊을 때처럼 빠르게 달리지 않아도 된다. 중요한 것은 멈추지 않고, 매일매일 건강이라는 길 위를 천천히 걷는 것이다. 그렇게 모아진 건강의 마일리지가 쌓이고, 그 통장을 단단하게 지켜 나갈 수 있다면 우리의 노후는 훨씬 덜 불안하고, 훨씬 더 자유로울 것이다.

지금, 이 순간부터라도 늦지 않았다. 오늘의 선택이 내일의 건강을 결정짓고, 오늘의 습관이 미래 삶의 질을 좌우한다. 건강이라는 통장, 오늘부터 다시 차곡차곡 저축해 보자. 그것이야말로 인생 후반의 삶을 빛나게 만드는 가장 현명한 투자다.

82.
홍시 같은 삶의 지혜

사람으로 태어나 한평생을 살아가며 모든 사람에게 사랑받는 존재로 살아갈 수 있을까? 이는 누구나 한 번쯤 꿈꿔 보는 일이지만 현실 속에서 실현하기란 쉽지 않다. 그러나 우리가 노력한다면, 정신적으로나 육체적으로 나이가 들어가면서도 모두가 좋아하고 함께하고 싶어 하는 삶, 즉 홍시 같은 삶으로 익어 가는 것이 불가능하지는 않을 것이다.

많은 이들이 나이 들어가는 과정을 '늙어 가는 것'이라고 표현하곤 한다. 그러나 늙어 간다는 말이 가진 부정적인 뉘앙스를 벗어나, 우리는 나이 들어가는 것을 '익어 가는 것'으로 생각해 볼 필요가 있다. 나무에 매달린 감이 시간이 지나며 홍시로 변하듯, 우리 삶도 나이를 먹어 가면서 점점 더 성숙하고 풍요로워질 수 있다. 그러므로 이러한 성숙함은 우리가 어떤 태도로 살아가느냐에 따라 달라질 수 있다.

홍시가 주는 교훈

홍시를 싫어하는 사람은 드물다. 누구나 그 달콤하고 부드러운 맛을 좋아한다. 그런데 홍시가 처음부터 그런 존재는 아니었다. 갓 따낸 특유의 떫은맛 때문에 사람들이 선뜻 즐기지 않는다. 하지만 시간이 지나며 감은 떫은맛을 내려놓고 달콤함을 품어내며 완전히 새로운 모습으로 다시 태어난다. 바로 이 과정에서 우리는 삶에 대한 중요한 교훈을 얻을 수 있다.

우리 또한 살아가며 다른 사람들에게 떫은맛 같은 존재로 인식될 때가 있다. 우리의 말투, 행동, 태도가 상대방에게 불편함이나 거부감을 줄 때가 있다. 하지만 중요한 것은 이 떫은맛을 인지하고 그것을 내려놓으려는 노력을 통해, 모두가 좋아하는 홍시 같은 사람으로 변화할 수 있다는 점이다.

떫은맛을 내려놓기 위한 자기 성찰

홍시 같은 삶을 살아가기 위해 가장 중요한 것은 자기 성찰이다. 내가 떫은맛을 지니고 있는 것은 아닌지, 다른 사람에게 불편함을 주는 요소가 무엇인지를 끊임없이 돌아보아야 한다. 우리가 자신을 돌아보지 않는다면, 떫은맛은 점점 강해지고 주변 사람들에게 부정적인 인상을 남길 수밖에 없다.

떫은맛을 내려놓기 위해서는 첫째, 타인의 피드백에 귀를 기울여야 한다. 다른 사람들이 나의 행동이나 말투를 어떻게 느끼는지, 그들이 내게 어떤 기대를 하고 있는지를 겸허히 받아들이는 자세가 필요하다. 둘째, 마음속의 고집과 아집을 버려야 한다. 떫은맛을 고집스레 붙들고 있다면, 우리는 결코 홍시로 익어 갈 수 없다. 열린 마음으로 변화와 성장을 받아들이는 자세가 중요하다.

홍시 같은 삶이 가져오는 긍정적 영향

홍시 같은 사람은 누구에게나 따뜻함과 달콤함을 전해준다. 그런 사람 주변에는 자연스럽게 사람들이 모이고, 함께하고자 하는 마음이 생긴다. 이는 단순히 인간관계를 넘어 삶의 모든 측면에서 긍정적인 변화를 불러온다.

첫째, 가족과 친구, 동료들과의 관계가 깊어지고 풍요로워진다. 떫은맛을 내려놓고 부드럽고 달콤한 태도로 다가가면, 그들은 더 이상 나를 피하거나 거리를 두지 않을 것이다. 둘째, 나 자신도 더 행복해진다. 다른 사람에게 주는 따뜻함은 결국 내게도 돌아오기 때문이다. 이러한 선순환 속에서 우리는 더욱 성숙하고 행복한 삶을 누릴 수 있다.

떫은맛을 인지하고 바꾸는 실천

삶에서 떫은맛을 내려놓기 위해 우리는 몇 가지 실천을 지속해야 한다.

자신을 점검하기: 하루를 마무리하며 스스로에게 물어보자. 오늘 내가 떫은맛을 보였던 순간은 없었는가? 내가 한 말이나 행동이 누군가를 불편하게 하지는 않았는가? 이러한 질문을 통해 우리는 자신을 객관적으로 바라볼 수 있다.

감정 조절하기: 떫은맛은 종종 우리의 감정에서 비롯된다. 특히 화나 짜증 같은 부정적인 감정은 떫은맛을 강하게 만든다. 감정을 조절하고 긍정적인 마음을 유지하려는 노력이 필요하다.

타인의 입장에서 생각하기: 다른 사람의 입장에서 생각해 보는 습관을 들이자. 내가 하는 말과 행동이 상대방에게 어떻게 느껴질지 한 번 더 고민해 본다면, 자연스럽게 떫은맛을 줄이고 부드러움을 더할 수 있다.

칭찬과 격려를 아끼지 않기: 떫은맛을 줄이는 가장 쉬운 방법 중 하나는 다른 사람을 인정하고 칭찬하는 것이다. 작은 칭찬이라도 진심이 담긴 말은 상대방에게 큰 감동을 준다.

홍시로 익어 가기 위한 여정

홍시 같은 삶을 살아가는 것은 하루아침에 이루어지지 않는다. 이는 오랜 시간에 걸쳐 이루어지는 꾸준한 노력의 결과다. 하지만 중요한 것은 우리가 그 여정을 기꺼이 받아들이고 실천하는 데 있다. 떫은맛을 하나씩 내려놓고 달콤함을 더해 가다 보면, 우리는 언젠가 모두가 좋아하고 함께하고 싶어 하는 홍시 같은 사람이 될 수 있을 것이다.

결국, 홍시 같은 삶이란 단순히 나 자신을 위한 것이 아니다. 그 것은 내가 속한 공동체와 관계를 더욱 따뜻하고 조화롭게 만드는 데 이바지한다. 내가 달콤한 홍시가 될 때, 나의 영향력은 나 자신을 넘어 주변 사람들에게까지 미치게 될 것이다.

그러니 오늘도 물어보자. 나는 떫은맛을 내려놓았는가? 홍시로 익어 가고 있는가? 이 질문에 대한 답을 찾아가며, 우리는 더 많은 사람들에게 사랑받는 존재로 변화할 수 있을 것이다.

83.
성인 자녀의 독립을 돕는
현명한 부모의 역할

성인 자녀가 사회에 첫발을 내디딜 때 부모의 관심과 역할, 경제적 지원이 어떻게 독이 될 수도 있고, 밑거름이 될 수도 있는지에 대해 많은 부모들이 깊이 고민한다. 화초 키우기 경험처럼 지나친 관심과 사랑은 자녀의 성장을 방해할 수 있지만, 적절한 지원은 자녀의 성공을 도울 수 있다. 여기서는 성인 자녀의 독립과 성장을 지원하는 현명한 방법을 구체적으로 살펴본다.

자녀의 독립성 존중하기
성인 자녀가 스스로 무엇을 해결하고 독립적으로 행동할 수 있는 능력을 키우는 것이 중요하다. 부모가 지나치게 개입하면 자녀는 자신의 결정을 신뢰하지 못하게 되고, 이는 자립심을 저해할 수 있다. 자녀가 스스로 결정을 내리고 그에 따른 책임을 지도록 격려하는 것이 필요하다. 부모는 조언을 제공하되, 자녀가 필요할 때만 개입하는 것이 바람직하다.

경제적 지원의 적절한 선 정하기
자녀에게 경제적 지원을 제공할 때는 그 한계를 명확히 정하는 것이 중요하다. 무조건적인 지원은 자녀가 경제적 책임감을 느끼지 못하게 될 수 있다. 대신 필요한 경우 일시적인 지원을 제공하고, 자녀가 재정 관리를 배울 수 있도록 돕는 것이 좋다. 예를 들어 생활비의 일부를 지원하되, 자녀가 스스로 예산을 세우고 관리하도록 도와주는 것이 좋은 방법이다.

현실적인 기대와 목표 설정

자녀가 사회에 첫발을 내디딜 때는 많은 어려움이 따르기 마련이다. 부모는 자녀가 겪는 어려움에 대해 현실적인 기대를 하고, 자녀가 목표를 설정하고 이를 달성하는 과정을 지켜보며 응원해야 한다. 자녀의 작은 성취에도 격려를 아끼지 않으며 실패를 경험할 때도 지지와 위로를 제공하는 것이 중요하다.

건강한 의사소통 유지

부모와 자녀 간의 건강한 의사소통은 매우 중요하다. 자녀가 자기 생각과 감정을 자유롭게 표현할 수 있도록 격려하고, 부모는 경청의 자세를 유지해야 한다. 이를 통해 자녀는 자신의 감정과 생각을 명확히 이해하고, 부모는 자녀의 필요와 걱정을 더 잘 이해할 수 있다.

자녀의 자율성 인정하기

성인 자녀는 자신의 삶에 대한 주체적인 결정을 내릴 권리가 있다. 부모는 자녀의 결정을 존중하고 그 결정을 지지하는 태도를 보여야 한다. 자녀가 선택한 길이 부모의 기대와 다르더라도, 자녀의 선택을 존중하고 그 길에서 성공할 수 있도록 지원하는 것이 필요하다.

재정 교육 제공하기

경제적 지원을 하면서도 자녀가 재정적으로 자립할 수 있도록 재정 교육을 제공하는 것이 중요하다. 예산 관리, 저축, 투자 등에 대한 기초 지식을 가르치고 자녀가 재정 계획을 세울 수 있도록 도와주는 것이 좋다. 이를 통해 자녀는 스스로 재정적 안정을 구축할 수 있는 능력을 갖추게 된다.

실패와 성공의 경험 존중하기

자녀가 실패를 경험할 때, 이를 성장의 기회로 받아들이는 태도가 중요하다. 부모는 자녀가 실패를 통해 배울 수 있도록 지지하고, 성공을 경험할 때는 이를 충분히 인정하고 축하해 주는 것이 필요하다. 이러한 경험은 자녀가 더 강한 회복력과 자신감을 느끼게 도와준다.

부모의 역할 재정립하기

성인 자녀의 출발에 있어 부모는 지도자에서 후원자로 역할을 전환해야 한다. 자녀가 필요할 때 조언을 제공하되, 자녀의 주체적인 삶을 존중하는 것이 중요하다. 부모는 자녀의 삶에 직접 개입하는 대신, 뒤에서 지지하고 응원하는 역할을 하는 것이 바람직하다.

이와 같이, 성인 자녀가 사회에 첫발을 내디딜 때 부모의 역할은 매우 중요하다. 지나친 관심과 사랑은 자녀의 자립성을 저해할 수 있지만, 현명한 관심과 적절한 경제적 지원은 자녀의 성공을 돕는 밑거름이 될 수 있다. 자녀의 독립성을 존중하고, 현실적인 기대와 목표를 설정하며, 건강한 의사소통을 유지하는 등 부모의 지혜로운 접근이 필요하다. 이러한 접근은 자녀가 자신감을 느끼고 자신의 길을 찾아가는 데 큰 도움이 될 것이다.

84.
은퇴 후의 삶을 가치 있게 만들기

　인간의 삶에서 하루 24시간을 온전히 자기 자신에게만 쓸 수 있는 시간이 누구에게나 언젠가는 찾아온다. 이는 정년퇴직을 앞둔 이들이나 사회적 은퇴를 준비하는 이들에게 다가오는 필연적인 변화이다. 이러한 시간이 다가오면 사람들은 다양한 감정을 느끼게 된다. 설렘과 기대감으로 가슴이 뛰기도 하고, 반면에 미래에 대한 불안과 초조함을 느끼기도 한다. 하지만 이 시간을 두려워하기보다는 소중한 기회로 받아들이고, 이를 축하 받으며 최대한 의미 있게 활용하는 것이 중요하다. 특히 현대 사회에서는 인간의 수명이 점점 길어지고 있다는 점도 중요한 고려 사항이다. 늘어난 수명은 인생의 보너스와도 같은 것이기에, 그 시간을 어떻게 사용할 것인지를 긍정적으로 계획하는 것이 필요하다.

　평균 수명이 길어지면서 이제는 일과 은퇴 후 삶의 균형을 이루어야 할 필요성이 더 커졌다. 과거에는 퇴직 후 몇 년을 보내는 것이 일반적이었다면, 이제는 퇴직 후 20년, 30년 이상을 건강하게 보내는 사람들이 늘어나고 있다. 이는 우리가 이전과는 다른 방식으로 삶을 설계해야 함을 의미한다. 더 이상 퇴직 후의 시간을 '쉬는 시간'으로만 간주해서는 안 된다. 오히려 이 시간을 자기 계발, 취미 생활, 사회적 활동 등을 통해 더욱 풍요롭고 의미 있게 만들어야 한다.

특히 중요한 점은 퇴직 후의 시간이 초라하거나 무의미한 부담으로 느껴져서는 안 된다는 것이다. 우리는 흔히 일을 통해 정체성을 형성하고, 사회적 연결망을 구축한다. 그러나 은퇴와 함께 이러한 사회적 역할과 연결망이 사라지면서 자신을 상실하는 느낌을 받을 수 있다. 이를 방지하기 위해서는 미리부터 은퇴 이후의 삶을 어떻게 보낼지 고민하고 계획하는 것이 중요하다. 자신이 좋아하는 일이나 새로운 취미를 찾고, 자원봉사나 지역 사회의 일원으로서 활동하는 것도 좋은 방법이다. 이를 통해 우리는 사회와의 연결을 유지하고, 새로운 목표와 의미를 발견할 수 있다.

또한, 은퇴 후의 시간을 준비하는 과정에서 중요한 것은 건강이다. 아무리 많은 시간이 주어진다고 해도 건강하지 않으면 그 시간을 충분히 즐길 수 없다. 따라서 규칙적인 운동과 올바른 식습관을 유지하고, 정신건강을 돌보는 것도 필수적이다. 퇴직 후의 삶을 미리 준비하며, 몸과 마음의 건강을 관리하는 것은 그 시간을 더욱 값지게 만들어 준다.

은퇴 후의 삶을 긍정적으로 준비하는 과정에서 가장 중요한 것은 열린 마음과 유연한 사고이다. 인생의 새로운 장을 여는 이 시기는 더 이상 과거의 직업이나 사회적 위치에 얽매이지 않고, 자신만의 새로운 목표와 꿈을 설정할 기회이다. 예를 들어, 그동안 바빠서 하지 못했던 여행을 떠나거나, 새로운 기술을 배우거나, 심지어 새로운 직업에 도전하는 등 다양한 가능성을 탐색해 볼 수 있다. 이러한 도전과 경험은 우리 삶을 더욱 풍요롭게 만들고, 자신에게 주어진 시간을 더욱 의미 있게 사용할 수 있는 방법이 될 수 있다.

결국, 인간의 수명이 연장되고 있다는 것은 특별한 보너스이다. 이는 우리에게 더 많은 시간을 주고, 그 시간을 어떻게 사용할지에 대한 자유를 준다. 이를 소중하게 생각하고, 의미 있게 활용하기 위해서는 철저한 준비와 긍정적인 태도가 필요하다. 사회적 은퇴나 정년퇴직을 앞둔 모든 사람들은 이러한 변화를 두려워하지 말고, 오히려 자신만의 새로운 여정을 시작할 기회로 삼아야 한다. 하루 24시간이 오로지 내 시간이 되는 순간, 우리는 그 시간을 어떻게 의미 있게 보낼 것인지에 대한 멋진 본보기를 만들어 나가야 할 것이다.

85.
내려놓음의 지혜, 가벼운 삶의 시작

내려놓음의 지혜: 마음의 평온을 위한 실천

많은 사람들이 인생을 살아가면서 어느 순간 "내려놓아야 한다" 라는 조언을 듣는다. 하지만 내려놓는다는 것은 말처럼 쉬운 일이 아니다. 욕심, 집착, 미련, 과거의 상처 등이 내려놓음을 방해하며, 이를 떨쳐내지 못하면 마음이 불편해지고 감정적으로 힘들어진다.

우리는 살면서 예상치 못한 일들에 부딪히며 실망하고, 분노하고, 서운함을 느낀다. 누군가의 행동이 마음에 들지 않거나, 기대했던 결과가 나오지 않았을 때, 혹은 과거의 기억이 계속해서 자신을 괴롭힐 때, 감정의 소용돌이 속에서 힘들어한다. 이런 순간이 찾아올 때마다 우리는 "아직도 덜 내려놓았구나!"라고 인정하는 것이 중요하다. 내려놓지 못한 부분이 있음을 스스로 깨닫고, 그 사실을 받아들이는 과정이 필요하다.

내려놓지 못한 이유

내려놓기가 어려운 가장 큰 이유는 '욕심'과 '집착' 때문이다. 우리는 무언가를 움켜쥠으로써 안전하다고 느끼고, 통제할 수 있다고 생각한다. 하지만 삶에서 통제할 수 없는 것이 더 많다는 사실을 인정하는 순간부터 내려놓음이 시작된다.

또한, 과거의 경험들이 내려놓음을 방해하는 때도 많다. 어떤 사람에게 받은 상처, 실패에 대한 두려움, 기대가 충족되지 않았던 기억 등은 마음속 깊이 자리 잡고 쉽게 사라지지 않는다. 이런 것들이 쌓이면서 우리는 더욱 집착하게 되고, 결과적으로 더 큰 스트레스를 받게 된다.

또 하나의 이유는 '자기중심적인 사고'다. 우리는 자신이 옳다고 믿고, 자신의 기준으로 다른 사람을 평가하며, 세상이 자신이 원하는 방향으로 흘러가길 바란다. 하지만 현실은 그렇지 않다. 세상은 우리가 원하는 대로 흘러가지 않으며, 다른 사람들도 우리와 같은 생각을 하고 있지 않다. 이를 인정하지 못하면 계속해서 서운함을 느끼고, 실망하며, 분노하게 된다.

내려놓는 연습

내려놓는 것은 하루아침에 이루어지는 일이 아니다. 꾸준한 연습과 인식의 변화가 필요하다. 다음과 같은 연습을 통해 내려놓음을 실천할 수 있다.

감정의 흐름을 인정하기: 우리는 감정을 억누르려고 하거나, 감정에 휘둘리곤 한다. 하지만 감정은 자연스러운 것이다. 중요한 것은 그 감정이 왜 생겼는지 이해하고, 그대로 흘려보내는 것이다. 화가 나거나 서운함이 들 때, 그 감정을 부정하기보다는 '지금 나는 이런 감정을 느끼고 있구나'라고 인정하는 것이 중요하다.

'아직 덜 내려놓았구나'라고 생각하기: 어떤 일이 우리를 화나게 하거나 신경 쓰이게 할 때 "왜 이렇게 신경 쓰이지?"라고 자문해 보자, 그러면 "아, 아직 이 부분을 내려놓지 못했구나"라는 깨달음을 얻을 수 있다. 내려놓지 못한 감정이 있다는 것을 인정하는 것만으로도 마음이 한결 편안해진다.

기대를 줄이기: 기대가 클수록 실망도 크다. 우리는 종종 다른 사람들에게 기대를 걸고, 특정한 결과를 바라고, 상황이 자신이 원하는 방향으로 흘러가길 기대한다. 하지만 기대가 충족되지 않을 가능성이 훨씬 크다는 것을 인정해야 한다. 기대를 줄이면 실망도 줄어들고, 자연스럽게 내려놓음이 쉬워진다.

모든 것은 변화한다는 사실을 받아들이기: 우리는 변화를 두려워하지만, 세상에 영원한 것은 없다. 감정도, 상황도, 관계도 변한다. 내려놓는다는 것은 변화에 대한 두려움을 내려놓는 것이기도 하다. 지금 힘든 일이 있어도 시간이 지나면 지나간다. 기쁨도 영원하지 않으며, 슬픔도 영원하지 않다.

자신의 욕심과 집착을 점검하기: 우리는 종종 자신이 내려놓았다고 생각하지만, 사실은 여전히 무언가를 붙잡고 있다. 무엇을 놓지 못하고 있는지 스스로에게 물어보는 것이 중요하다. 돈, 관계, 명예, 자존심, 인정받고 싶은 마음 등 내려놓기 어려운 것들이 많다. 하지만 그것을 붙잡고 있다고 해서 행복해지는 것은 아니다. 오히려 마음의 짐이 될 뿐이다.

내려놓음이 주는 자유

내려놓음을 실천하면 무엇보다 마음이 편해진다. 불필요한 감정 소모가 줄어들고, 남을 탓하는 일이 적어지며, 자기 삶에 더 집중할 수 있게 된다. 또한, 내려놓음은 인간관계에서도 큰 변화를 불러온다. 우리는 종종 다른 사람을 바꾸려고 하거나, 상대에게서 원하는 반응을 기대한다. 하지만 상대를 있는 그대로 받아들이고 기대를 내려놓으면, 관계가 훨씬 편안해진다. '내가 맞고, 네가 틀리다'라는 생각을 내려놓을 때, 비로소 소통이 원활해지고, 갈등이 줄어든다.

무엇보다 내려놓음은 '나 자신'을 자유롭게 만든다. 과거의 상처, 후회, 미련, 비교, 욕심 등에서 벗어나면 더 가볍고 행복한 삶을 살 수 있다. 움켜쥔다고 해서 얻을 수 있는 것이 없다면, 손을 놓는 것이 더 현명한 선택이다.

내려놓음은 결국 나를 위한 길

우리는 인생을 살아가면서 끊임없이 무언가를 움켜쥐려 한다. 인정받고 싶은 욕심, 관계에 대한 집착, 과거의 후회, 미래에 대한 불안, 그리고 사소한 감정들까지. 하지만 그런 것들을 붙잡고 있다고 해서 삶이 더 나아지는 것은 아니다. 오히려 더 무겁고 힘들어진다.

내려놓는 것은 한 번의 결심으로 끝나는 일이 아니다. 계속해서 연습해야 하고, 어느 순간 다시 움켜쥐고 있는 자신을 발견할 수도 있다. 하지만 그때마다 "아직도 덜 내려놓았구나"라고 인정하며 다시 내려놓기를 실천하면 된다.

내려놓음은 단순히 포기하는 것이 아니라, 나 자신을 위한 선택이다. 불필요한 감정과 집착을 내려놓을수록 더 가볍고 자유로워진다. 삶은 우리가 통제할 수 없는 요소들로 가득 차 있지만, 적어도 우리의 마음가짐만큼은 스스로 선택할 수 있다.

그러니 완벽하게 내려놓으려고 조급해할 필요는 없다. 중요한 것은 내려놓으려는 '의식'과 '연습'이다. "아직도 덜 내려놓았구나" 라고 인정하는 순간부터 우리는 조금씩 자유로워진다. 모든 것을 다 내려놓을 수 있는 날이 올 수도 있고, 아닐 수도 있다. 하지만 한 가지 확실한 것은 내려놓으려는 순간부터 우리는 더 편안한 마음으로 살아갈 수 있다는 것이다. 더 이상 불필요한 짐을 지고 가지 말자. 움켜쥐어도 바뀌는 것은 없고, 결국 우리를 힘들게 할 뿐이다. 이제는 조금씩 내려놓고, 더 가벼운 마음으로 삶을 살아 보자.

86.
품격 있는 나이 듦을 위한 태도

나이가 들면서 누구나 겪는 자연스러운 변화 중 하나는 외모의 변화이다. 거울을 볼 때마다 예전과는 다른 모습에 익숙해지는 시간은 때론 서글프게 느껴지기도 한다. 이마와 눈가의 주름, 점점 늘어나는 흰머리, 굳어 가는 표정, 허술해지는 옷차림, 어두워진 피부 색조는 세월의 흔적을 그대로 드러낸다. 젊음이 영원하지 않다는 진리를 체감하게 되면서 우리는 한편으로 체념하고, 한편으로는 그 변화를 어떻게 받아들일 것인지 고민하게 된다.

그러나 인생 100세 시대를 살아가는 지금, 외모의 변화를 방치하는 것이 나이 듦의 당연한 과정이라 치부해서는 안 된다. 오히려 예전보다 더 적극적으로 나 자신을 가꾸고 관리하려는 자세가 필요하다. 이는 단순히 젊게 보이기 위한 외적인 욕심이 아니라, 삶에 대한 태도이자 자신에 대한 존중의 표현이다. 꾸준히 피부를 관리하고, 단정한 옷차림을 유지하며, 밝은 표정을 짓는 일은 나 자신에게 자신감을 주고, 타인에게도 좋은 인상을 남기게 한다.

특히 나이가 들수록 외모 이상으로 중요한 것은 표정과 풍기는 분위기다. 굳은 얼굴과 인상을 쓰는 습관은 자칫 까칠하고 고집스러운 이미지를 줄 수 있지만, 이는 인간관계를 단절시키는 원인이 되기도 한다. 반면, 부드러운 미소와 여유 있는 태도는 나이와 관계없이 사람들에게 편안함과 호감을 주며, 세월이 만든 깊이와 함께 '품격'이라는 또 다른 아름다움을 만들어 낸다. 사람은 결국 나이보다 분위기로 기억된다. 잔잔한 미소와 단정한 자세, 깔끔한 말투는 나이든 외모를 뛰어넘어 그 사람의 '멋'을 만들어 준다.

외모와 함께 우리 삶 속에서 조용히 자리 잡는 부정적인 감정과 태도들 역시 경계해야 한다. 나이가 들수록 자신도 모르게 생기는 고집, 잔소리, 남에 대한 집착, 사소한 일에도 쉽게 상처받고 섭섭해 하는 마음은 주변 사람들과의 거리를 멀어지게 만든다. 한때는 젊음과 에너지로 너그러웠던 사람이 세월과 함께 좁아지고 까다로워지는 모습은 절대 바람직하지 않다. 나이가 들었다는 이유만으로 타인에게 불편함을 줄 권리가 생기는 것은 아니다.

오히려 나이가 들수록 자신의 마음을 돌아보고, 부정적인 감정을 덜어내는 '자기 치유'의 과정이 필요하다. 마음속에 쌓인 미움이나 상처, 서운함을 털어내기 위해 일기나 명상, 산책, 대화, 취미생활 등을 활용하여 자신을 돌보고 다스리는 습관을 들여야 한다. 진정한 자기 관리란 외모만이 아니라 마음까지 포함하는 것이며, 그러한 마음가짐이 외모의 표정에도 긍정적인 영향을 미친다.

고집과 아집보다는 유연함과 열린 마음을, 잔소리보다는 따뜻한 격려와 공감을 전하는 사람이 되는 것, 이것이야말로 세월이 지나도 존경받고 사랑받는 어른이 되는 길이다. 나이가 들어감에 따라 점점 말수가 줄어들고, 무게감 있는 말 한 마디로 신뢰를 주는 사람이 되어 가는 것이 진정한 성숙의 모습일 것이다. 이런 변화는 하루아침에 이루어지지 않는다. 매일 조금씩, 꾸준히 마음을 다스리고 표정을 가꾸는 노력이 쌓일 때 비로소 진정한 '나이 듦의 아름다움'이 완성된다.

또한, 우리는 자신의 변화뿐 아니라 타인과의 관계에서도 성숙한 자세를 갖추어야 한다. 세대 간의 차이와 사회 변화에 유연하게 적응하고, 후배 세대의 사고방식을 충족하며, 젊은이들의 새로운 감각을 이해하려는 노력은 나이를 뛰어넘는 소통의 기반이 된다. "요즘 애들"이라는 말 대신 "그럴 수도 있겠다"라는 말로 받아들일 수 있는 너그러움은 인간관계를 더욱 풍요롭게 한다.

결국 나이에 걸맞은 품격과 분위기를 지닌다는 것은 외모와 내면 모두를 조화롭게 가꾸는 일이다. 외모의 변화는 피할 수 없지만, 그것을 받아들이는 자세는 스스로 선택할 수 있다. 나이 들어도 멋지고, 깊이 있고, 존중받는 삶을 살기 위해 우리는 오늘도 거울 앞에 서고, 마음을 들여다보며 천천히, 그러나 꾸준히 나 자신을 다듬어야 할 것이다. 그것이 바로 진정한 '아름다운 노년'을 향한 첫걸음이자, 나답게 살아가는 품격 있는 삶의 자세일 것이다.

87.
은퇴 후의 처세

은퇴는 오랜 기간 왕성한 사회활동을 해오던 사람이 겪게 되는 큰 전환점이다. 은퇴는 일반적으로 주변 사람들의 축하와 함께 오랜 시간의 노고에 대한 보상의 순간으로 여겨지지만, 그 이면에는 예기치 않은 고독감, 쓸쓸함, 그리고 일상생활의 어색함과 같은 감정이 찾아올 수 있다. 이는 개인적으로 우울감, 허무감, 무기력증 등으로 이어질 가능성이 있으며, 가정 내에서의 위상과 역할에 대한 변화와 이에 따른 갈등, 사회적 거리감, 소외감 등으로 인해 멘탈이 흔들릴 수 있는 상황이 발생할 수 있음을 암시한다.

이러한 은퇴 후의 감정과 심리적 변화는 누구에게나 일어날 수 있는 자연스러운 과정이다.

먼저, 은퇴 후 찾아올 수 있는 감정적 변화를 이해하고 이를 미리 준비하는 것이 중요하다. 많은 사람들이 사회적으로 더 이상 필요하지 않다는 느낌을 받거나, 자신이 쓸모없어졌다는 생각에 빠지게 된다. 이는 사회적 역할을 잃고 새로운 정체성을 찾는 과정에서 발생하는 혼란으로, 자신의 존재 가치를 다시 정의해야 하는 시점이다. 그러므로 은퇴 후의 삶을 위해 사전에 자신만의 '은퇴 후 처세'를 구상하는 것이 중요하다.

은퇴 후의 삶에서 중요한 것은 '활동성'을 유지하는 것이다. 많은 선배들이 조언하듯, 점심을 집에서 먹지 않도록 하고, 일상적인 사회적 관계를 유지하려는 노력은 매우 유익하다. 은퇴 후에도 다양한 사회적 모임에 참여하거나, 새로운 취미를 개발하여 바쁜 일상을 유지하는 것이 좋다.

이는 단순히 시간을 보내기 위한 것이 아니라, 지속적인 자극을 통해 자신을 성장시키고, 삶의 질을 높이는 데 중요한 역할을 한다. 특히 '삼식이'(하루 세끼를 집에서 먹는 사람을 일컫는 말)가 되지 않도록 자신을 관리하는 것은 대인관계를 유지하고 사회적 연결망을 유지하는 데 큰 도움이 된다.

가정 내에서는 새로운 역할을 찾아가야 한다. 은퇴 전까지는 직장에서의 역할이 주된 정체성을 형성했을지 모르지만, 은퇴 후에는 가족 내에서의 역할 변화가 필요하다. 예를 들어, 집안일이나 손자 손녀 돌보기, 혹은 배우자와 함께하는 새로운 활동을 통해 가정 내에서의 새로운 정체성을 찾아가는 것이 중요하다. 가족과의 시간을 보내며 서로의 감정과 생각을 공유하는 것은 가족 관계를 더 강화할 수 있다.

또한, 은퇴 후의 삶은 새로운 도전을 위한 기회로 삼을 수 있다. 그 동안 미뤄 두었던 취미를 본격적으로 시작해 보거나, 여행, 자원봉사, 학습 등의 활동을 통해 새로운 목표를 설정하고 이를 달성하기 위한 계획을 세우는 것도 좋은 방법이다. 이러한 새로운 도전은 자신감을 높이고, 삶에 활력을 불어넣는 데 도움이 된다. 스스로에게 맞는 활동을 찾아 나서고, 이를 지속적으로 실천해 나가는 것이 필요하다.

마지막으로, 은퇴 후의 경제적 안정도 중요한 요소이다. 경제적 불안감은 은퇴 후의 불안정을 가중할 수 있으므로, 이를 위해 은퇴 전부터 체계적인 재정 계획을 세우는 것이 필요하다. 경제적으로 독립적인 삶을 유지하기 위해 소득원을 다양화하거나, 지출을 관리하는 등의 계획이 필요하다.

결론적으로 은퇴는 새로운 시작이며, 이를 슬기롭게 준비하고 맞이하기 위해서는 사전 준비와 마음가짐이 중요하다. 은퇴 후에도 적극적으로 사회적 활동을 유지하고, 가정 내에서 새로운 역할을 찾아가며, 개인적인 성장을 위한 목표를 설정하는 등의 노력이 필요하다. 그렇게 함으로써 은퇴 후에도 활기차고 만족스러운 삶을 살아갈 수 있을 것이다.

88.
나이가 들수록
정서적 아지트가 필요하다

살아가다 보면 나이가 들수록 삶의 여러 측면에서 새로운 필요를 느끼게 된다. 특히, 정서적 아지트가 중요하다는 것을 깨닫게 된다. '정서적 아지트'란 단순히 물리적인 공간을 의미하는 것이 아니라, 마음의 안식처를 제공하는 특별한 장소를 말한다. 우리는 이곳에서 일상에서 벗어나 스스로를 돌아보고, 새로운 에너지를 얻을 수 있다. 나이가 들어가면서 자연스럽게 느껴지는 무료함과 어색함, 그리고 삶의 후반부에 접어들면서 다가오는 불안감은 누구나 겪을 수 있는 감정이다. 마치 이기고 있는 축구 경기의 후반 종료 5분 전의 조마조마한 마음처럼, 인생 후반의 삶에서는 뭔가 끝난 것 같으면서도 끝나지 않은 불안감이 자리 잡게 된다. 이러한 불안과 무료함을 슬기롭게 넘어가기 위해서는 인생의 변곡점을 잘 준비하는 것이 중요하다.

인생의 전환점에서 우리는 다양한 선택지를 마주하게 된다. 제2의 직업을 찾거나 봉사 활동이나 종교 활동을 시작할 수도 있으며, 귀농이나 귀촌, 자기계발, 취미 활동 등 다양한 방향으로 나아갈 수 있다. 하지만, 이 모든 선택지에서 중요한 것은 그 과정을 통해 스스로에게 의미 있는 시간을 가질 수 있는 정서적 아지트를 마련하는 것이다. 정서적 아지트는 나만의 놀이터이자 쉼터로 활용될 수 있다. 이곳은 단순히 시간을 보내는 장소가 아니라, 자신을 되돌아보고 다시 힘을 낼 수 있는 곳이어야 한다.

많은 사람들이 로망으로 생각하는 내 집을 직접 짓거나, 주말농장을 운영하며 휴식 공간으로 활용하는 것 또한 정서적 아지트를 만드는 방법의 하나이다. 이러한 공간은 우리가 일상에서 느끼는 스트레스를 해소하고, 새로운 활력을 얻는 데 중요한 역할을 한다. 직접 농작물을 재배하고, 자연 속에서 시간을 보내는 경험은 단순한 취미를 넘어 삶에 큰 의미를 부여할 수 있다.

삶의 후반부에 접어들면서 우리는 이전과는 다른 삶의 방식을 모색해야 한다. 60세 이전의 삶과 후의 삶을 자연스럽게 이어가려면, 그 경계를 낮추고 슬기로운 변곡점을 마련해야 한다. 이를 위해서는 나만의 아지트를 마련하는 것이 중요하며, 이를 통해 삶의 새로운 활력을 찾을 수 있을 것이다. 경험자로서 강력하게 추천하며, 나이가 들수록 정서적 아지트를 꼭 마련하라고 권하고 싶다.

4부

하늘이 부르는 그날까지

정답 없는 인생, 그러나 의미는 있다

"어떻게 살아야 후회 없는 인생일까?"

살면서 우리는 수없이 이 질문을 되뇌게 된다. 어린 시절엔 막연히 '멋지게 살아야지'라며 꿈꿨고, 청년이 되어서는 방향을 잡고자 몸부림쳤다. 중년에는 하루하루의 선택이 가족과 삶 전체에 어떤 파장을 일으킬지를 고민하게 되었고, 노년이 되어서는 지난날을 돌아보며 "나는 잘 살아온 것인가?" 하는 물음을 스스로에게 던지게 된다.

우리는 누구나 삶이라는 경기장 위에서 각자의 출발선에 서게 된다. 누군가는 남들보다 유리한 자리에서 시작하기도 하고, 또 다른 이는 벼랑 끝에서 간신히 한 발 내딛는 데에서 인생을 시작한다. 하지만 누구도 결과를 미리 알 수는 없다. 정해진 시간 동안 주어진 조건 속에서 최선을 다하며 각자의 길을 걷는 것, 그것이 삶의 여정이자 도전이다.

성공이란 과연 무엇일까?

누군가에겐 명예와 부일 수 있고, 또 다른 이에게는 사랑하는 가족과 평온한 일상이 전부일 수도 있다.

후회 없는 삶이란 또 어떤 모습일까?

자신이 선택한 길에서 끝까지 최선을 다했다는 자부심, 매 순간 진심으로 사랑하고, 배우고, 살아냈다는 뿌듯함이 아닐까 싶다.

살다 보면 예상치 못한 일들이 끊임없이 찾아온다. 기쁨과 성공은 물론, 실패와 상실, 아픔과 혼란도 우리 삶의 일부이다. 그러나 그러한 희로애락을 겪고 나서야 비로소 우리는 조금 더 깊이 있는 사람이 되어 간다. 삶이란 바로 그 모든 감정과 경험을 끌어안고도 앞으로 나아가는 여정이다.

이 책은 어느 한 사람의 완벽한 성공기를 담지 않았다. 오히려 그 반대이다. 부족하고 시행착오를 겪으며, 때로는 좌절하고 다시 일어서는 평범한 사람의 이야기다. 이 글을 쓰게 된 계기는 단 하나 '삶을 살아보며 느낀 것들을 나누고 싶다'라는 마음이었다. 나와 비슷한 고민을 하는 누군가에게 작은 위로가 되었으면 좋겠고, 막 삶을 시작한 이들에게는 하나의 참고서가 되었으면 했다.

청년기에는 앞이 보이지 않는 불안함과 가능성 사이에서 갈등했다. 내가 가는 이 길이 맞는 것인지, 때로는 방향을 잃고 헤매기도 했다. 주변과의 비교 속에 작아질 때도 있었고, 실패 하나에 자신을 부정하고 싶던 날들도 있었다. 하지만 지나고 보니, 그 시간이 모두 나를 단단하게 만드는 과정이었다.

중년이 되면서부터는 '이제는 내 몫의 책임을 다해야 한다'라는 사명감이 들었다. 자식을 키우며, 부모를 돌보며, 사회적 역할을 감당해 내는 무게 속에서 나 자신을 잊고 살기도 했다. 그러던 중 문득문득 찾아오는 질문들이 나를 멈춰 세우곤 했다.

'나는 지금 잘 살고 있는 걸까?'

'무엇을 위해 이토록 바쁘게 사는 걸까?'

그때마다 삶의 의미를 다시 묻고, 스스로에게 귀 기울이는 연습을 하게 되었다.

노년을 향해 나아가는 지금은 비로소 삶을 조망할 수 있는 위치에 선 듯한 기분이 든다. 수많은 경험과 감정, 선택과 결과들이 뒤섞인 인생이라는 거대한 그림이 조금씩 윤곽을 드러내는 시점이다. 이제는 달리는 것보다, 돌아보는 것이 더 중요하다는 걸 알게 되었고, 남은 시간을 어떻게 살아야 할지를 스스로에게 묻는 일이 많아졌다.

이 책은 그렇게 살아오며 느끼고, 배운 것들을 그때그때 메모하고 되새기며 한 자락씩 정리한 삶의 단상이다. 특별하거나 거창하지 않지만, 살아본 사람만이 알 수 있는 감정들과 생각들을 담았다. 아직 삶의 길목에 선 이들에게 작은 나침반이 되기를 바라며, 이미 오랜 시간을 살아온 분들에겐 '나만 그런 게 아니었구나!' 하는 동질감을 전하고 싶다.

인생에서 정답은 없다. 정해진 경로도 없다. 각자의 속도와 방향으로 살아가는 여정 속에서, 우리는 매 순간 선택하고, 배우고, 변화한다. 성공한 삶이란, 그리고 후회 없는 삶이란, 어쩌면 누가 보기에 그럴싸한 성취보다, 자신이 선택한 길을 기꺼이 받아들이고 사랑하며 사는 것이 아닐까?

이 글이 누군가의 삶에 작은 울림이 되기를 바란다. 당신의 삶도 충분히 소중하고, 그 자체로 의미 있음을 함께 나누고 싶다.

89.
인생길, 정해진 길은 없다

인생길과 당구의 유사성: 다양한 길과 선택의 의미

대다수 사람의 인생길은 한결같지 않다. 어떤 이는 빠르고 효율적인 길을 찾아 목적지에 도달하고, 어떤 이는 예상치 못한 우여곡절을 겪으며 돌아가는 길을 선택하기도 한다. 때로는 순탄하고 편안한 길을 가기도 하지만, 어떤 길은 험난하고 가파르며 예상치 못한 장애물이 가득하기도 하다. 그럼에도 불구하고, 인생의 길은 한 가지로 정해진 것이 아니다. 선택과 노력에 따라 얼마든지 다른 방향으로 나아갈 수 있으며, 때로는 새로운 길을 개척할 수도 있다.

이러한 점에서 인생의 길은 운동 중에서도 당구의 길과 유사한 부분이 많다. 당구 칠 때, 경험이 많은 고수는 정확한 계산과 기술을 바탕으로 공이 나아갈 바른길을 쉽게 파악한다. 그러나 초보자는 고수의 눈에는 예상치 못한 방법으로 샷을 시도하기도 한다. 그리고 가끔은 그 예상 밖의 시도가 놀라운 결과를 만들어 내기도 한다. 다시 말해, 당구에서 정석이라고 여겨지는 길이 반드시 유일한 해결책이 아닐 수도 있다는 것이다. 초보자의 독창적인 시도나 의외의 판단이 새로운 길을 만들어 낼 가능성도 충분히 존재한다.

이와 마찬가지로 인생에서도 전통적인 방식이나 일반적으로 옳다고 여겨지는 길이 전부가 아닐 수 있다. 어떤 길이든 선택하고 나아가는 사람의 태도와 노력이 중요하다. 이미 많은 사람이 가본 쉬운 길을 따르는 것도 한 방법이지만, 아무도 가지 않은 새로운 길을 개척하는 것이 더 큰 의미와 가치를 가질 수도 있다. 즉 인생에서 중요한 것은 '정해진 길을 따르는 것'이 아니라, 자신만의 길을 찾고 개척하는 태도와 도전 정신이다.

인생의 과정: 길을 찾고 고민하는 여정

많은 사람들이 쉽고 빠르게 편안한 길을 가고 싶어 한다. 그러기 위해서는 부단한 노력과 고민이 필요하다. 인생이란 과정에서 끊임없이 길을 찾고, 더 나은 선택을 위해 고민하며, 시행착오를 겪으면서 성장한다. 때로는 기대했던 길이 막히기도 하고, 예상치 못한 장애물이 나타나기도 하며, 원치 않던 길로 들어서는 실수를 저지르기도 한다. 하지만 이런 과정 하나하나가 인생의 일부이며, 이러한 경험이 쌓이면서 우리는 더욱 단단해지고 성장하게 된다.

길을 찾는 과정은 단순히 정해진 목표를 향해 나아가는 것이 아니다. 때로는 넘어지고, 빠지고, 잘못된 길에 들어서면서도 다시 길을 찾아가는 것이 인생이다. 어떤 사람은 원하는 목적지에 정확히 도달하기도 하지만, 어떤 사람은 끝내 목표를 이루지 못하고 다른 방식으로 삶을 마무리하기도 한다. 하지만 목표에 도달하지 못한다고 해서 그 인생이 의미 없거나 실패한 것은 아니다. 중요한 것은 그 과정에서 어떤 경험을 했고, 어떤 가치를 발견했으며, 어떻게 성장했느냐 하는 점이다.

이렇듯 인생은 단순히 성공과 실패로 나뉘는 것이 아니라, 그 여정 자체에 의미가 있다. 힘든 길을 걸으면서도 배울 것이 있고, 예상치 못한 방향으로 흘러가면서도 새로운 기회를 발견할 수 있다. 그러므로 우리는 단순히 목표에만 집착하는 것이 아니라 그 길을 가는 과정에서 얼마나 성실하게 노력하고, 얼마나 의미 있는 경험을 쌓았는지를 돌아볼 필요가 있다.

인생길의 매력과 도전의 가치

인생길은 결코 정해져 있지 않으며, 그 여정이 쉽지만은 않다. 하지만 바로 그러하기에 인생은 더 매력적이고 가치 있는 도전이 된다. 만약 모든 길이 똑같이 정해져 있고, 누구나 쉽게 목적지에 도달할 수 있다면, 그 길에는 큰 의미가 없을 것이다. 오히려 불확실성 속에서 다양한 가능성을 모색하고, 도전하며 성장하는 과정이 인생을 더욱 흥미롭고 가치 있게 만든다.

새로운 길을 찾는 것은 때로는 두렵고 부담스러운 일일 수도 있다. 하지만 기존의 틀을 깨고 자신만의 길을 개척하는 사람들은 새로운 가능성을 열어 가며, 더 나아가 다른 사람들에게도 새로운 시각과 영감을 줄 수 있다. 길이 정해져 있지 않다는 사실은 불안 요소가 될 수도 있지만, 반대로 생각하면 무한한 기회의 장이 열려 있다는 의미이기도 하다.

결국 인생에서 가장 중요한 것은 길의 형태가 아니라, 그 길을 어떻게 걸어가느냐에 있다. 어떤 길을 선택하든, 얼마나 성실하게 노력하고 도전하는지가 더 큰 의미가 있다. 남들이 가지 않은 길을 두려워하기보다는 그것이 새로운 기회가 될 수 있다는 점을 인식하고 긍정적인 태도로 나아가는 것이 중요하다.

인생길은 단 하나의 정해진 길이 아니다. 누구나 다른 길을 걸으며 각자의 방식으로 삶을 만들어 간다. 당구에서 예상치 못한 샷이 새로운 길을 만들어 내듯이, 인생에서도 남들이 예상하지 못한 방식으로 새로운 길을 열어 나갈 수 있다. 그리고 그 길을 개척하는 과정 자체가 우리 삶을 더욱 의미 있고 가치 있게 만든다.

쉽고 빠른 길을 찾는 것도 중요하지만, 때로는 돌아가더라도 새로운 시도를 하고, 실패를 두려워하지 않으며, 자신만의 길을 만들어 나가는 것이 더욱 중요한 가치가 될 수 있다. 인생의 길이 쉽지 않기에 우리는 끊임없이 고민하고 도전하며 성장할 수 있으며, 그 과정에서 더 큰 의미와 가치를 발견할 수 있다.

따라서 인생을 살아가는 데 있어서 중요한 것은 목표를 이루는 것만이 아니라, 그 길을 걸어가는 과정에서 얼마나 성실하게 노력하고 도전하면서 의미 있는 경험을 쌓아 가는가에 있다. 인생이 정해진 길 없이 무한한 가능성을 품고 있다는 사실이야말로, 우리가 계속해서 도전하고 성장할 수 있는 가장 큰 이유가 될 것이다.

90.
행복으로 리셋하는 인생 후반기

인생 후반 2막, 성공보다 행복을 추구하는 삶

인생의 전반기는 치열한 경쟁의 연속이다. 학업, 취업, 승진, 가정의 안정을 이루기 위한 수많은 선택과 도전 속에서 우리는 '성공'이라는 단어를 목표 삼아 쉼 없이 달려왔다. 그 과정에서 얻은 것도 있지만, 놓친 것도 분명 있었을 것이다. 그리고 그 잃어버린 것 중에는 삶의 진정한 의미와 자아, 건강, 가족과의 시간, 내면의 평화와 같은 귀중한 가치들이 포함되어 있었는지도 모른다.

이제 인생 후반의 문턱에 선 우리는 이 고단했던 1막을 돌아보며 후회와 반성, 그리고 약간의 뿌듯함과 함께 새로운 2막을 준비해야 할 시점에 서 있다. 이 시기는 더 이상 무언가를 성취하거나 남을 이기기 위한 시기가 아니다. 오히려 '나는 누구였고, 앞으로 어떻게 살아갈 것인가?'를 조용히 성찰하며, 이제는 '행복'이라는 새로운 중심을 향해 나아가야 할 시점이다.

치열했던 1막, 그 속에서 얻은 교훈

우리는 살아오며 끝없는 경쟁 속에 놓여 있었다. 학교에서 성적을 위해, 직장에서 성과를 위해, 사회적으로는 지위와 자산을 위해 끝없이 비교하고, 도전하고, 때로는 타협하며 살아야 했다. 그 결과로 어느 정도의 성취를 이룬 이도 있고, 아쉬움이 남는 이도 있다. 하지만 중요한 것은, 그 여정 속에서 우리는 분명히 배우고 성장했다. 실패와 성공, 눈물과 기쁨, 관계의 갈등과 화해, 모두가 인생의 귀중한 자산이 되었다.

그러나 한편으로는 그 과정에서 자신을 잃어버린 채 살아온 것은 아닌지 돌아볼 필요도 있다. 나 자신을 돌아볼 시간조차 없이 바쁘게 살다 보면, 삶의 방향이 어느새 '해야만 하는 것'으로만 채워져 있었음을 깨닫게 된다.

인생 2막, 이제는 '나'의 삶을 살아야 할 시간

이제 우리는 인생의 중심축을 '성공'에서 '행복'으로 이동시켜야 한다. 이는 단지 외부의 기준에서 벗어나자는 의미가 아니다. 오히려 내면의 목소리에 귀 기울이며, 나 자신이 진정으로 원하는 삶의 형태를 찾자는 뜻이다. 내가 좋아하는 것, 나를 편안하게 하는 사람들, 나를 웃게 만드는 작은 일상들이 중요해지는 시기다.

이 시기의 삶은 더 이상 다른 사람과의 경쟁이 아니라, 나 자신과의 대화로 채워져야 한다. 조용한 산책, 가족과의 저녁 식사, 오래된 친구와의 따뜻한 대화, 취미 활동, 봉사나 나눔 같은 '함께'의 가치도 커진다. 행복은 거창한 성취 속에 있는 것이 아니라, 소박한 일상에서 조용히 피어나는 감정임을 우리는 이제 안다.

관계의 재정립, 그리고 함께하는 여유

인생 후반 2막의 또 다른 중요한 과제는 '사람'이다. 지금까지는 경쟁 속에서 관계가 목적이기보다 수단이 되는 경우도 많았을 것이다. 하지만 이제는 가족, 친구, 동료 등 오랜 시간 함께 해온 이들과의 진정한 교감과 따뜻한 동행이 더욱 소중해지는 시기다.

이제는 사람을 내 편으로 만들려 애쓰기보다, 있는 그대로의 관계를 존중하고 받아들이는 자세가 필요하다. 때로는 그동안 소원했던 관계를 화해로 끌어내고, 가벼운 오해로 멀어진 친구에게 먼저 손을 내미는 여유도 가져볼 수 있다. 마음을 비우고, 기대를 덜고, 배려하는 삶은 결국 나 자신의 평온함으로 이어진다.

삶의 속도를 늦추며, 진정한 나와 만나는 시간

인생 후반은 무언가를 '추구'하는 시기이기보다, 이미 가진 것들을 돌아보고 '충만함'을 느끼는 시기다. 이제는 속도를 줄이고, 그동안 지나쳤던 것들에 눈을 돌려야 할 때이다. 바쁜 삶 속에서 미처 바라보지 못했던 계절의 변화, 커피 한 잔의 향기, 조용한 독서의 시간은 오히려 지금의 나에게 더 큰 만족과 감동을 준다.

또한 이 시기는 자신을 치유하고 회복하는 시간이기도 하다. 과거의 상처, 아쉬움, 후회 등을 정리하고 '지금, 이 순간'의 나에게 집중하는 연습이 필요하다. 마음을 돌보고, 몸을 관리하며, 스스로에게 따뜻한 위로를 건네는 태도는 인생 후반의 가장 강력한 자기돌봄이 된다.

행복한 2막을 위한 제안

우리는 모두 단 한 번의 삶을 살아간다. 그리고 이 삶의 후반기야말로 그동안의 인생 경험을 바탕으로 진짜 '나다운 삶'을 살아갈 수 있는 소중한 시기다. 성공을 향한 긴 여정을 마무리하고, 이제는 행복이라는 이름의 새로운 목표를 향해 걸어가야 할 때이다.

더 이상 속도에 연연하지 말고, 더 이상 남의 시선을 의식하지 않으며, 내가 원하는 삶, 내가 편안한 삶, 그리고 내가 사랑하는 사람들과의 삶을 살아가야 한다. 그것이 바로 인생 2막의 진정한 의미이며, 그 어떤 성공보다 가치 있는 여정일 것이다.

지금부터라도 잠시 멈추어 나의 삶을 찬찬히 들여다보자. 그리고 그 속에서 진정으로 나를 웃게 하는 것이 무엇인지, 나의 마음이 머물고 싶은 곳이 어디인지 찾아보자. 인생 후반 2막은 이제부터 시작이다. 그리고 그 시작은 바로 '행복'이다.

91.
인생 전반과 후반 균형 잡기

인생의 전반부와 후반부를 구분하여 각 시기에 적합한 삶의 방식을 추구하는 것은 매우 중요하다. 60세 이전에는 각자의 위치에서 열정과 목표를 가지고 근면 성실하게 최선을 다해 생활하는 것이 요구된다. 이 시기에는 경쟁과 자극이 개인의 성장을 도모하고, 보다 나은 성과를 이루기 위한 동력이 된다. 청년기와 중년기의 사람들은 직장에서, 가정에서, 그리고 사회에서 역할을 다하며, 목표를 향해 끊임없이 노력한다.

이러한 노력은 개인의 성취감을 높이고, 사회적 지위와 경제적 안정성을 얻는 데 중요한 역할을 한다. 실제로 많은 사람들이 60세 이전까지 열심히 일하면서 성공적인 경력을 쌓고, 이를 통해 자아실현의 기쁨을 느낀다. 그러나 이러한 과정에서 스트레스와 압박감을 피할 수 없다. 치열한 경쟁 속에서 살아남기 위해 부단히 노력하다 보면, 어느 순간 몸과 마음이 지쳐 가는 것을 느낄 수 있다. 또한, 이러한 삶의 방식은 종종 가족과의 시간을 희생하거나, 자기 자신을 돌보는 데 소홀해지게 만드는 결과를 초래하기도 한다.

인생의 후반전, 즉 노년에 접어들면 삶의 가치를 새롭게 인식하게 된다. 이 시기에는 그동안의 노력과 성취를 뒤돌아보며, 앞으로의 남은 생애를 어떻게 보낼 것인지 고민하게 된다. 이제는 더 이상 성취와 목표를 위해 쉼 없이 노력하기보다는, 삶을 즐기고 의미 있게 보내는 것이 중요하다. 이때 주변 사람들과의 관계가 더욱 중요한 의미를 갖게 된다.

노년에는 열심히 사는 사람보다는 즐겁게 사는 사람을 가까이 두는 것이 필요하다. 열심히 사는 사람들은 여전히 성취와 목표를 위해 노력하지만, 그로 인해 스트레스와 압박감을 안고 있을 가능성이 크다. 반면에 즐겁게 사는 사람들은 현재의 삶을 즐기며, 그간의 고생에 대해 보상받는 시간을 가지고 있다. 이들은 자신의 삶을 후회 없이, 그리고 보다 긍정적인 태도로 살아가려는 경향이 있다.

즐겁게 사는 사람들과 가까이 지내면, 그들의 긍정적인 에너지와 태도가 나에게도 전달된다. 이는 나의 남은 삶을 보다 즐겁고 의미 있게 만드는 데 큰 도움이 된다. 또한, 이들과의 교류를 통해 삶의 다양한 즐거움을 경험하고, 새로운 취미와 활동을 발견할 수 있다. 이러한 과정에서 얻는 행복감과 만족감은 무엇과도 바꿀 수 없는 소중한 자산이 된다.

따라서 인생의 일정 시점에 도달하면, 더 이상의 치열한 경쟁 속에서 살아가기보다는, 삶을 즐기며 재미있게 살아가는 사람들과 함께하는 것이 필요하다. 이는 단순히 개인의 행복을 위한 선택이 아니라, 건강하고 의미 있는 노년을 보내기 위한 현명한 전략이다. 이제는 자신을 돌보고, 그동안 미뤄 왔던 꿈과 소망을 이루며, 여유롭게 살아가는 법을 배워야 할 때이다.

인생은 유한하며, 우리는 언제나 시간이 부족함을 느끼게 된다. 그렇기 때문에 남은 시간을 어떻게 보낼 것인지는 매우 중요한 문제이다. 젊은 시절의 열정과 노력이 결실을 보았다면, 이제는 그 결실을 누리며 살아가는 것이 마땅하다.

주변의 열심히 사는 사람들을 멀리하고, 즐겁게 사는 사람들을 가까이 하여 나의 남은 삶을 더욱 행복하게 만들기 위한 준비를 해야 한다. 이러한 선택이야말로 인생 후반부를 풍요롭고 의미 있게 만드는 비결이다.

92.
100세 시대, 100이란 허수에 속지 말자

현대 사회에서는 의료 기술의 발전, 식습관의 개선, 그리고 성숙한 자기 관리 덕분에 인간의 수명이 점점 늘어나고 있다. 평균 수명이 연장되면서 많은 사람들이 100세 인생을 꿈꾸고, 이를 목표로 삼는 경우가 많다. 그러나 이는 일종의 착각일 수 있으며, 무작정 100세를 목표로 삶을 설계하는 것은 위험할 수 있다. 우리는 인간이 중요한 사안을 다룰 때, 자신에게 유리한 가정을 세우고 그것을 믿는 경향이 있다는 사실을 기억할 필요가 있다.

물론, 사람들의 수명은 늘어나고 있지만, 100세 이상을 건강하게 살아가는 몇몇 사례를 보고 마치 그것이 자신의 미래 모습일 것이라고 착각해서는 안 된다. 공원묘지를 한번 둘러보면, 그렇지 않은 경우가 얼마든지 많다는 것을 알 수 있다. 100세를 넘게 사는 사람들이 있는가 하면, 그렇지 못한 사람들도 많다. 그런데도 우리는 자신이 다른 사람들과 다를 것이라는 막연한 자신감 속에 살아간다. 이러한 생각은 일종의 자기 최면과 같다. 우리는 '100세'라는 숫자에 집착하게 되면서, 오히려 중요한 것들을 놓칠 수 있다.

특히 100세 인생이라는 허수에 속아서는 안 된다. 우리는 '100세 시대'라는 말을 듣고, 그 숫자에 지나치게 안주하는 경향이 있다. 하지만 이 숫자에 집착하다 보면, 오히려 현재를 충실히 살지 못하고 나중에 후회하게 될 수도 있다. 중요한 것은 얼마나 오래 사느냐가 아니라, 얼마나 충실하게 보람 있게 사느냐이다.

따라서 우리는 100세라는 숫자에 얽매이기보다는 나에게 보상받는 시기와 기간을 미리 정하고 살아가는 것이 현명할 것이다. 예를 들어, 60~75세까지의 기간을 자신의 '황금기'로 정하고, 그 기간 자신이 그동안 해보고 싶어 하는 삶을 살아 보는 것이다. 막연히 100세라는 숫자에 묻혀서 안주하다가 좋은 시절, 좋은 시간 다 놓치고 후회하는 어리석음보다는 나에게 보상받는 시기, 기간을 먼저 정해 놓고 살아야 한다는 것이다. 100세는 그 이후의 문제일 뿐, 현재를 설계할 때는 차후의 문제로 여기는 것이 바람직하다.

이렇게 자신만의 목표와 시기를 설정하고, 그 기간 동안 충실히 살아가는 것이 진정한 의미에서 '100세 인생'을 준비하는 방법일 수 있다. 100세라는 숫자에 집착하여 현재의 소중한 시간과 기회를 놓치는 우를 범하지 않도록 주의해야 한다.

인생은 각자가 결정하고 살아가는 것이며, 그 속에서 자신만의 보람을 찾는 것이 중요하다. 인생의 특정 시기를 목표로 삼고 그 안에서 충실히 살아간다면, 그 이후의 삶도 자연스럽게 더 의미 있고 충만해질 것이다.

결론적으로, 우리는 100세라는 허수에 속지 말고 지금 이 순간을 어떻게 보낼 것인지에 집중해야 한다. 현재의 삶에 충실하고, 자신이 설정한 목표를 이루기 위해 노력하는 것이야말로 진정한 의미의 100세 인생을 준비하는 길이다. 100세 인생이라는 추상적인 목표에 얽매이기보다는, 현재의 삶을 보람 있게 살아가는 스스로에게 만족을 주는 시기를 설정하고 그에 맞춰 살아가는 것이 중요하다.

93.
장수 시대의 준비와 도전

인간의 평균 수명은 지속적으로 늘어나는 추세에 있다. 과학기술의 발달, 의료 기술의 진보, 생활환경의 개선 등 여러 요인이 복합적으로 작용하여 현대인들은 과거보다 더 오래 살 수 있게 되었다. 이에 따라 '100세 시대'라는 말이 더 이상 낯설지 않게 되었고, 일부 전문가들은 최적의 환경이 주어진다면 인간이 120세까지도 살 수 있다고 전망한다. 이는 언뜻 보기에 축복처럼 보일 수 있지만, 더 깊이 들여다보면 여러 가지 문제가 드러난다. 단순히 생물학적인 수명 연장만을 바라볼 것이 아니라, 그에 맞는 개인적, 사회적 준비가 수반되지 않는다면 장수는 오히려 부담과 걱정의 원인이 될 수 있다.

우선, 인간 수명의 연장이 축하받을 일로 여겨지기 위해서는 여러 가지 전체 조건들이 충족되어야 한다.

첫째, 개인적인 준비가 필요하다. 삶을 즐겁고 의미 있게 만들기 위해서는 건강이 중요하다. 정신적, 육체적으로 건강한 상태를 유지할 수 있도록 꾸준한 자기 관리가 필요하다. 규칙적인 운동, 균형 잡힌 식단, 지속적인 학습과 취미 활동을 통한 자기 계발 등은 장수의 시대를 맞아 필수적인 요소가 된다. 더불어, 자신이 살아갈 미래를 긍정적으로 바라보며 삶의 의미를 찾는 것 역시 중요하다. 이는 개인이 고립되거나 사회로부터 소외되지 않도록 돕는 강력한 원동력이 될 수 있다.

둘째, 경제적인 준비도 필수적이다. 수명의 연장이 무조건 긍정적인 것으로 간주될 수 없는 이유 중 하나는 경제적 문제다. 현재 많은 사람들이 은퇴 후에도 생계를 유지하기 위한 경제적 준비가 충분하지 않다. 더 오래 사는 만큼 더 많은 자금이 필요하지만, 연금이나 기타 금융자산이 이를 뒷받침하지 못하는 경우가 많다. 따라서 장수하는 삶을 준비하기 위해서는 젊었을 때부터 재정적 계획을 세우고, 지속적으로 자산을 관리하는 능력을 키워야 한다. 이때, 미래의 불확실성에 대비한 다양한 시나리오를 고려하고, 그에 맞는 투자 및 자산운용 전략을 수립하는 것이 중요하다.

셋째, 사회적 시스템의 개선도 필요하다. 오늘날의 사회 시스템은 아직 장수시대를 충분히 뒷받침할 준비가 되어 있지 않다. 의료 서비스와 사회복지 제도가 고령 인구의 증가를 감당할 수 있을지에 대한 우려가 커지고 있으며, 이러한 시스템의 부재는 국가 차원에서의 정책적 지원과 사회적 의식의 변화가 필요하다. 특히 고령층이 사회적, 경제적 활동을 지속할 수 있도록 돕는 다양한 정책적 지원과 제도적 변화가 요구된다.

결론적으로 인간 수명의 연장은 그 자체로는 긍정적인 발전이지만, 이를 축복으로 만들기 위해서는 각자의 준비와 더불어 사회 전반의 체계적인 변화가 필수적이다. 이에 따라 개인은 미래에 대한 자기 확신을 갖고 살아가는 것이 중요하다. 그러나 미래는 언제나 불확실성을 동반하기 마련이다.

따라서 우리는 '유비무환'의 정신으로 대비해야 한다. 예를 들어,

자기 제안서를 1안, 2안, 3안과 같은 방식으로 나누어 작성하고, 주기적으로 상황에 맞춰 업그레이드하며 자신의 삶을 계획하는 방식이 도움이 될 수 있다. 이는 개인이 앞으로 다가올 여러 상황에 유연하게 대처할 수 있도록 돕는 전략적인 방법이 될 것이다. 이러한 노력이 모일 때, 인간의 장수는 부담과 걱정이 아닌 진정한 축하와 기쁨의 원천이 될 수 있을 것이다.

94.
중년기를 건강하고 길게,
노년기를 짧게

전 세계는 기후 변화의 심각한 영향을 경험하고 있으며, 이는 앞으로도 예측 불가능한 방식으로 지속될 가능성이 크다. 기후 변화는 대기 중 온실가스 농도 증가와 같은 인위적인 요인들이 주요 원인으로 주목되고 있으며, 그로 인해 우리는 극단적인 기후 현상들을 겪고 있다. 대한민국의 경우도 예외가 아니며, 계절의 변화 양상이 과거와는 크게 달라지고 있다. 특히 예전에는 온화하고 쾌적한 기온을 유지했던 봄과 가을이 점점 짧아지고 있으며, 반면 여름과 겨울은 점점 더 길어지고 있다. 이는 우리 일상생활에 많은 영향을 미치며, 더 이상 자연스러운 계절 변화를 기대하기 어렵게 만들고 있다.

기후 변화의 결과로 우리는 극단적인 날씨 조건에 더 자주 직면하게 된다. 여름철에는 과거에 비해 훨씬 더 높은 기온이 장기간 이어지며, 겨울철에도 추이가 이전보다 더 오래 지속되는 경향이 있다. 이러한 변화는 단순히 계절의 차이에 그치는 것이 아니라, 인간의 건강과 생활 방식에도 직접적인 영향을 미친다. 예를 들어, 폭염으로 인해 여름철에 심혈관 질환과 호흡기 질환 발생률이 증가하고 있으며, 겨울철에는 추운 날씨로 인해 독감 및 감기와 같은 질병의 발생이 더 빈번해지고 있다.

기후 변화는 우리의 환경뿐만 아니라 인간의 건강과 삶의 질에도 중대한 영향을 미치고 있다. 이와 마찬가지로, 우리 인생에도 신체적, 정신적, 건강 관리가 제대로 이루어지지 않는다면, 황금기라 할 수 있는 중년기가 짧아지고, 질병과 불편함이 가득한 노년기가 더 길어질 수 있다. 이는 마치 쾌적한 가을을 제대로 느끼지 못하고 바로 추운 겨울로 접어드는 기후의 변화를 연상케 한다.

　인생에도 중년기의 건강과 활력을 유지하지 못하면, 노년기에 들어서면서 신체적, 정신적 고통이 가중되며, 삶의 질이 저하될 수 있다. 인간의 노년기는 보통 신체적 기능의 저하와 함께 다양한 질병에 노출될 위험이 커지는 시기다. 이 시기를 짧게 유지하고, 오히려 건강하고 활기찬 중년기를 길게 유지하기 위해서는 여러 측면에서의 관리와 준비가 필수적이다.

　신체적 건강을 지키기 위해서는 규칙적인 운동과 올바른 식습관을 유지해야 한다. 이는 단순히 질병을 예방하는 것을 넘어서서, 중년기에도 활동적이고 독립적인 삶을 영위할 수 있는 기반이 된다. 더불어 정신적 건강 또한 중요하다. 중년기의 스트레스 관리, 긍정적인 삶의 태도, 정신적 유연성 등이 중년기의 삶의 질을 결정하는 중요한 요소로 작용한다. 정신적 건강을 유지하는 것은 노년기에 접어들었을 때도 긍정적인 영향을 미치며, 나이가 들어도 활발한 사회활동을 지속할 수 있도록 돕는다.

　또한 경제적 안정은 중년기와 노년기의 삶의 질을 좌우하는 중요한 요소이다. 중년기에 경제적 여유가 있다면 건강 관리에 더 많은 투자를 할 수 있고, 노년기에 필요한 자원을 충분히 마련해 둘 수 있다. 경제적 준비가 부족하다면 노년기에 접어들어 더 큰 어려움을 겪을 가능성이 높다. 따라서 중년기에는 재정적 목표를 명확히 세우고, 노후를 대비한 적절한 재정 관리가 필요하다.

마지막으로, 주변과의 관계나 사회적 활동도 인생의 질을 결정하는 중요한 요소이다. 중년기에는 직장, 가정, 사회에서 다양한 임무를 수행하며 활발하게 활동하는 시기이지만, 이를 유지하고 발전시키기 위해서는 의식적인 노력이 필요하다. 사회적 관계는 개인의 정서적 안정과 정신적 건강에 큰 영향을 미치며, 나이가 들어도 사회적으로 고립되지 않도록 돕는다. 중년기에 형성된 긍정적이고 건강한 인간관계는 노년기에도 중요한 지원망이 될 수 있다.

결론적으로, 기후 변화로 인해 봄과 가을이 짧아지고 여름과 겨울이 길어지는 현상은 단순히 환경 변화에 그치는 것이 아니라, 인간의 삶과 건강에 비유될 수 있다. 중년기라는 인생의 황금기를 짧게 보내고 바로 노년기에 접어들지 않기 위해서는 신체적, 정신적, 경제적, 사회적 활동을 철저히 관리하고 준비하는 것이 필요하다. 인간의 노년기를 짧게 하고, 중년기를 길게 풍요롭게 보내기 위해서는 지금부터의 건강 관리와 삶의 태도가 결정적 역할을 할 것이다.

95.
나이 들수록 필요한 진짜 투자, 근(筋) 테크

인생을 살아가면서 많은 사람들이 '정신력'의 중요성을 자주 강조한다. 특히 젊은 시절에는 체력이 뒷받침되는 가운데 강한 정신력을 바탕으로 어려움을 극복하는 것이 가능해 보인다. 그러나 나이가 들면서 사람들은 점차 '정신력'만으로는 극복할 수 없는 일들이 많아진다는 것을 깨닫게 된다. 이 시점에서 우리는 육체의 중요성을 깨닫게 되며, 이는 단순히 체력 유지를 위한 노력이 아닌, 삶 전반의 질을 좌우하는 중요한 요소로 떠오른다.

육체가 정신을 지배하는 경향
많은 사람들은 '몸이 아프면 마음도 병든다'라는 경험을 한 번쯤 했을 것이다. 육체적 건강이 약해지면 일상생활에서도 작은 일에 쉽게 지치거나 짜증을 내게 되며, 무기력감을 느끼기도 한다. 또한 면역력이 떨어지면 평소보다 더 자주 병치레를 하게 되고, 이에 따라 생활 전반에 걸쳐 불편함이 증가하게 된다. 이렇게 되면 아무리 강한 정신력도 이를 보완해 주지 못하며, 오히려 마음이 피로해지면서 정신적 건강도 서서히 약해진다. 이는 나이가 들수록 더 두드러지는데, 체력 저하로 인해 무기력감이나 우울감이 발생하면서 일상생활의 의욕마저 줄어드는 악순환이 생길 수 있다.

따라서 육체와 정신의 관계는 서로 보완하는 관계로 이해할 수 있으며, 특히 나이가 들수록 육체가 정신을 지배하는 경향이 있다는 말에 많은 공감이 간다. 결국, 좋은 정신력을 유지하기 위해서는 육체적 건강을 관리하는 것이 매우 중요하다는 점을 깨닫게 된다.

체력 관리가 곧 마음의 안정이다

"체력은 국력"이라는 말이 있을 정도로 체력은 모든 활동의 기본이자 원동력이다. 체력을 관리하면 자연스레 정신적인 스트레스나 불안감에도 더 잘 대처할 수 있다. 이는 체력이 좋은 사람들이 운동을 통해 스트레스를 해소하고 기분을 전환하는 것에서도 나타난다. 운동을 통해 근육량이 증가하고, 심폐 기능이 강화되면 신체적으로는 피로감이 줄어들며, 정신적으로는 안정감을 느끼게 된다.

또한, 체력이 좋으면 자신감을 느끼게 되는데, 이는 모든 일에 대한 접근 방식에 긍정적인 영향을 미친다. 자신감이 부족한 사람은 새로운 일을 시도하는 데 어려움을 느끼고, 실패에 대한 두려움이 크지만, 체력이 좋은 사람은 긍정적인 마음가짐으로 다양한 도전에 임할 수 있다. 이처럼 체력 관리는 단순히 육체적 건강을 위한 것이 아니라, 정신적 건강과도 직결되는 중요한 요소이다.

근(筋)테크(근육을 기르는 체력 관리)는 가장 확실한 투자

요즘 많은 사람들이 경제적 안정과 재(財)테크에 관심을 가지며 다양한 투자 방법을 찾아 나선다. 하지만 대부분의 재(財)테크는 시장 상황에 따라 변동성이 크고, 위험이 큰 경우가 많다. 반면, 근

(筋)테크는 위험성도 없고, 신뢰할 수 있는 투자 방법으로 주목받고 있다. 근(筋)테크는 돈을 벌기 위한 투자가 아니라, 자신의 건강을 지키고 삶의 질을 높이기 위한 투자이다. 젊었을 때부터 꾸준히 체력 관리를 하는 사람들은 나이가 들어서도 신체적, 정신적으로 더 안정적이며, 더 나은 삶의 질을 유지할 수 있다.

또한, 근(筋)테크는 몸에 대한 투자일 뿐만 아니라 시간과 돈을 절약하는 투자이기도 하다. 운동을 통해 건강을 유지하면 병원에 자주 가지 않게 되고, 약이나 치료에 들어가는 비용을 절감할 수 있다. 이처럼 근(筋)테크는 경제적인 관점에서도 매우 합리적이며, 지속 가능한 투자 방법임을 알 수 있다.

나이가 들수록 중요한 체력 관리

나이가 들면서 자연스레 체력은 떨어지게 되지만, 꾸준한 운동과 식이 관리를 통해 어느 정도까지는 건강을 유지할 수 있다. 무리하지 않는 선에서 규칙적으로 걷기, 스트레칭, 근력 운동을 통해 신체의 유연성과 근력을 강화하는 것이 중요하다. 특히 근력 운동은 나이가 들어도 가능한 운동 중 하나로, 근육의 소실을 막아 체력 저하를 예방할 수 있다.

또한, 영양을 적절히 섭취하고 식단을 관리하는 것도 체력 관리의 중요한 요소이다. 균형 잡힌 식단과 충분한 수면, 스트레스 관리 등이 모두 체력과 정신 건강을 지켜 주는 중요한 요소들이며, 이를 통해 나이가 들어도 건강하고 활기찬 삶을 유지할 수 있다.

인생의 진정한 투자는 나 자신이다

결론적으로 나이가 들수록 육체와 정신은 더 밀접하게 연결되며, 육체가 정신을 지배할 수 있다는 점을 우리는 경험적으로 깨닫게 된다. 따라서 젊은 시절부터 체력 관리를 통해 건강을 유지하는 것은 삶의 질을 높이는 가장 확실한 투자이다. 돈으로 살 수 없는 건강을 지키기 위한 꾸준한 운동과 생활 관리를 통해 육체적, 정신적 안정을 동시에 도모할 필요가 있다. 이는 인생을 보다 만족스럽고 행복하게 살아가는 방법이자, 자신에게 해줄 수 있는 최고의 투자라고 할 수 있다.

96.
몸의 사용 가능 햇수와 후회 없는 삶

인체는 복잡하고 정교하게 설계된 기계와도 같다. 하지만 그 어떤 기계도 영원히 작동할 수 없는 것처럼, 우리 몸의 모든 기관 역시 일정한 기간이 지나면 기능이 서서히 저하되기 마련이다. 사람의 신체 기관들은 각자 고유의 사용 가능 햇수를 가지고 있으며, 이를 무시한 채 끝없이 건강할 것이라 믿는 것은 큰 착각이다. 관련하여 신체 기관의 노화와 그에 따른 변화, 그리고 이를 염두에 두고 어떻게 살아가야 할지 고민해 볼 필요가 있다.

먼저, 신체 기관의 노화 과정은 누구에게나 공통으로 나타난다. 물론 개인에 따라 그 속도와 시기는 다를 수 있지만, 결국 눈은 나이가 들수록 침침해지고 시력은 약해진다. 이는 눈에 수정체가 점점 경직되고 두꺼워지면서 조절 능력이 떨어지기 때문이다. 같은 이유로 귀의 청각 기능도 나이가 들면서 점점 감퇴하게 된다. 귀의 청신경 세포가 손상되거나 소실되면서 고음이나 저음을 듣기 어려워지는 현상이 발생한다. 또한 치아는 오랜 시간 사용되면서 자연스럽게 마모되고 약해져 잇몸병이나 충치가 생기기 쉬워진다.

이 밖에도 신체 기관의 노화는 전반적인 생활에 영향을 미친다. 기억력 감퇴 역시 흔한 노화 현상 중 하나이다. 뇌세포가 서서히 손상되거나 소실되면서 정보 처리 속도가 느려지고, 새로운 정보를 기억하는 데 어려움을 겪게 된다. 무릎 관절 또한 마찬가지다. 오랜 시간 동안 체중을 지탱하며 사용된 관절은 연골이 닳고, 염증이 생기면서 욱신거리기 시작한다. 이러한 신체적 변화들은 우리 모두에게 찾아오게 되어 있다.

따라서 우리는 이러한 신체 기관의 노화를 자연스러운 과정으로 받아 들이고, 그에 대한 준비와 대처를 해야 한다. 물론 노화를 완전히 막을 수는 없지만, 평소 건강한 생활 습관을 유지함으로써 노화의 속도를 늦추는 것은 가능하다. 규칙적인 운동, 균형 잡힌 식단, 충분한 수면, 스트레스 관리 등은 신체의 각 기관이 더 오래 건강하게 유지되도록 돕는 중요한 요소들이다.

하지만 더 중요한 것은 신체 기관의 사용 가능 햇수를 인정하고, 그 유효 기간이 남아 있을 때 최대한 활용하는 것이다. 예를 들어 시력이 여전히 좋을 때 아름다운 자연경관을 많이 보고, 청각이 건강할 때 좋은 음악을 즐기며, 치아가 튼튼할 때 맛있는 음식을 충분히 음미하는 것이다. 또한, 무릎 관절이 아직 튼튼할 때 가고 싶은 곳을 많이 여행하는 것도 좋은 예가 될 수 있다. 이러한 경험들은 우리가 나이가 들어 신체의 기능이 약해졌을 때, 좋은 기억으로 남아 삶의 질을 높이는 데 도움이 될 것이다.

만약 이런 기회를 미루다가 나중에 건강이 악화해 후회하게 된다면, 그때는 이미 되돌릴 수 없다. 그러므로 우리는 현재의 건강 상태를 인지하고, 가능한 한 미루지 말고, 다양한 경험을 쌓고, 하고 싶은 것을 실행하는 것이 현명하다. 인생의 어느 시점에서 든 "아 그때 할 걸" 하는 아쉬움을 남기지 않기 위해 참고해야 할 사항이다.

자연의 이치와 우리 몸의 노화는 피할 수 없는 현실이다. 그러므로 우리는 이를 거스르려고 하기보다는, 이를 인정하고 그에 맞는 삶을 살아가는 것이 중요하다. 평소에 건강을 챙기며, 신체 기관들이 잘 기능할 수 있을 때 최대한 많은 것을 보고, 듣고, 경청하며 사는 것이 인생을 더 풍요롭게 만드는 길이다. 이와 같은 삶의 태도는 결국 우리에게 후회 없는 삶을 선사할 것이다. 자연의 이치를 명심하며, 오늘도 건강하고 지혜로운 하루를 보내도록 해야 하겠다.

97.
칭찬과 감탄의 힘

현대 사회에서 성공의 열쇠는 단순히 업무 능력이나 지식에만 국한되지 않는다. 우리는 회사에서든, 가정에서든, 또 다른 모든 모임에서 상대방에 대한 배려와 존중을 통해 우리의 가치를 더 높일 수 있다. 그 중에서도 특히 중요하게 여겨지는 것이 바로 상대방의 행동이나 성과에 대해 자연스럽고 진심 어린 감탄과 칭찬을 습관화하는 것이다.

일상생활에서 사소한 것이라도 상대방의 노고를 알아주고 작은 성취에도 진심으로 칭찬하는 습관을 들인다면, 우리는 그저 평범한 사람이 아니라 특별한 사람으로 인식될 수 있다. 예를 들어, 동료가 새로운 아이디어를 제시했을 때 "야~ 어떻게 이런 생각을 했어? 정말 멋지다"라고 말한다면 그 동료는 자신이 인정받고 있다는 느낌을 받게 된다. 이는 단순한 한 마디의 반응일 뿐이지만, 그 영향력은 상당하다.

또한, 누군가 새로운 스타일을 시도했을 때 "정말 멋져요, 확 달라 보여요"라는 칭찬은 그 사람의 자존감을 높여 줄 수 있다. 이렇게 진심으로 상대방의 변화를 긍정적으로 바라보고 칭찬하는 것은 그 사람에게 큰 힘이 된다. 그리고 프로젝트나 업무가 성공적으로 마무리되었을 때 "이거 어떻게 한 거야? 기발한데요"라며 상대방의 창의성과 노력을 인정해 준다면, 그 사람은 더 큰 동기 부여를 받을 것이다.

더 나아가 "쉽지 않았을 텐데 대단하십니다"라는 말은 상대방의 고생과 노력을 인정하는 표현으로, 이는 단순한 칭찬을 넘어선 공감의 표현이 된다. 이러한 공감은 상대방과의 관계를 더욱 깊고 신뢰 있게 만들어 준다. 그리고 "정말 힘들었겠어요, 수고 많았습니다"라는 말은 상대방이 얼마나 노력했는지를 진심으로 이해하고 있다는 것을 보여준다. 이러한 말 한 마디가 피로를 풀어 주고, 상대방에게 큰 위로와 만족감을 줄 수 있다.

이와 같이, 우리는 일상에서 마주치는 사소한 상황들에 대해 지나치지 않고 자연스럽게 반응하는 습관을 들임으로써, 우리의 인간관계를 더욱 풍요롭게 만들 수 있다. 이러한 작은 배려의 칭찬 말들을 단순히 듣기 좋은 말이 아니라, 상대방을 존중하고, 인정하며, 그들의 가치를 높여 주는 중요한 요소가 된다.

따라서, 현대 사회를 살아가면서 모든 생활에서 상대방을 배려하고 자연스럽게 감탄과 칭찬을 하는 습관을 들인다면, 우리는 단순히 업무적으로나 사회적으로 성공하는 것을 넘어서 인간적인 매력과 신뢰를 겸비한 사람으로 성장할 수 있다. 이는 궁극적으로 우리의 삶을 더 의미 있고 행복하게 만드는 중요한 요소가 될 것이다. 작은 리액션 하나하나가 우리의 삶을 크게 변화시킬 수 있다는 사실을 기억하고, 오늘부터라도 칭찬과 감탄을 아끼지 않은 습관을 들어 보자. 이에 따라 당신은 이미 성공의 대열에 한 발 더 다가가게 될 것이다.

98.
마음 청소의 필요성

물리적인 공간이 시간이 지남에 따라 먼지와 물건들로 어지럽혀지듯, 우리의 마음도 살아가면서 수많은 감정, 기억, 생각들로 복잡해지고 때로는 혼탁해지기 마련이다. 그러므로 우리는 주기적으로 마음을 정리하고 청소할 필요가 있다. 마음의 정화는 단순한 기분 전환을 넘어, 삶의 질과 방향을 바꾸는 근본적인 작업이기도 하다.

살아가면서 우리는 본의 아니게 많은 감정과 생각에 영향을 받는다. 타인의 말 한 마디, 예상치 못한 상황, 또는 과거의 기억이 어느새 우리의 마음을 지배하고, 본래의 나다운 모습에서 점점 멀어지게 한다. 의도하지 않아도 마음은 서서히 굳고, 한쪽으로 기울며, 때로는 왜곡되기도 한다. 그래서 마음의 변화는 무의식적으로 일어나지만, 이를 제자리에 돌려놓는 일은 의식적인 노력이 필요하다.

마음의 청소는 바로 이 '의식적인 정돈'을 말한다. 부정적인 감정, 분노, 질투, 미움, 원망, 두려움, 후회 이런 것들이 마음속 깊은 곳에 고여 있다면, 그것들은 점점 커져 우리의 행동, 말, 심지어는 표정까지도 바꿔 놓는다. 마치 오랫동안 닦지 않은 창문이 햇살을 가리듯, 정화되지 않은 감정들은 삶의 밝은 가능성을 가로막는다.

따라서 마음속에 쌓인 묵은 감정들을 자주 돌아보고, 그것을 바라보며 정리하는 시간은 꼭 필요하다.

이 마음 청소의 과정은 단순히 나쁜 감정을 없애는 데 그치지 않는다. 오히려 그 감정들을 정직하게 마주하고, 왜 그런 감정이 생겼는지를 이해하려는 과정이기도 하다. 때로는 부정적인 감정이 내게 어떤 메시지를 주었는지를 성찰하면서 자신을 더 깊이 알게 되기도 한다. 그러므로 감정을 억누르거나 외면하는 것이 아니라, 있는 그대로 인식하고 흘려보내는 것이 진정한 청소다.

마음을 청소하는 방법은 사람마다 다를 수 있다. 어떤 사람은 글을 쓰며 정리하고, 또 다른 사람은 명상이나 산책을 통해 내면을 들여다보기도 한다. 혹은 신뢰할 수 있는 사람과의 대화를 통해 마음의 무게를 나누기도 한다. 중요한 것은 무엇이 되었든, 자신만의 방식으로 마음을 점검하고 가볍게 만드는 시간을 의도적으로 갖는 것이다.

정기적인 마음 정리는 과거의 상처를 고이고이 간직하는 대신, 다가올 미래를 위한 빈자리를 마련해 준다. 흙먼지를 털어낸 창문을 통해 다시 맑은 빛이 들어오듯, 깨끗해진 마음에는 새로운 희망, 기쁨, 사랑이 자리 잡을 수 있다. 더는 과거의 고통이나 아픔에 붙잡혀 있는 삶이 아니라, 미래를 향해 열린 마음으로 살아갈 힘이 생긴다.

무엇보다 중요한 것은 마음의 청소를 일시적인 이벤트가 아니라, '주기적인 습관'으로 여기는 것이다. 마치 정기적으로 방을 청소하고 옷장을 정리하듯, 마음도 그런 꾸준한 관리가 필요하다. 그렇지 않으면 점점 감정의 찌꺼기가 쌓여, 나중에는 그 존재조차 인식하지 못한 채 무겁고 둔탁한 삶을 살아가게 될 수 있다.

마음을 정리하면 내면이 가벼워지고, 삶에 대한 시선도 맑아진다. 타인의 말과 시선에 덜 흔들리고, 자신을 객관적으로 바라볼 힘이 생긴다. 감정의 흐름을 더 민감하게 느끼게 되고, 작은 기쁨에도 감사하는 마음을 가질 수 있다. 결국, 마음을 청소한다는 것은 '내가 누구인지'를 잊지 않기 위한 노력이며, 삶의 중심을 지켜나가기 위한 필수적인 작업이다.

우리는 모두 한정된 에너지와 시간을 가지고 살아간다. 그 한정된 자원을 과거의 상처나 불필요한 감정에 낭비하기보다는 나를 위한 삶, 지금 이 순간을 충실히 살아가기 위한 공간으로 바꿔야 한다. 마음이 깔끔하게 정리될수록 우리는 더 깊이 사랑할 수 있고, 더 자유롭게 꿈꿀 수 있으며, 더 온전한 내가 되어 세상과 만날 수 있다.

그러니 오늘 하루, 아주 잠깐이라도 멈춰 서서 자신의 마음을 들여다보자. 무엇이 쌓여 있는지, 무엇을 버려야 할지, 어떤 감정을 더 품고 싶은지. 그렇게 마음을 정돈하고 나면, 어쩌면 삶은 우리가 생각했던 것보다 훨씬 더 따뜻하고 가볍고, 아름다울 수 있다.

99.
가장의 진정한 역할

　많은 사람들이 삶을 살아가며 놓치고 후회하는 것 중 하나는 가장의 역할을 경제적인 지원에만 국한한다는 점이다. 많은 가장이 자신이 해야 할 일은 가족을 위해 돈을 벌어오는 것으로 생각하며, 그 책임을 다했다고 믿는다. 이들은 수십 년 동안 열심히 일해 은퇴를 맞이하지만, 막상 뒤를 돌아보면 가족과의 소중한 추억과 깊은 유대, 그리고 진정한 소통의 부족으로 인해 서운함과 허무함을 느끼게 되는 경우가 많다. 이는 한평생을 가족을 위해 바쳐왔다는 생각과는 상반된 결과로, 이들이 느끼는 후회와 공허함은 더 깊어지게 된다.

　가장의 역할을 경제적인 책임으로만 국한하는 것은 한정적인 시각이다. 가정의 경제적 안정을 유지하는 것은 물론 중요한 일이지만, 진정한 가족애를 쌓고, 소통과 이해를 바탕으로 한 관계를 형성하는 것 또한 중요하다. 경제적 역할에 치중한 나머지, 자녀와의 대화 시간, 배우자와의 소통, 부모와의 정서적 유대가 부족해진다면, 노후에 들어서 후회할 가능성이 높아진다. 가족 간의 깊은 애정과 유대감은 돈으로 살 수 없는 소중한 가치를 지니고 있으며, 시간이 지나면 지날수록 그 가치는 더욱 빛나기 마련이다.

또한, 주변 사람들과의 관계 또한 중요하다. 본가와 처가, 친구, 선후배, 이웃과의 관계를 돈독히 하며 살아온 사람들은 은퇴 이후에도 그들이 쌓아 온 인연과 유대를 통해 더욱 즐겁고 의미 있는 노후 생활을 보낼 수 있다. 이런 사람들은 가족과 주변 사람들로부터 자연스럽게 존경과 사랑을 받으며, 노후에도 외롭지 않은 삶을 살게 된다. 이는 경제적 역할에만 치중했던 사람들과는 확연히 다른 삶의 모습이다.

인생은 균형이 중요하다. 한쪽으로 치우친 삶은 결국 다른 한쪽의 결핍을 초래하게 된다. 가족과의 시간과 추억, 대화와 이해의 부족은 나중에 돌이킬 수 없는 후회를 남기게 된다. 따라서 가장으로서 경제적 역할을 다하는 것도 중요하지만, 가족과의 진정한 소통과 유대, 그리고 주변 사람들과의 관계도 챙기는 균형 잡힌 삶을 추구해야 한다. 이는 가족에게도 본인에게도 더 의미 있는 삶을 선사하게 될 것이다.

마지막으로, 가장의 역할과 책임 의식은 시대에 따라 변하고 있으며, 이에 따라 균형 있는 삶을 위한 처세술도 달라져야 한다. 경제적 역할에만 몰두하는 것에서 벗어나, 가족과 주변 사람들과의 관계를 더 중요시하고, 진정한 소통과 이해를 바탕으로 한 유대감을 형성하는 것이 후회를 줄이고 더욱 행복한 삶을 만드는 길이다. 가족 간의 깊은 정과 소통, 그리고 추억을 쌓아 가는 과정에서 비로소 인생의 진정한 의미를 깨닫게 될 것이다.

따라서 가족의 가장으로서 우리는 경제적 책임뿐만 아니라 감정적, 정서적 책임도 함께 고민해야 한다. 경제적 역할은 약간 부족하더라도 가족과 주변 사람들에게 정성을 다하며 살아가는 삶은 그 자체로도 가치가 있다.

그런 삶이야말로 진정한 행복을 만들어 가는 길이며, 후회 없는 노후를 위한 가장 중요한 준비가 될 것이다.

100.
후회없는 삶을 위한
버킷 리스트 작성법

인생의 마지막 순간에 다다랐을 때, 우리는 지나온 세월을 돌아보며 크고 작은 후회들을 떠올리곤 한다. "그때 그 일을 해볼 걸", "좀 더 용기를 내어 볼 걸" 하는 아쉬움들이 쌓여 가며, 살아온 삶에 대한 회한이 마음을 무겁게 만들기도 한다. 그러나 이런 후회를 줄이고, 보다 의미 있는 삶을 살기 위해서는 지금, 이 순간, 자신이 꼭 해 보고 싶은 일들을 미리 정리해 두는 것이 중요하다. 바로 '버킷 리스트'를 작성하는 것이다.

버킷 리스트는 일생에 꼭 해보고 싶은 일이나 경험해 보고 싶은 것들을 적어 둔 목록이다. 이 리스트를 작성하는 과정은 단순히 소망을 나열하는 데 그치지 않고, 현재의 삶을 더 주도적으로 살아가도록 돕는 중요한 도구가 될 수 있다.

우리는 일상에서 늘 바쁘게 움직이고, 사회적 기대와 책임 속에 정신없이 살아가며, 어느새 자신의 꿈과 열정을 잊고 살아가기도 한다. 하지만 가끔은 멈춰 서서 내가 진정 원하는 것이 무엇인지, 무엇이 나를 설레게 하고 삶의 의미를 더해 주는지 곰곰이 생각해 볼 필요가 있다.

버킷 리스트를 작성하는 것은 지금 남은 인생을 점검하고, 앞으로의 삶을 계획하는 데 큰 도움이 된다. 이러한 단순한 '하고 싶은 일'을 넘어서 '반드시 해내야 하는 일'을 포함하기도 한다. 예를 들어, 아직 만나지 못한 사랑하는 사람에게 마음을 전하는 것, 오랫동안 미뤄 둔 여행지를 방문하는 것, 또는 새로운 언어를 배우거나 악기를 연주해 보는 것 등이 있을 수 있다. 이처럼 버킷 리스트는 우리 삶에 활력을 불어넣어 주고, 더 나아가 삶의 방향성을 명확히 해주는 역할을 한다.

버킷 리스트를 작성하는 방법은 먼저 자신이 후회할 일을 미리 떠올려 보고 그것을 적어 보는 것이 좋다. 삶을 돌아보면 '이건 꼭 해봐야겠다'는 생각이 드는 것들이 있을 것이다. 그것이 여행, 새로운 도전, 가족과의 소중한 시간일 수도 있고, 개인의 성장을 위한 학습이나 운동일 수도 있다. 중요한 것은 이 리스트가 나만의 것이어야 한다는 점이다. 다른 사람의 기대나 사회적 관습에 얽매이지 않고, 오직 나의 꿈과 소망에 집중해야 한다.

또한, 버킷 리스트를 작성하면서 지금 당장 할 수 있는 작은 것부터 시작해 보는 것도 좋은 방법이다. 예를 들어, 매일 아침 건강 달리기를 하며 건강을 챙기겠다는 다짐, 매주 한 권의 책을 읽겠다는 계획, 혹은 사랑하는 사람에게 매일 감사의 메시지를 보내겠다는 목표 등을 세울 수 있다. 이러한 작은 변화들이 쌓여 큰 성취로 이어지며, 삶의 만족도도 높아질 것이다.

물론, 버킷 리스트를 작성했다고 해서 모든 것이 계획대로 이루어지리라는 보장은 없다. 때로는 현실적인 문제나 예기치 못한 상황으로 인해 리스트의 일부를 실현하기 어려울 수도 있다. 하지만 중요한 것은 그것을 위해 끊임없이 노력하고, 자신이 원하는 삶을 살아가려는 의지를 다지는 것이다. 그렇게 함으로써 우리는 주도적으로 삶을 끌어 가는 사람으로 거듭날 수 있다.

결국, 버킷 리스트는 단순히 목표를 적어 놓은 종이가 아니라, 우리 삶을 더욱 풍요롭고 의미 있게 만들어 주는 나침반과도 같다. 바쁘고 정신없는 일상에서도 자신만의 꿈과 열정을 잊지 않고 살아가기 위한 작은 다짐이 될 수 있다. 그러므로 지금 이 순간, 우리가 후회할 일을 미리 정리해 보고 삶의 끝자락에서 "이것만은 해봤으니 잘 살았다"라고 말할 수 있는 목록을 만들어 보는 것은 매우 가치 있는 일이다. 그런 순간이 우리에게 희망과 가슴 뛰는 열정을 안겨 줄 것이다.

101.
세월의 흔적,
얼굴 인상 관리의 중요성

　사람의 얼굴은 계절이 바뀌면 자연 경관이 변하는 것처럼 세월이 흐르면서 점차적으로 변해 간다. 시간이 지남에 따라 얼굴에는 나이를 먹으며 살아온 흔적들이 남게 되는데, 이러한 변화는 사람마다 겪은 경험과 그에 따른 감정적, 정신적 영향에 따라 차이가 나게 마련이다. 얼굴에 드러나는 인상은 단순한 외모의 변화가 아니라, 그 사람이 살아온 삶의 궤적을 보여주는 일종의 흔적이다.

　세월 속에서 사람마다 다양한 일들을 겪으면서 얼굴에 남은 인상도 각기 다르게 변한다. 온화한 인상을 가진 사람도 있고, 강인한 인상을 가진 사람도 있으며, 반대로 나약해진 인상이나 인자한 인상을 가진 사람도 있다. 이러한 인상의 변화는 단순히 외형적인 것에 그치지 않고, 그 사람의 내면과 성격, 경험을 반영하는 중요한 요소가 된다. 얼굴에 새겨진 주름 하나, 표정 하나까지도 그 사람의 삶을 대변할 수 있다.

　특히 얼굴의 인상을 보고 사람의 운명이나 성격, 수명 등을 판단하는 관상은 오랜 세월 동안 쌓아 온 통계적 점술의 하나로 알려져 있다. 관상은 얼굴의 생김새 자체뿐만 아니라 그 사람의 인상을 근간으로 판단하는 경향이 있다. 이는 그 사람이 살아온 삶에서 드러나는 감정적 표현과 내면의 상태가 얼굴에 남은 흔적을 통해 추론할 수 있다는 가설에 기반을 둔다. 따라서 좋은 인상을 유지하는 것은 단지 외모 관리뿐만 아니라, 자기 삶의 질과 행복에 영향을 줄 수 있는 중요한 요소라고 할 수 있다.

누구나 나이가 들면서 온화하고 인자한 인상을 가지길 원할 수 있다. 온화한 인상은 주변 사람들에게 긍정적인 영향을 주며, 대인 관계에서 중요한 역할을 할 수 있기 때문이다. 이러한 인상을 유지하기 위해서는 단순한 외적인 관리보다는 내면의 평화와 안정을 유지하는 것이 중요하다. 내면의 상태는 결국 얼굴에 드러나게 마련이다. 이처럼 인상은 그 사람의 내면을 반영하기 때문에 꾸준히 긍정적인 사고와 감정을 유지하는 것이 외모 관리에도 중요한 역할을 할 수 있다.

종종 우리는 오랜만에 만난 친구나 지인의 얼굴에서 그동안의 변화를 쉽게 감지할 수 있다. "얼굴이 왜 이렇게 변했어, 몰라보겠어"라고 말하거나, 반대로 "너는 옛날이나 지금이나 어쩜 그렇게 변함이 없어?"라고 말하는 경우가 있을 것이다. 남의 얼굴은 시간이 지나면서 변하는 모습이 눈에 쉽게 들어오지만, 정작 자신의 얼굴은 일상에서 자주 보고 익숙해져 있기 때문에 그 변화를 쉽게 알아차리기 어렵다. 자신이 얼마나 변했는지, 얼굴의 인상이 어떻게 달라졌는지 인지하지 못하고 살아가는 경우가 많다.

그러나 나이가 들수록 자기 얼굴에도 변화가 찾아오기 마련이다. 그러므로 평소에 자신의 얼굴을 자주 들여다보고 관리하는 것이 중요하다. 단순히 거울을 통해 외적인 변화를 보는 것뿐만 아니라, 자신의 인상을 관리하기 위해서는 가끔 셀카를 찍어 얼굴을 관찰하는 것도 좋은 방법이 될 수 있다. 셀카는 현재 자신의 얼굴을 기록할 수 있는 좋은 도구이며, 그 모습을 통해 자신의 감정 상태나 인상의 변화를 점검할 수 있다.

또한, 얼굴 인상을 관리하기 위해서는 표정과 감정의 표현을 신경 쓰는 것도 중요하다. 우리가 어떤 감정을 자주 표현하느냐에 따라 얼굴에 남는 인상도 달라질 수 있기 때문이다. 자주 화를 내거나 불만을 가지는 사람은 얼굴에 그 감정이 고스란히 남아 강인하거나 날카로운 인상을 줄 수 있다.

반면, 긍정적이고 온화한 표정을 자주 짓는 사람은 인자하고 편안한 인상을 줄 수 있다. 그러므로 평소 표정 관리와 감정 조절이 얼굴 인상 관리에 중요한 요소가 된다.

결론적으로 사람의 얼굴은 세월의 흐름 속에서 자연스럽게 변해 가며, 그 사람의 삶과 경험을 반영하는 중요한 요소이다. 나이가 들어가면서도 온화하고 인자한 인상을 유지하기 위해서는 단순한 외모 관리뿐만 아니라, 내면의 평화를 유지하고 긍정적인 감정을 표현하는 것이 필요하다. 자기 얼굴 인상을 꾸준히 관리하고, 가끔씩 셀카를 통해 변화된 모습을 관찰하는 것은 이러한 목표를 달성하는 데 도움을 줄 수 있다.

102.
인생 후반기,
나를 위한 삶의 전환점

나이를 먹는다는 것은 단순히 생물학적인 나이의 증가만을 의미하지 않는다. 그것은 삶의 축적이며, 수많은 경험과 감정을 거쳐 도달한 하나의 중요한 전환점이기도 하다. 특히 60세를 넘어서면서부터의 삶은 그동안의 삶과는 다른 시선과 태도로 맞이해야 할 새로운 시기다.

우리는 살아오며 수많은 책임과 의무를 감당해 왔다. 가정에서는 부모와 자녀, 배우자로서의 책임이 있었고, 사회에서는 직장인으로, 시민으로 다양한 역할을 수행하며 헌신과 봉사의 삶을 살아왔다. 많은 순간에 우리는 '나'보다는 '남' 혹은 '전체'를 우선에 두었다. 자신을 돌보는 일은 뒷전이었고, 하고 싶었던 일보다는 해야 할 일을 앞세우며 살아왔다.

그러나 인생의 후반기로 접어드는 지금, 이제는 '나 자신'을 중심에 두고 살아가야 할 때이다. 자신을 최우선으로 두는 삶, 자신을 아끼고 사랑하는 삶이 그 어느 때보다 중요해졌다. 이는 이기적인 삶을 말하는 것이 아니다. 오히려 이제까지 수많은 희생과 봉사로 채워졌던 삶에 대한 보상이며, 앞으로의 삶을 건강하고 의미 있게 살아가기 위한 필수적인 전환이다.

많은 이들이 인생 후반기를 맞이하며 느끼는 공통된 감정 중 하나는 '여유로움에 대한 갈망'이다. 일과 책임에 쫓겨 살던 시간 속에서 하고 싶었지만 하지 못했던 것들, 여행, 취미생활, 건강 관리, 사람들과의 만남, 이제는 그것들을 하나씩 실현해 갈 수 있는 시점에 도달한 것이다.

가고 싶었지만 가지 못했던 여행지를 떠올려 보자. 바다 냄새가 그리웠던 해변, 고요한 산사의 새벽 풍경, 혹은 유럽의 작은 마을 골목을 거닐며 커피 한 잔을 즐기는 여유로운 시간들. 이제는 더 이상 '언젠가'를 기약할 필요 없이 '지금'이 그 적기이다.

입어 보고 싶었지만 꺼려졌던 옷차림, 나이에 맞지 않는다는 이유로 해보지 못했던 헤어스타일이나 메이크업, 혹은 나만을 위한 사진 한 장. 이 모든 것이 지금의 나에게 줄 수 있는 선물이 될 수 있다. 사회적 시선보다는 내 마음의 만족이 더 중요해지는 시기이기에, 외적인 표현도 나의 내면을 치유하고 격려하는 수단이 될 수 있다.

먹고 싶었지만 건강이나 여건 때문에 미뤄야 했던 음식들, 여유가 없어 배우지 못했던 악기나 미술, 글쓰기, 춤과 같은 취미들 역시 이제는 충분히 도전해 볼 만한 가치가 있다. 그것들이 꼭 완벽할 필요는 없다. 중요한 것은 결과가 아니라, '지금 이 순간 나를 위한 선택'을 했다는 그 사실이다.

또한 이 시기는 나와의 대화를 회복하는 시간이기도 하다. 조용한 오후에 차 한 잔과 함께 지난 삶을 되돌아보고, 앞으로의 삶을 설계해 보는 그 고요함 속에서 우리는 스스로를 더 깊이 이해하게 된다. 나를 진정으로 사랑하고, 존중하고, 보살피는 그 과정 속에서 내면은 더욱 단단해지고, 평온함을 얻게 된다.

건강 또한 빠질 수 없는 중요한 요소이다. 단순히 병이 없다는 상태를 넘어서, 건강한 육체와 정신은 삶을 지탱해 주는 핵심 기둥이다. 하루 30분의 산책, 균형 잡힌 식사, 규칙적인 수면과 함께하는 생활은 자신을 아끼고 돌보는 가장 기본적인 행위이다. 내 몸을 귀하게 여기고, 지키는 일은 삶을 더욱 풍요롭게 만들어 준다.

사랑도 마찬가지다. 이제는 타인을 위해 모든 사랑을 쏟아내기보다는, 나 자신에게도 사랑을 베풀어야 할 때이다. 내 감정에 솔직해지고, 내 욕구를 존중하며, 나를 칭찬하고 격려하는 마음가짐이 필요하다. 때로는 거울 앞에서 나에게 웃으며 "수고했어", "이만하면 잘했어"라고 말해 주는 그 짧은 한 마디가 큰 위로가 될 수 있다.

인생의 후반기는 '마무리'가 아닌 '재출발'이다. 단조롭고 정해진 길만 있는 것이 아니라, 여전히 새롭고 다채로운 선택지가 존재하는 시간이다. 그 선택의 중심에는 '나'라는 존재가 놓여 있어야 한다. 지금껏 너무나 열심히 살아온 당신, 이제는 그 삶의 무게를 잠시 내려놓고 가볍고 따뜻한 시선으로 자신을 바라보는 시간이다.

마지막으로, 인생 후반기는 자신에게 사랑을 주는 연습이 필요한 시기다. 남이 아닌 내가 나를 먼저 아껴 주는 삶, 내가 나에게 기회를 주고, 나를 위해 시간을 쓰고, 나에게 행복을 선물하는 삶을 살아가야 한다. 그것이 바로 진정한 인생의 성숙이자, 행복으로 가는 가장 가까운 길이다.

103.
나이 듦과 마음의 평온

사람은 나이가 들수록 신체적인 면역력뿐 아니라 마음의 면역력도 점점 약해지는 경향이 있다. 젊었을 때는 쉽게 웃어넘길 수 있었던 가벼운 이야기나 농담조차도 나이가 들면서는 서운하고 섭섭하게 느껴지기 쉽다. 이는 단순히 성격의 변화가 아니라, 나이가 들면서 자연스럽게 겪게 되는 심리적 변화와 관련이 깊다. 따라서 이러한 변화를 이해하고 이에 맞는 대처 방식을 찾아가는 것이 중요하다.

나이가 들면서 변화하는 마음의 특징

나이가 들어가면서 사람들은 점점 작은 일에도 쉽게 마음이 상하고 상처를 받는다. 사소한 말 한 마디에도 깊은 여운이 남고, 오래도록 그 상황을 곱씹으며 괴로워하는 경우가 많다. 과거 같으면 아무렇지 않게 넘겼을 일도 이제는 그냥 지나치지 못하고, 서운한 마음을 꼭 표현하고 싶어지거나 잔소리가 많아지기도 한다. 이는 다음과 같은 이유에서 비롯된다.

심리적 여유의 감소: 나이가 들수록 삶의 다양한 경험이 쌓이면서 인간관계와 사회적 상황에 대한 민감도가 높아진다. 젊은 시절의 에너지와 자신감으로 넘어갈 수 있었던 일들도 이제는 더 신중

하게 받아들이게 된다. 이는 신체적, 정신적 피로감이 증가하면서 마음의 여유가 줄어들기 때문이다.

자존심과 부담감의 증가: 나이가 들면서 주변의 시선이나 타인의 평가를 의식하는 경우가 많아진다. 자존심과 책임감이 더 커지기 때문에, 자신에 대한 작은 비판이나 농담도 쉽게 상처로 받아들여질 수 있다.

감정의 회복력 저하: 신체가 상처를 입었을 때 회복이 더디듯이, 마음의 상처 또는 치유가 더 어려워진다. 젊은 시절에는 금방 잊어버릴 수 있었던 일들이 나이가 들수록 오래 남고, 감정적으로 더 깊게 영향을 미친다.

나이 들면서 겪는 변화를 극복하기 위한 방법

나이가 들면서 생기는 심리적 변화를 이해하고, 이를 극복하기 위해 노력하는 것이 필요하다. 다음은 좀 더 건강한 마음가짐과 생활 태도를 유지하기 위한 방법들이다.

몸과 마음을 가볍게 하기: 신체적으로 건강을 유지하려는 노력이 중요하다. 적절한 운동과 건강한 식습관은 마음의 건강에도 긍정적인 영향을 미친다. 동시에, 복잡한 생각과 불필요한 걱정을 덜어내는 노력이 필요하다. 생각을 단순화하고 긍정적인 마인드를 가지려는 태도가 마음을 가볍게 만드는 데 도움이 된다.

따뜻하고 너그러운 마음가짐 유지: 나이가 들수록 주변 사람들에 대해 따뜻하고 너그러운 태도를 유지하는 것이 중요하다. 타인의 말과 행동을 너무 예민하게 받아들이기보다는 그들의 입장에서 생각하고 이해하려는 노력이 필요하다.

가벼운 말에도 신중해지기: 나이가 들수록 다른 사람에게 미치는 자신의 영향력을 무시할 수 없다. 가벼운 농담이나 비판적인 말이 의도치 않게 상대방에게 큰 상처를 줄 수 있음을 인지해야 한다. 따라서 말을 하기 전에 한 번 더 생각하고 신중하게 표현하는 습관을 가지는 것이 중요하다.

자신의 감정 관리 능력 키우기: 서운함이나 섭섭함을 느끼는 것은 자연스러운 감정이지만, 이를 적절히 조절하는 방법을 배우는 것이 필요하다. 감정을 억누르거나 부정하지 말고, 그 감정을 잘 들여다보며 스스로 위로하는 연습을 하자. 또한, 필요하다면 신뢰할 수 있는 사람과 대화를 통해 마음의 짐을 덜어내는 것도 도움이 된다.

자신만의 행복 찾기: 나이가 들수록 외부의 인정이나 타인의 시선보다는 자신만의 행복을 찾는 것이 중요하다. 새로운 취미를 시작하거나 좋아하는 활동을 통해 즐거움을 느끼는 시간이 필요하다. 이는 자신감과 삶의 만족감을 높이는 데 긍정적인 영향을 미친다.

나이가 들면서 마음이 예민해지고 상처를 쉽게 받는 것은 자연스러운 변화다. 그러나 그러한 변화에 적응하며 좀 더 평온한 삶을 유지하기 위해 노력하는 것은 가능하다. 몸과 마음을 가볍게 유지하고, 주변 사람들과의 관계에서 너그러운 태도를 가지며, 자신의 감정을 잘 관리하는 습관을 들이는 것이 중요하다. 나이가 들수록 마음의 평온함과 따뜻함을 유지하는 것이 자신뿐 아니라 주변 사람들에게도 긍정적인 영향을 미칠 것이다.

104.
65세, 인생의 전환점과
균형 잡힌 후반전

우리는 누구나 태어나서 성장하고, 사회에서 역할을 수행하며 살아간다. 하지만 한 사람의 인생을 통틀어 보았을 때, 65세라는 시점은 특별한 의미를 가진다. 이는 단순한 숫자가 아니라, 사회적·개인적·가정적으로 새로운 국면을 맞이하는 중요한 전환점이다. 대다수의 사람들에게 65세는 은퇴를 고려하는 나이이며, 자녀들의 독립이 어느 정도 마무리되는 시점이기도 하다.

또한, 개인적으로는 건강과 경제적 여건을 되돌아보게 되고, 앞으로 남은 삶을 어떻게 살아갈 것인지 고민하게 되는 순간이다. 그렇기 때문에 우리는 65세라는 시점을 인생의 전반전과 후반전을 가르는 기준점으로 삼고, 전반전을 어떻게 마무리할 것인지, 후반전을 어떻게 의미 있게 보낼 것인지에 대해 고민할 필요가 있다.

65세를 기준으로 한 인생의 전반전과 후반전

인생을 하나의 경기로 비유한다면, 65세까지를 '전반전', 65세 이후를 '후반전'이라고 볼 수 있다. 전반전은 개인이 사회에 진입하고, 가정을 꾸리고, 자신의 역량을 쌓으며 경쟁력을 갖추는 시간이다. 반면, 후반전은 전반전에 쌓은 경험과 자산을 바탕으로 보다 주체적이고 의미 있는 삶을 살아가는 시간이다.

전반전 동안 우리는 직업을 갖고, 경제적 기반을 다지며, 가족을 이루고, 사회적 관계를 형성하는 데 많은 시간을 보낸다. 이는 결국 후반전에 보다 안정적이고 주체적인 삶을 살아가기 위한 준비 과정이라고 할 수 있다. 하지만 많은 사람들은 전반전을 마무리하면서도 후반전을 어떻게 살아갈지에 대한 막연한 불안감을 느끼곤 한다. 그렇기 때문에 전반전을 살면서도 후반전을 염두에 두고 준비하는 것이 중요하다.

65세 이후, '내가 주인공인 삶'을 위한 조건

65세 이후의 삶을 보다 의미 있게 살기 위해서는 몇 가지 중요한 요소를 고려해야 한다. 경제적 준비, 건강 유지, 사회적 관계망(Network) 형성, 그리고 삶의 목적과 가치 설정이 그것이다.

경제적 준비: 후반전을 안정적으로 보내기 위해 가장 중요한 요소 중 하나는 경제적인 준비다. 직장에서 은퇴한 후에도 생활을 유지하기 위해서는 연금, 저축, 투자 등의 재정적 계획이 필요하다. 충분한 경제적 준비가 되어 있다면, 보다 자유롭고 주체적인 삶을 살 수 있지만, 그렇지 않다면 경제적 문제로 인해 삶의 질이 저하될 수 있다. 따라서 전반전 동안 재정적인 기반을 마련하고, 후반전에 지속적인 수입을 창출할 수 있는 방법을 고민해야 한다.

건강 유지: 건강은 인생 후반전을 좌우하는 중요한 요소이다. 65세 이후에는 신체적·정신적 건강이 급격히 변화할 수 있기 때문에, 젊을 때부터 건강을 관리하는 것이 필수적이다. 규칙적인 운동, 균형 잡힌 식습관, 정기적인 건강 검진 등을 통해 건강을 유지해야 한다. 또한, 정신 건강 역시 중요한 요소이므로, 취미 활동이

나 봉사, 학습 등을 통해 삶에 활력을 불어넣는 것이 필요하다.

사회적 관계망(Network) 형성: 인간은 사회적 존재이기 때문에 관계가 단절되면 외로움을 느끼기 쉽다. 은퇴 후 직장 동료와의 관계가 줄어들면서 사회적 관계가 급격히 축소될 수 있는데, 이는 삶의 만족도를 낮추는 요인이 된다. 따라서 후반전에도 활발한 대인관계를 유지하기 위해 동호회, 봉사 활동, 취미 모임 등에 적극적으로 참여하는 것이 중요하다. 또한 가족과의 관계를 돈독히 유지하고, 새로운 친구를 사귀려는 노력도 필요하다.

삶의 목적과 가치 설정: 후반전의 삶을 의미 있게 만들기 위해서는 삶의 목적을 분명히 설정해야 한다. 많은 사람들이 은퇴 후 목표 없이 시간을 보내다가 허무함을 느끼곤 한다. 그러나 새로운 목표를 설정하고, 자신이 원하는 삶을 살아가기 위한 계획을 세운다면, 후반전은 더욱 충실하고 행복한 시간이 될 수 있다. 여행, 창작 활동, 봉사, 새로운 학습 등 자신이 하고 싶은 일을 찾고, 이를 실천해 나가는 것이 중요하다.

전반전의 경험과 경쟁력을 후반전으로 연결하기

65세 이후의 삶을 풍요롭게 만들기 위해서는 전반전 동안 쌓은 경험과 경쟁력으로 후반전에 잘 활용해야 한다. 직장에서의 경력을 바탕으로 컨설팅이나 강연 활동을 할 수도 있고, 취미를 살려 새로운 직업을 만들 수도 있다. 또한, 과거의 경험을 토대로 후배들을 멘토링하거나 사회에 기여하는 활동을 할 수도 있다. 중요한 것은 전반전에서 축적한 지식과 경험을 후반전에도 의미 있게 활용될 수 있도록 전략적으로 계획하는 것이다.

균형 잡힌 삶의 중요성

전반전과 후반전을 성공적으로 연결하기 위해서는 균형 잡힌 삶을 유지하는 것이 중요하다. 많은 사람들이 전반전 동안 일에만 집중하다 보니, 후반전에 이르러서는 경제적으로는 안정적이지만 건강이 나빠지거나, 사회적 관계가 단절되는 경우가 많다. 반대로 전반전 동안 지나치게 안일하게 살다 보면 후반전에 경제적으로 어려움을 겪거나, 후회하는 경우도 있다. 따라서 전반전부터 일, 건강, 관계, 자아 실현을 균형 있게 고려하며 살아가는 것이 중요하다.

65세 이후, '내 삶의 주인공'이 되기 위한 준비

결국, 65세 이후의 삶은 전반전을 어떻게 살아왔느냐에 따라 달라진다. 전반전을 단순히 사회적 의무를 다하는 시간으로 보내기보다는, 후반전을 준비하는 과정으로 인식하고 균형 잡힌 삶을 살아가는 것이 중요하다.

65세는 단순히 은퇴의 나이가 아니라, 새로운 시작점이 될 수 있다. 이 시점을 기점으로 '내가 주인공인 삶'을 살아가기 위해 스스로 계획하고 준비해야 한다. 경제적, 사회적, 정신적 측면과 건강 면에서 균형 잡힌 준비를 한다면, 65세 이후의 삶은 더욱 의미 있고 행복한 시간이 될 것이다. 인생의 후반전을 보다 주체적으로 살아가기 위해 우리는 지금 이 순간부터 준비해야 한다.

105.
인생 후반, 나를 점검하는 시간

인생을 하나의 여정, 특히 '먹고사는' 긴 여정으로 바라본다면, 그 여정의 후반기에 접어드는 60세 이후는 그간의 삶의 결과와 축적된 것들을 점검하고, 앞으로 살아갈 여생을 어떻게 보내야 할지를 계획하는 시기라 할 수 있다. 이 시점에서는 단순한 경제적 성공이나 사회적 지위보다는 삶의 품격과 내면의 만족, 그리고 타인과의 관계 속에서의 안정감이 보다 중요한 가치로 부상한다.

우선, 최소한의 '품위'를 유지할 수 있는 경제력이 확보되어 있는지는 매우 중요한 기준이다. 단순히 생계를 유지하는 수준이 아닌, 사회 속에서 존중받는 어른으로서의 자립된 삶을 살기 위해 필요한 경제적 여건이 갖추어졌는지를 돌아보아야 한다. 정기적인 소득원이 있든, 준비된 은퇴 자금이 있든, 아니면 자산의 수익 구조를 통해 안정된 삶을 유지할 수 있느냐가 핵심이다. 이 경제적 기반이 부족하면, 나머지 영역에서 아무리 풍성함이 있더라도 삶의 기본적인 안정감은 흔들릴 수밖에 없다.

둘째, 삶의 보람과 의미를 어디에서 찾고 있는지도 점검이 필요하다. 여생 동안 단지 시간을 흘려보내는 것이 아니라, 나만의 역할과 기여, 그리고 존재의 가치를 실감할 수 있는 기반이 마련되어 있는가를 살펴보는 것이다. 이는 과거의 직업적 정체성과는 별

개로, 지금 이 순간의 내 존재가 누군가에게 혹은 사회에 긍정적인 영향을 주고 있다고 느낄 수 있는가로 연결된다. 봉사, 지역 커뮤니티 활동, 지식이나 경험의 나눔, 손주 양육 등 다양한 방식이 있을 수 있다.

셋째, 육체적·정신적 건강은 인생 후반기 삶의 질을 좌우하는 핵심 요소다. 단지 병이 없다는 차원을 넘어서 일상생활에서의 활력, 신체적 자립성, 그리고 마음의 평온과 긍정성을 유지할 수 있는가가 중요하다. 정기적인 운동, 건강한 식습관, 꾸준한 의료적 점검뿐만 아니라, 우울, 불안 등의 정서적 문제를 잘 다루고 있는지도 살펴야 한다. 나이가 들수록 건강은 우연이 아니라 습관과 태도의 결과라는 사실을 실감하게 된다.

넷째, 배우자와의 성숙한 관계는 여생의 행복을 크게 좌우하는 요인 중 하나다. 단순한 동거 이상의 의미로, 정서적 지지자이자 인생의 동반자로서 서로의 삶을 존중하고 이해하며 함께 성장하고 있는가를 돌아볼 필요가 있다. 대화의 깊이, 갈등의 해소 방식, 일상에서의 유대감 등은 부부관계의 질을 판단하는 기준이 된다. 삶이 고요해질수록 서로의 존재는 더 크게 다가온다.

다섯째, 자녀가 사회적으로 자립하고 있는가 또한 중요한 판단 기준이다. 자녀가 독립된 생활을 영위하고, 자신만의 삶을 개척해 가고 있는지를 보는 것은 단지 부모로서의 역할을 완수했는가의 문제가 아니라, 노년기의 정서적 부담과 안정감과도 깊이 연결된다. 자녀가 자립하지 못했을 경우, 부모는 경제적·정서적 부담을 지속적으로 안게 되며, 그로 인해 여생의 여유가 위축될 수 있다.

여섯째, 친구를 비롯한 주변 인간관계의 유무도 삶의 품질을 결정짓는다. 나이가 들어갈수록 새로운 친구를 사귀는 일은 쉽지 않다. 오히려 오랜 시간 함께해 온 친구들과의 관계를 유지하는 것이 중요하며, 이는 고독을 방지하고 삶에 활력을 불어넣는다. 함께 이야기를 나눌 수 있는 이들이 있고, 서로를 격려하고 위로할 수 있는 관계가 있는가를 돌아봐야 한다.

일곱째, 개인적 취미 활동이나 즐거움을 느낄 수 있는 일상의 소소한 즐거움이 있는지도 중요하다. 무언가에 몰입하고, 스스로 기쁨을 느낄 수 있는 시간이 있는 사람은 외부 환경의 변화에 휘둘리지 않고 자기만의 중심을 지키며 살아갈 수 있다. 음악, 여행, 독서, 글쓰기, 그림, 운동 등 어떤 것이든 좋다. 중요한 것은 그 활동을 통해 자신을 다시 만나고 위로받을 수 있는가이다.

마지막으로, 긍정적이고 깨끗한 정신의 유지 여부가 남은 인생의 질을 결정짓는다. 과거의 후회나 남에 대한 원망에 머물지 않고, 현재의 소중함과 미래의 가능성을 바라보는 자세, 그리고 나 자신과 주변을 따뜻하게 바라보는 태도는 인생을 건강하게 만들어 준다. 마음의 평정과 균형, 그리고 감사하는 태도는 삶의 마지막까지도 품위 있고 아름답게 유지시켜 줄 가장 강력한 자산이다.

이제 나 자신에게 솔직히 물어볼 때다. 지금의 나는 위에서 말한 이 모든 요소들에서 어느 정도의 수준에 도달해 있는가? 경제적 여건, 건강, 가족과의 관계, 사회적 관계, 개인의 정신적 상태 등 삶의 중요한 영역에서 어느 정도 균형이 이루어졌는가? 혹여 부족함이 있다면 그것을 받아들이고, 지금 이 순간부터라도 개선할 수 있는 여지가 있는지를 생각해 보자.

60세 이후의 삶은 이제부터가 진짜 '나'를 위한 시간이다. 남은 시간을 어떻게 살아갈 것인가는, 지금의 나를 객관적으로 점검하는 데서 출발한다. 이 글이 나 자신을 되돌아보는 소중한 계기가 되기를 바라며, 여유 있고 성숙한 후반기의 삶을 준비해 나가기를 소망한다.

106.
노년기 새로운 투자보다
자산 관리가 중요

돈을 평생 벌 거라고 착각하지 말자

우리는 흔히 돈을 평생 벌 수 있을 것이라고 착각하는 경우가 많다. 젊었을 때는 경제 활동을 지속하며 일정한 수입을 얻는 것이 당연하게 느껴지지만, 시간이 흐르고 나이가 들면서 이러한 상황이 변한다는 사실을 간과하기 쉽다. 특히 60세를 넘어서도 여전히 돈을 벌겠다는 생각을 가지고 있는 사람이라면, 이제는 그 생각을 바꿔야 할 시점이다. 60세 이후에는 새로운 돈을 벌기보다는 이미 가지고 있는 자산을 어떻게 효율적으로 관리하고 사용할 것인가에 초점을 맞추는 것이 훨씬 더 중요하다.

60세 이후, 경제 활동보다 자산 관리 중심으로

경제 활동을 활발하게 할 수 있는 시기는 대부분 50~60대 초반까지다. 물론 요즘은 정년이 연장되거나 퇴직 후에도 새로운 일을 찾는 경우가 많지만, 누구나 평생 일을 지속할 수 있는 것은 아니다. 특히 몸이 예전 같지 않고, 새로운 기술이나 트렌드에 적응하기 어려운 상황에서 더더욱 그렇다.

따라서 60세 이후에는 무조건 새로운 수입을 만들겠다는 생각보다는, 지금까지 모은 자산을 어떻게 잘 활용하고 효율적으로 운용할 것인가에 집중하는 것이 바람직하다. 그렇지 않으면 무리한 도전과 잘못된 선택으로 인해 오히려 자산을 잃고 경제적으로 불안한 노후를 맞이할 가능성이 커진다.

급여가 끊긴 후 찾아오는 조급함과 실수

정기적으로 급여를 받아 왔던 사람들은 은퇴 후 일정한 수입이 사라지면 큰 불안감을 느끼게 된다. 매달 고정적인 급여가 들어오는 것이 당연했던 상황에서, 더 이상 그 돈이 들어오지 않는다는 것은 심리적으로도 큰 부담이 된다. 이로 인해 많은 사람들이 조급한 마음에 새로운 투자 기회를 찾아 나서거나, 안정적이지 않은 사업에 뛰어드는 경우가 많다.

특히 이 시기에는 경제적 불안감 때문에 귀가 얇아지고, 잘못된 정보나 주변의 권유에 쉽게 휘둘리게 된다. 경험이 없는 분야에 무턱대고 투자하거나, 한 번도 해보지 않은 사업을 시작하는 경우도 많다. 이렇게 성급한 판단으로 인해 결국 돈을 잃고, 정신적인 스트레스까지 겪게 되는 사례가 많다.

노년기의 투자, 더 신중해야 한다.

나이가 들수록 우리는 신체적으로나 정신적으로 예전만큼 민첩하게 판단하기 어려워진다. 젊었을 때는 실수를 하더라도 다시 회복할 시간이 충분하지만, 노년기에는 한 번의 실수가 큰 타격을 줄 수 있다.

또한, 사회적 시스템이나 경제 변화에 대한 정보가 부족한 상태에서 욕심을 부리거나, 소유욕에 집착하게 되면 더 큰 실패로 이어질 가능성이 크다. 따라서 나이가 들수록 투자나 재정 관리에 있어서 더욱 신중한 접근이 필요하다. 노년기의 안정적인 재정 관리와 수입원 확보를 위한 원칙을 소개하면 다음과 같다.

- 연금, 예금, 배당 등 안정적인 현금 흐름을 만들어라.
- 무리한 투자보다는 안정적인 재테크 방법을 고려하라.
- 무리한 투자나 새로운 사업을 조심하라.
- 경험이 없는 투자나 사업은 신중하게 검토하라.
- 고수익을 미끼로 한 유혹을 경계하라.
- 자산을 효율적으로 활용하는 계획을 세워라.
- 단순한 저축보다는 실생활에서 활용할 수 있도록 계획을 세워라.
- 의료비, 생활비 등을 고려하여 지출 계획을 수립하라.
- 주변의 조언에 쉽게 흔들리지 마라.
- 지인이나 가족의 권유로 섣불리 투자하거나 돈을 빌려주는 일을 삼가라.
- 본인의 재정 상황을 명확히 이해하고 판단하라.
- 모든 경제적 결정은 심사숙고 후 결정하라.

돈보다 중요한 것은 삶의 질

마지막으로, 노후에는 단순히 돈을 많이 버는 것보다 어떻게 하면 행복하고 안정적인 삶을 유지할 수 있는가가 더 중요하다. 돈이 많아도 불안하고 걱정이 끊이지 않는다면 그것이 진정한 부유함이라고 할 수 없다. 오히려 지금 가진 자산을 잘 활용하면서 여유롭고 만족스러운 삶을 사는 것이 더 의미 있는 목표가 될 수 있다.

따라서 60세 이후에는 무리하게 새로운 돈을 벌려는 욕심을 버리고, 가진 것을 지키고 현명하게 사용하는 데 집중하는 것이 바람직하다. 이제부터라도 돈을 평생 벌 거라는 착각에서 벗어나 현실적인 재정 계획을 세우고 보다 안정적인 노후를 준비하자.

107.
은퇴 후 행복한 삶을 위한 준비

퇴직 후 삶을 준비하는 것은 매우 중요한 과제다. 직장에서의 역할을 내려놓게 될 때, 일상 속에서 중심이 되어 주던 일터와 직업적 자아에서 벗어나 새로운 정체성을 찾고 살아갈 방식을 모색하는 것은 삶의 중요한 전환점이 된다. 특히 오랜 시간 사회의 가장으로, 가족의 책임자로 역할을 다해 온 남편 혹은 아버지 입장에서 퇴직 후 삶을 어떻게 준비할지에 대해 깊이 생각해 보아야 한다.

은퇴 후 새로운 정체성의 필요성

퇴직 전, 직장 생활은 삶의 큰 부분을 차지하고 많은 에너지를 쏟는 영역이기에, 퇴직 후에는 그 빈자리를 채울 새로운 정체성과 역할이 필요하다. 그동안 삶을 함께해 온 배우자와 가족이 존재하지만, 이들과의 관계 속에서도 독립적인 자아를 세우고 그 속에서 새로운 행복을 추구해야 한다.

배우자 입장에서 남편의 퇴직 후 삶을 바라볼 때, "이제 저를 자유롭게 내버려 두세요. 저도 나만의 시간을 갖고 싶어요."라는 말처럼, 은퇴 후 남편이 배우자에게 지나치게 의존하거나 동반 생활을 요구하는 것에서 오는 부담감과 갈등을 미리 예상하고 준비하는 것이 좋다. 이는 서로를 더욱 이해하고 존중하는 바탕이 되어 더 원만한 부부관계를 유지하는 데 도움이 된다.

배우자 입장에서 보는 은퇴 후의 삶

오랜 기간 함께한 배우자는 은퇴를 맞은 남편의 상황을 이해하면서도, 그동안의 희생과 배려를 뒤로 하고 자신만의 시간을 갖고자 하는 욕구가 있을 수 있다. 은퇴 후에 남편이 아내와 함께하는 시간을 늘리고자 하는 마음은 자연스럽지만, 배우자도 은퇴 후 자기만의 삶을 즐기고자 하는 마음이 있다는 것을 이해해야 한다. 배우자는 남편에게 완전히 의존하거나 모든 시간을 함께 보내려는 압박보다는, 서로의 삶에 대한 존중을 기반으로 새로운 방식의 관계를 형성해야 한다. 이때 남편은 배우자에게 지나치게 기대기보다는 독립적이고 자유로운 생활을 함께 준비해야 한다는 점을 유념해야 한다.

은퇴 후 개인적인 삶의 준비: 사회적 관계와 취미

은퇴 후의 삶을 풍요롭게 하려면 개인적인 사회적 관계망(N/W)을 유지하고, 새롭게 확장할 필요가 있다. 직장과의 관계가 단절된 후에도 소중한 인간관계를 지속하며 교류를 나누는 것은 중요한 과제이다. 퇴직 후 취미 활동이나 관심사를 확장하고, 동호회나 지역 커뮤니티 활동을 통해 외부 사람들과의 교류를 이어가며 소속감을 느끼는 것이 필요하다. 이를 통해 은퇴 후에도 자신의 삶에 활력을 불어넣고 삶의 의미를 찾을 수 있다.

예를 들어 운동이나 음악, 미술, 글쓰기 등 관심 있는 취미를 적극적으로 즐기거나, 새로운 기술을 배워 보는 것도 좋다. 또, 자원 봉사 활동을 통해 자신이 사회에 기여할 수 있는 방식으로 삶의 보람을 느낄 수도 있다. 이러한 활동을 통해 삶에 대한 만족감을 높이고, 가족 외의 외부 관계에서 느끼는 성취감과 자아 실현을 찾는 것이 중요하다.

은퇴 후 자아 성찰과 자기 계발

은퇴 후에는 삶을 되돌아보고, 앞으로의 목표를 설정하는 시간도 필요하다. 이는 단순히 시간을 보내는 것을 넘어서 자신의 삶을 좀 더 깊이 있게 바라보고 발전시키는 과정이 될 수 있다. 이제까지의 삶을 돌아보면서 앞으로 살아갈 여생을 어떻게 보낼지 구체적인 계획을 세우고, 필요한 경우 자기 계발을 위한 노력을 하는 것이 필요하다.

예를 들어, 은퇴 후에도 계속해서 배우는 자세를 유지하는 것이 중요한데, 온라인 강의를 듣거나 지역 사회의 강좌에 참여하는 것도 좋은 방법이다. 또한, 새로운 분야에 대한 공부나 자격증 취득 등을 통해 자기 계발을 하며 삶의 새로운 목표를 만들어 가는 것도 은퇴 후 우울감이나 무기력에서 벗어나는 데 큰 도움이 된다.

가족과의 관계 재정립

은퇴 후에는 가족과의 관계가 변화하게 된다. 자녀가 성인이 되어 독립한 경우도 많고, 부부만의 생활을 시작하게 되는 시기이기도 하다. 이때 자녀 입장에서 부모의 삶을 존중하고, 부모의 새로운 삶을 응원하는 것도 중요한 역할이다. 자녀가 부모에게 일상에서 큰 기대를 하지 않도록 하고, 부모가 서로에게 지나친 기대를 갖지 않도록 돕는 것이 필요하다. 가족의 일원으로서의 역할을 다하면서도, 부모가 서로에게 자유와 독립적인 시간을 보장해 주는 것이 가족의 평화를 지키는 중요한 요소가 된다.

삶의 균형과 마음의 준비

마지막으로, 은퇴 후 삶은 배우자나 자녀와의 관계뿐만 아니라 스스로의 마음가짐을 통해 더욱 만족스러운 삶으로 가꾸어 갈 수 있다. 은퇴는 단순히 일을 그만두는 것이 아니라, 새로운 삶의 장을 열어 가는 중요한 전환점이다. 은퇴를 앞두고 내면의 준비를 철저히 하고, 미리 다양한 활동과 삶의 자리를 찾아 놓는다면 외로움이나 상실감을 줄일 수 있다. 결국 은퇴 후 삶을 어떻게 준비하느냐에 따라 남은 인생이 더욱 의미 있고 행복한 시간이 될 것이다.

결론적으로, 은퇴 후 삶은 더 이상 직장에 얽매이지 않고 나만의 시간을 가질 수 있는 새로운 기회이다. 이 과정에서 배우자와 가족의 입장을 이해하며 새로운 관계를 형성하고, 사회적 활동, 취미, 봉사, 자기 계발 등을 통해 자신만의 삶을 만들어 가는 것이 중요하다.

108.
나이 들며 성숙해지는 법

인생의 나이가 들어감에 따라 우리는 '늙어 가는 것'이 아니라 '익어 가는' 과정에 있다고 볼 수 있다. 이러한 익어 가는 삶은 곧 우리의 품격과 품위를 갖추어 가는 과정이기도 하다. 나이가 든다는 것은 단순히 생물학적인 변화뿐만 아니라, 내면의 성숙을 통해 보다 온화하고 향기로운 사람이 되어 가는 여정으로 볼 수 있다. 이 과정에서 우리는 점차 자신을 이해하고, 다듬으며, 날카롭고 예민했던 부분을 부드럽게 갈고닦아 가게 된다.

스스로를 갈고닦는 노력

나이가 들수록 우리 스스로가 품격과 품위를 갖춘 사람이 되어야 할 필요가 있다. 이를 위해서는 단순히 겉모습을 가꾸는 것이 아니라, 내면의 성장을 통해 스스로의 가치를 높이는 것이 중요하다. 나이가 들면서 우리의 내적 성숙도와 함께 삶에 대한 통찰이 깊어져야 하며, 그러기 위해서는 자존감과 비전(vision)을 잃지 않고 스스로를 끊임없이 발전시키려는 노력이 필요하다.

불필요한 성급함을 다스리기

나이가 들면 때때로 급해지고 예민해지며 성급해질 수 있다. 이는 자신이 이제까지 살아온 경험과 지식에서 오는 자신감에서 비롯되는 경우도 있지만, 때로는 자기 확신이 과해지면서 주변을 이해하기보다 강요하려는 마음이 생기기도 한다. 이런 성급함은 오히려 우리를 한층 고립시킬 수 있으며, 타인에게 다가가기보다 오히려 멀어지게 만드는 원인이 되기도 한다.

대화에서의 겸손과 여유

나이가 들수록 타인에게 건네는 말에는 여유와 겸손이 필요하다. 많은 경험을 바탕으로 자신을 드러내려 하기보다는, 상대방의 의견을 존중하고 그들의 생각을 들어줄 수 있는 열린 마음이 요구된다. 그러나 나이가 들면서 우리가 지닌 지식과 경험으로 인해 오히려 남을 가르치려는 성향이 생기기 쉽다. 이러한 태도는 주변 사람들에게 부정적인 인식을 심어 주고, 나아가 소통의 단절을 초래할 수 있다. 대화에서 상대방의 말을 경청하고, 격려와 칭찬으로 다가가는 태도가 필요하다.

타인을 존중하고 인정하는 자세

나이가 들수록 주변 사람들을 인정하고 존중하는 자세를 가져야 한다. 특히 가족, 친구, 동료 등 가까운 사람들과의 관계에서 이러한 존중은 더욱 중요하다. 남을 인정하기보다는 자신의 기준에 맞지 않는 사람들을 무시하려는 태도는 인간관계에 큰 문제를 일으킬 수 있다. 각자의 고유한 삶의 가치와 경험을 존중하며 인정하는 태도를 통해 우리는 보다 풍요롭고 성숙한 관계를 맺을 수 있다.

부정적 사고에서 벗어나 긍정적인 시각으로

나이가 들어감에 따라 부정적인 사고에 빠지기 쉽다. 이는 자신이 겪어 온 다양한 시련과 아픔으로부터 생겨나는 경우가 많다. 하지만 이러한 부정적인 시각이 지속되면 주변 사람들과의 관계에 악영향을 미칠 수 있다. 항상 긍정적이고 희망적인 시각을 유지하려는 노력이 필요하며, 이러한 태도는 스스로의 삶뿐만 아니라 주변 사람들에게도 긍정적인 영향을 줄 수 있다.

조언과 격려로서의 말하기

우리는 나이가 들면서 주변 사람들에게 잔소리와 지시를 하기보다는 격려와 조언을 하는 역할을 할 수 있어야 한다. 타인에게 가르치려는 태도보다는 격려와 지지를 통해 그들이 스스로 성장할 수 있도록 돕는 것이 바람직하다. 이러한 말하기 방식을 통해 우리는 보다 따뜻하고 의미 있는 관계를 유지할 수 있으며, 나아가 타인에게 긍정적인 영향을 줄 수 있다.

이렇듯 나이가 들어감에 따라 우리는 스스로를 변화시키고 성장시키는 노력을 통해 보다 성숙한 존재로 나아가야 한다. 자칫, 변화하지 못한 채 고집스럽고 부정적인 태도를 유지한다면, 우리는 주위 사람들로부터 멀어질 수 있으며, 나이가 들수록 외로움을 겪게 될 수 있다. 따라서 우리는 나이가 들어갈수록 자신의 성격과 태도를 갈고닦아야 하며, 품격과 품위를 갖춘 온화한 사람으로 성장할 필요가 있다.

109.
좋은 인연보다 나쁜 인연을 피하라

우리는 살아가면서 수많은 사람과 인연을 맺으며 살아간다. 그 인연은 때로는 삶에 활력을 주고, 때로는 깊은 상처를 남기기도 한다. 어떤 사람과의 만남은 따뜻한 추억으로 남아 삶을 더욱 풍요롭게 만들지만, 또 어떤 만남은 불편한 기억으로 남아 오래도록 마음을 짓누르기도 한다. 인생이라는 여정 속에서 만나는 수많은 관계 중, 우리는 누구나 좋은 인연을 만나기를 바라지만 실상은 그렇지 않다. 현실 속에서는 좋은 인연 만을 골라 만나는 일이 그리 쉬운 일이 아니다. 첫인상은 좋아 보였지만, 시간이 지나며 드러나는 본성에 실망하게 되기도 하고, 오랜 시간 쌓아 온 신뢰가 단 한 번의 배신으로 무너지는 경우도 있다.

어떤 사람은 내 앞에서는 웃으며 다가오지만, 뒤에서는 험담과 음해로 상처를 주기도 한다. 그 순간 우리는 비로소 깨닫는다. 진정한 좋은 인연을 찾는 일이 얼마나 어려운지를. 하지만 이러한 과정 속에서도 우리는 중요한 깨달음을 얻게 된다. '좋은 사람을 찾는 것'도 중요하지만, '나쁜 사람을 피하는 것'이 더 지혜로운 선택일 수 있다는 사실이다. 즉 무작정 좋은 인연을 기대하기보다는 나쁜 인연을 줄이기 위한 노력이 더 현실적인 방법일 수 있는 것이다. 왜냐하면 내가 진정 좋은 사람인지 스스로 검증되지 않은 상태에서는 좋은 인연을 끌어들일 준비조차 되지 않았을 가능성이 크기 때문이다.

결국, 관계는 거울과도 같다. 내가 좋은 사람이 되어야 좋은 사람과의 인연이 자연스럽게 이어진다. 반면, 내가 무심코 저지르는 언행이 누군가에게 상처가 될 수도 있고, 나 역시 누군가에게 '나쁜 사람'으로 인식될 수 있다는 사실을 항상 경계해야 한다.

더욱이 우리가 경계해야 할 것은 겉으로는 좋은 척 하지만 실상은 해로운 사람들이다. 특히 이중적인 태도로 누군가를 음해하거나 이간질을 일삼는 사람들은 그 해악이 매우 크다. "누가 그러더라", "그 사람 사실은 말이야"와 같은 식의 말로 다른 사람의 이미지에 흠집을 내는 사람은 특별히 경계해야 할 대상이다. 이러한 말들은 진실 여부를 떠나 누군가의 관계를 단절시키고, 신뢰를 무너뜨리는 독소와 같다. 그리고 그런 말을 무비판적으로 받아들이고 함께 소비하는 것 또한 같은 잘못을 반복하는 것이다.

따라서 우리는 살아가면서 반드시 기억해야 할 태도가 있다.

첫째, 누군가에 대한 평가는 반드시 '내가 직접 보고, 듣고, 느낀 것'에 근거해야 한다는 점이다. 타인의 말을 그대로 믿고 판단을 내리는 것은 매우 위험하다. 둘째, 누군가를 헐뜯는 말을 하는 사람은 언젠가 나에 대해서도 그렇게 말할 수 있다는 경각심을 가져야 한다. 셋째, 그런 사람들과의 관계는 일정한 거리를 두고, 가능한 한 빨리 정리하는 것이 정신 건강에 좋다.

특히 나를 중심으로 주변 사람들 사이를 이간질하거나 불화의 씨앗을 뿌리는 사람은 내 마음에 짐이 될 뿐이다. 그들은 내 시간과 에너지를 소모시키고, 결국엔 나 스스로를 지치게 만든다. 사람은 가까운 사람일수록 그 영향력이 크기에, 부정적인 사람을 가까이 두는 것은 내 삶의 질 자체를 떨어뜨리는 일이다. 그러므로 내 곁에 좋은 사람을 두고 싶다면, 우선 나쁜 사람을 걸러내는 것부터 시작해야 한다.

물론 인간관계에서 완벽하게 나쁜 사람, 완벽하게 좋은 사람은 존재하지 않는다. 누구나 장점도, 단점도 가지고 있다. 그러나 반복적으로 부정적인 언행을 하는 사람, 타인을 이용하거나 해를 끼치는 데 죄의식을 느끼지 않는 사람과의 관계는 과감히 정리할 필요가 있다. 그것이 곧 나를 보호하는 일이기 때문이다.

또한 관계를 맺는 데 있어 중요한 것은 '좋은 사람을 찾기 위해 노력하는 것'보다 '나쁜 사람을 피할 수 있는 눈과 판단력을 기르는 일'이다. 좋은 인연은 때로는 노력보다 우연에 가깝기도 하지만, 나쁜 인연을 피하는 것은 명확한 기준과 선택으로 가능하다. 그것은 곧 '관계의 선택권은 결국 나에게 있다'는 깨달음과도 연결된다.

살면서 좋은 사람들과 어울리며 함께 웃고 기뻐할 수 있다면 그보다 행복한 일은 없을 것이다. 하지만 그 행복을 지키기 위해선 무엇보다 나를 해롭게 하는 인연을 멀리하는 용기가 필요하다. 단호함은 때로 인간관계에서 가장 큰 선물이며, 현명한 결정이다.

결국 좋은 인연을 만나기 위한 첫걸음은 스스로 좋은 사람이 되려는 노력과 동시에, 나쁜 인연을 끊어낼 줄 아는 지혜를 갖추는 일이다. 내 곁에 좋은 사람이 많다는 것은 단순한 행운이 아니라, 나의 선택과 분별력의 결과라는 점을 명심하자. 오늘도 누군가와의 인연 앞에 선 당신에게 그 만남이 좋은 인연이 되기를 바라며, 동시에 나쁜 인연을 지혜롭게 걸러낼 수 있는 눈과 용기를 응원한다.

110.
100세 시대의 건강

　인류는 의학과 과학의 발전으로 인해 평균 수명이 점차 늘어나고 있으며, 그 결과 전 세계적으로 노령 인구의 비율이 증가하고 있다. 이는 사회와 경제에 중요한 영향을 미치고 있으며, 특히 고령화 사회로의 진입은 다양한 도전과 기회를 함께 가져오고 있다. 의료기술의 발달로 인간의 신체는 보다 체계적인 관리 하에 더욱 건강해지고 있으며, '100세 시대'라는 용어가 생겨날 만큼 장수하는 시대에 접어들었다. 하지만 육체 건강이 향상된 만큼 정신 건강에 대한 문제도 대두되고 있는 상황이다.

　과거에는 건강을 이야기할 때 주로 육체적인 건강만을 의미하는 경우가 많았다. 운동, 건강 보조식품, 정기적인 건강검진 등을 통해 신체 건강을 유지하고자 하는 노력이 계속되어 왔다. 그 결과, 오늘날 많은 사람들이 나이가 들어도 신체적으로는 비교적 건강한 삶을 살 수 있게 되었다. 그러나 정신적 건강은 상대적으로 등한시되거나 소홀하게 다뤄진 측면이 있다.

　현대 사회는 복잡하고 스트레스가 많은 환경을 조성하며, 이는 개인의 정신적 건강에 심각한 영향을 미친다. 사회적 불만, 개인적 불안, 사소한 감정의 마찰 등이 점점 더 빈번하게 나타나고 있으며, 이는 우울, 분노 등의 부정적인 감정으로 이어질 수 있다. 이러한 감정이 적절히 관리되지 않으면, 개인적인 정신 건강에 큰 해를 끼칠 뿐만 아니라, 범죄나 폭력과 같은 사회적 문제로도 나타날 수 있다. 실제로 불특정인을 대상으로 한 범죄 행위가 늘어나고 있다는 점은 이러한 정신 건강 문제가 얼마나 중요한지를 보여준다.

이제는 신체와 정신 건강의 균형 있는 관리를 위한 노력이 절실히 필요하다. 수명이 늘어나는 만큼, 단순히 오래 사는 것이 아니라 건강하게 오래 사는 것이 중요하며, 이는 신체적 건강뿐만 아니라 정신적 건강도 포함되어야 한다. 신체적 건강 관리가 체계화된 것처럼, 정신 건강 역시 적극적으로 관리되고 예방되어야 한다. 이를 위해서는 사회 전반에 걸쳐 정신 건강에 대한 인식이 높아져야 하며, 정신적 스트레스와 불안을 줄일 수 있는 다양한 프로그램과 정책이 마련되어야 한다.

또한, 개인 차원에서도 정신적 건강을 유지하기 위한 노력이 필요하다. 일상에서 명상, 요가와 같은 마음을 다스리는 활동을 통해 정신적 안정감을 찾고, 자신의 감정을 적절히 표현하고 관리하는 방법을 배우는 것이 중요하다. 그리고 필요시 전문가의 도움을 받을 수 있는 환경이 조성되어야 한다.

결론적으로 인간의 수명이 늘어남에 따라 육체적 건강만을 중시하는 것이 아닌, 정신적 건강에도 충분한 관심과 노력을 기울여야 한다. 이를 통해 진정한 의미에서의 건강하고 균형 잡힌 삶을 영위할 수 있을 것이다. 앞으로의 사회는 신체와 정신이 조화로운 관리와 유지가 핵심 과제로 떠오를 것이며, 이를 위해 우리 모두의 관심과 노력이 필요하다.

111.
은퇴 이후의 삶을 지키는 리스크 관리

은퇴 후, 리스크 관리의 중요성

누구나 때가 되면 사회로부터 자연스럽게 은퇴를 한다. 청년 시절부터 중년까지는 가정과 사회에서 역할과 책임을 다하며 치열하게 살아간다. 직장에서는 성과를 내기 위해 경쟁하고, 가정에서는 자녀 양육과 경제적 안정이라는 무거운 짐을 짊어진다. 그렇게 하루하루 바쁘게 살아가다 보면 어느새 은퇴라는 커다란 전환점 앞에 서게 된다.

은퇴는 단지 직장에서 물러나는 것을 의미하지 않는다. 경제 활동의 중심에서 점차 멀어지고, 사회적 역할과 관계에서도 변화가 생기며, 정신적·육체적 능력의 저하를 실감하게 되는 시기다. 특히 삶의 속도를 줄이고 여유를 찾는 과정에서 새로운 인생 2막을 맞이하기도 하지만, 동시에 예기치 못한 리스크에 노출될 가능성도 높아진다.

열정과 성공의 그림자

많은 사람들이 젊은 시절 열정과 큰 포부를 가지고 앞만 보고 달려왔다. 그 과정에서 명성을 얻고, 부를 축적하며 사회적 성공을 이룬 이들도 많다. 하지만 이러한 성공이 항상 노후의 안정으로 이어지는 것은 아니다. 오히려 과거의 성공이 자신감 또는 자만으로 작용해 은퇴 후 잘못된 판단을 내리는 경우도 적지 않다.

대표적인 예로는 주변 지인들과의 무리한 신규 투자, 자녀에 대한 무계획적인 증여와 상속, 배우자와의 갈등 등으로 인해 초라한 노후로 전락하는 사례가 있다. 성공적인 인생을 살았음에도 마지막 시기에 판단력 부족으로 삶의 질이 급격히 나빠지는 것은 너무도 안타까운 일이다.

리스크의 유형과 사례

은퇴 후 흔히 마주하게 되는 리스크에는 다음과 같은 유형이 있다.

재정적 리스크: 은퇴 후 가장 큰 고민은 소득의 단절이다. 일정한 수입이 없는 상황에서 생활비, 의료비, 자녀 지원금 등이 지속적으로 지출되며 재정적 압박이 커진다. 특히 지인 또는 자녀의 요청으로 무리한 투자를 감행하거나 보증을 서는 경우, 본인의 재산은 물론 신용까지 잃게 되는 경우가 있다.

가족 관계 리스크: 노후에는 배우자와의 관계가 더욱 중요해진다. 그러나 젊은 시절 충분히 소통하지 못했던 부부는 은퇴 후 하루 종일 함께 시간을 보내며 갈등이 생기기 쉽다. 졸혼이나 이혼까지 이어지는 사례도 많아졌으며, 이는 경제적 문제뿐 아니라 심리적 안정에도 큰 타격을 준다.

증여·상속 리스크: 자녀를 위해 미리 재산을 증여하거나 상속하려는 경우, 충분한 계획 없이 이루어지면 본인의 노후 자금이 부족해지고, 오히려 자녀 간 갈등을 유발하는 부작용도 있다. '나는 괜찮다'는 생각으로 자녀들에게 재산을 넘겼다가 정작 본인의 의료비

나 생활비조차 마련하지 못해 어려움을 겪는 경우도 있다.

건강 리스크: 정신적, 육체적 건강이 급격히 나빠지는 시기가 은퇴 이후다. 운동 부족, 외로움, 무기력증, 우울증 등이 복합적으로 나타나면서 사회적 고립감을 느끼기도 한다. 의료비 지출은 꾸준히 증가하지만, 건강보험 외에 별도의 대비가 없으면 부담이 커진다.

리스크 관리를 위한 제언

은퇴 이후 이러한 다양한 리스크를 예방하고 대비하기 위해 다음과 같은 노력이 필요하다

재정 계획의 구체화: 은퇴 전부터 노후를 위한 재무 설계를 준비해야 한다. 연금, 예금, 부동산 등 자산 포트폴리오를 분산하여 안정성을 확보하고, 필요 이상으로 지출하지 않도록 생활 수준을 조정할 필요가 있다.

인간관계의 정리와 선 긋기: 지인들의 부탁이나 가족의 요청에 항상 응할 수는 없다. 특히 금전적인 부분에서는 감정이 아닌 원칙에 따라 판단해야 한다. 은퇴 이후에는 도움을 주는 입장이기보다 스스로를 보호하는 입장이 되어야 한다.

가족과의 대화와 소통 강화: 자녀와 배우자와는 은퇴 전부터 소통을 통해 기대치와 역할을 조율해 나가야 한다. 재산 분배나 생활 방식에 대한 사전 협의는 갈등을 줄이고 관계를 더욱 건강하게 유지하는 데 큰 도움이 된다.

자기 계발과 사회 활동 참여: 은퇴 후 삶의 질을 유지하기 위해서는 새로운 목표와 역할이 필요하다. 취미 활동, 봉사, 평생 교육

등을 통해 자아를 실현하고, 사회와의 연결고리를 유지해야 한다.

전문가와의 상담: 재정, 법률, 심리 등 다양한 분야의 전문가와 상담을 통해 자신의 상황에 맞는 전략을 세우는 것도 중요하다. 특히 유언장 작성, 상속 계획, 건강보험 등은 전문적인 조언 없이 혼자 판단하기 어렵기 때문에 객관적인 조언이 필요하다.

은퇴는 인생의 끝이 아니라 또 다른 시작이다. 하지만 이 시기를 안정적으로 보내기 위해서는 과거의 성공보다 미래의 위험을 제대로 인식하고, 체계적으로 대비하는 것이 중요하다. 어느 날 갑자기 함정에 빠지는 것이 아니라, 사소한 선택이 쌓여 예기치 못한 위기를 초래하는 경우가 많다. 성공적인 인생의 마무리는 '잘 살아온 삶'을 '잘 정리하는 것'에서 비롯된다. 주변의 다양한 리스크에 현명하게 대처하고, 스스로를 지키는 삶을 준비한다면 은퇴 후의 삶도 여전히 빛날 수 있다.

112.
노년의 부부 금실 처세

노년 부부가 함께하는 시간이 길어질수록 다툼보다는 사랑과 배려심으로 더욱 돈독한 부부 금실을 만들어 가기 위해서는 먼저 서로가 좋아하는 것, 관심사, 취미 등을 이해하고 배려하는 노력이 필요하다. 이를 위해 서로의 주파수를 맞춰 가며 살아야 한다는 것은 서로의 생각과 감정을 존중하고 공감하는 것을 의미한다. 이는 단순히 취미를 공유하는 것을 넘어 서로의 삶에 깊이 관심을 가지고 적극적으로 참여하는 것을 포함한다.

부부가 함께 보내는 시간이 많아질수록 서로에 대한 이해와 배려가 중요하다. 상대방이 무엇을 좋아하고, 어떤 것에 관심을 가지는지, 어떤 취미를 즐기는지를 알아가는 과정에서 자연스럽게 서로의 차이를 인정하고 존중하게 된다. 이를 통해 부부는 서로의 다름을 받아들이고, 함께하는 시간을 더욱 의미 있게 보낼 수 있다. 예를 들어 남편이 낚시를 좋아하고, 아내가 요가를 좋아한다면 서로의 취미에 대해 긍정적으로 생각하고 때때로 함께 참여해 보는 것이 좋다. 이는 서로의 세계를 이해하고 존중하는 태도를 기르는 데 큰 도움이 된다.

또한, 균형 있는 일상생활을 유지하는 것도 중요하다. 이를 위해서는 서로의 일과 역할을 배분하고 인정하는 노력이 필요하다. 노년기에 접어들면 신체적, 정신적으로 변화가 많아지기 때문에 서로의 부담을 덜어 주는 역할을 나누는 것이 중요하다. 예를 들어 집안일을 분담하거나, 손주 돌보기와 같은 가족 내 역할을 함께 나누는 것이 좋다. 이렇게 서로의 역할을 인정하고 균형 있게 생활하면, 부부는 더욱 조화롭고 평화로운 관계를 유지할 수 있다.

서로에게 좋은 말을 건네고 웃는 인상을 유지하는 것도 중요한 요소다. 긍정적인 말과 태도는 부부관계를 개선하고 강화하는 데 큰 도움이 된다. 때로는 과한 리액션으로 상대방을 칭찬하고, 고운 말을 사용하는 것이 필요하다. 이는 상대방에게 긍정적인 자극을 주고, 서로의 관계를 더욱 견고하게 만들어 준다.

예를 들어 아내가 준비한 식사를 칭찬하거나, 남편이 해결한 작은 문제에 대해 감사의 말을 전하는 것이 그 예다. 이러한 작은 행동이 쌓여 서로에 대한 존중과 사랑을 깊게 만들어 준다.

항상 평온한 일상을 유지하기 위해서는 서로의 감정을 존중하고, 부정적인 감정이 생길 때 이를 건설적으로 표현하는 것이 중요하다. 다툼이 발생했을 때는 상대방의 처지를 이해하려고 노력하고, 감정적으로 대응하기보다는 문제를 해결하려는 태도를 가지는 것이 필요하다. 또한 자주 대화를 나누고 서로의 생각과 감정을 공유하는 시간을 가지는 것도 중요하다. 이를 통해 부부는 서로의 감정을 이해하고, 더욱 깊은 유대감을 형성할 수 있다.

마지막으로, 함께하는 시간을 가치 있게 만드는 것도 중요하다. 노년기에 접어들면 일상생활에서의 작은 순간들이 더욱 소중해진다. 따라서 함께 산책을 하거나 취미 활동을 하거나, 여행을 떠나는 등 다양한 활동을 함께하며 추억을 쌓는 것이 좋다. 이러한 활동들은 부부의 관계를 더욱 돈독하게 만들어 주고, 서로에 대한 사랑과 배려를 더욱 깊게 해준다.

노년 부부가 함께하는 시간이 길어질수록 다툼보다는 사랑과 배려심으로 더욱 돈독한 부부 금실을 만들어 가기 위해서는 서로의 관심사와 취미를 이해하고 배려하는 노력이 필요하다. 또한 균형 있는 일상생활을 유지하고 긍정적인 말과 태도로 서로를 칭찬하며, 평온한 일상을 유지하기 위한 노력이 중요하다. 이러한 노력들이 모여 노년 부부는 더욱 깊은 사랑과 유대감을 형성할 수 있게 된다.

113.
삶은 완성이 아니라
익어 가는 과정이다

삶이 익어 가는 것에 대한 성찰

사람의 인생은 태어나서 죽음에 이르기까지 각기 다른 과정을 거치며 다양한 결과를 낳는다. 이러한 과정을 논하고 이해하는 일은 결코 쉬운 일이 아니다. 오히려 그것은 불가능에 가까운 영역일 수도 있다. 왜냐하면, 삶은 본질적으로 개인의 여건과 환경에 따라 다르게 전개되며, 각자가 겪는 경험과 선택, 그리고 결과는 사람마다 크게 다르기 때문이다.

어떤 이는 10대에, 어떤 이는 20대, 30대, 60대, 또는 80대에 이르러 삶의 무게와 가치를 느끼며 자신의 길을 만들어 간다. 이 과정에서 누구나 자신의 여건 속에서 최선을 다하려 노력한다. 하지만 그 결과는 누구에게나 동일하지 않다. 각자가 처한 환경, 극복한 역경, 그리고 그 과정에서 얻은 성과는 시간의 흐름과 함께 달라지며, 삶의 익어 감에 영향을 미친다.

삶이 익어간다는 것은 단순히 나이를 먹는 것을 의미하지 않는다. 그것은 자신을 둘러싼 세계와 관계를 이해하고, 어려움을 극복하며, 때로는 굴복하기도 하면서 점차 성숙해지는 것을 뜻한다. 사람마다 익어 가는 속도와 방식은 다르다. 어떤 이는 30대에 이르러 일찍 성숙해지는 반면, 또 다른 이는 60대가 되어서야 비로소 삶의 참된 가치를 깨닫는다.

익어 감의 속도와 시점은 삶의 결과물에 영향을 미칠 수 있다. 빠르게 익은 사람은 비교적 젊은 나이에 성공을 거두거나, 삶의 만족을 얻을 수 있지만, 그 과정에서 충분히 숙성되지 못한 면이 드러날 수도 있다. 반대로 늦게 익은 사람은 삶의 후반부에 이르러서야 진정한 성취와 만족을 경험할 수 있다. 이와 같은 차이는 삶의 다양성을 드러내는 중요한 요소로 작용한다.

익어 가지 못한 삶의 아름다움

많은 사람들은 60세를 넘기고 난 후, 자신의 인생을 돌아보면 안 익거나 덜 익은 자신을 발견하고 아쉬움을 느낄 수 있다. 그러나 꼭 잘 익어야만 삶이 가치 있는 것은 아니다. 어쩌면 익지 않거나 덜 익은 모습 속에서도 나름의 아름다움과 의미가 존재할 수 있다.

사람들은 대개 '잘 익은 삶'을 이상적으로 생각하며, 완성된 모습만을 바라본다. 하지만 완벽하지 못한 삶, 어딘가 부족하고 서툰 삶도 나름의 가치를 지닌다. 그것은 인간으로서 자연스러운 모습이며, 우리가 살아온 과정과 흔적을 담고 있다. 익고 익지 않는 것, 그리고 익는 속도에 집착하기보다는 자기 삶의 과정을 인정하고 받아들이는 자세가 필요하다.

타인의 시각에서 벗어나 자신을 인정하기

삶의 익어 감은 타인의 기준이 아닌 자신의 관점에서 평가되어야 한다. 남들이 정한 성공과 완성의 기준에 자신의 삶을 억지로 맞추려 하다 보면, 진정한 행복과 만족을 느끼기 어려워진다. 오히려 자기 삶의 과정을 있는 그대로 인정하고, 익든 익지 않든 그 자체로 소중하다고 여기는 태도가 중요하다.

삶은 그 자체로 고유하며, 한 사람의 경험과 과정은 다른 누구와도 비교할 수 없는 것이다. 익지 않은 삶도 나름의 매력을 지니며, 그것은 개인의 특별한 색깔을 드러낸다. 남들의 시선이나 판단에 흔들리지 않고, 자신이 걸어온 길을 스스로 인정하고 긍정하는 태도는 삶의 진정한 가치를 발견하는 열쇠가 될 것이다.

결국, 삶은 익고 익지 않는 단계를 넘어 자신만의 방식으로 완성되어 간다. 누구나 자신이 속한 환경 속에서 최선을 다하며 살아왔고, 그 결과물은 각기 다를 수밖에 없다. 그러므로 완벽함을 추구하기보다는 자신이 살아온 과정을 온전히 받아들이고, 그 과정 속에서 익어 가는 자신을 존중하는 것이 중요하다.

삶의 완성된 모습이 아니라, 익어 가는 과정 자체가 아름다운 것이다. 남의 시선에 얽매이지 않고 자신의 삶을 있는 그대로 인정하며, 조금 덜 익었더라도 그것이 나만의 빛나는 모습임을 깨닫는 순간, 우리는 비로소 인생의 참된 의미를 발견하게 된다.

114.
진정한 어른의 부재

'어른'이라는 단어가 예전보다 무겁지 않게 들리는 시대다. 누구나 나이를 먹으면 어른이 되지만, 과연 나이만으로 진정한 어른이 되는 것일까? 우리가 흔히 알고 있는 어른의 사전적 정의는 '다 자라서 자기 일에 책임을 질 수 있는 사람', 혹은 '지위나 항렬이 높은 윗사람'이다. 그러나 오늘날 사회 전반에서 그러한 어른의 모습은 점차 사라지고 있으며, 우리 사회가 점점 더 어른 없는 사회로 전락하고 있는 것이 아닌가 하는 우려가 든다.

불과 몇 십 년 전만 하더라도 동네마다 연세가 많고 삶의 경험이 풍부한 어르신들이 계셨다. 이분들은 단순히 나이가 많다는 이유만으로 어른 대접을 받은 것이 아니다. 그들은 자신의 삶에서 겪은 시행착오와 경험을 바탕으로 마을 사람들에게 옳고 그름을 가르쳐 주고, 삶의 방향을 제시해 주는 진정한 의미의 길잡이였다. 사람들은 그들의 판단을 존중했고, 조언에 귀를 기울였으며, 자연스럽게 그들을 스승처럼 모셨다. '어르신 말씀은 틀림이 없다'는 믿음과 신뢰는 공동체를 하나로 묶는 끈이 되었고, 그 어른들이 사회적 중심축으로서 기능했다.

그러나 오늘날의 사회를 보면, 그러한 어른의 존재는 찾아보기 어렵다. 사회가 빠르게 변화하고 기술이 일상을 지배하면서 연륜과 경험보다는 최신 정보와 속도가 더 큰 가치를 갖게 되었다. 세대 간의 단절은 깊어졌고, 나이 든 사람의 조언은 '꼰대'라는 낙인이 찍히기 일쑤다. 젊은 세대는 스스로의 판단과 선택을 중요시하며, 누군가의 가르침을 받아들이는 데 익숙하지 않다. 변화의 흐름 속에서 경험의 가치를 무시하거나, 때로는 오히려 불필요한 것으로 여기는 분위기마저 형성되었다.

이러한 현상의 배경에는 여러 가지 사회적 요인이 존재한다. 우선, 정보의 민주화는 누구나 쉽게 지식을 습득할 수 있게 만들었고, 이에 따라 삶의 조언이나 방향 제시는 굳이 어른에게서 받을 필요가 없다는 인식이 퍼졌다. 또한, 개인주의가 팽배해지면서 타인의 간섭이나 조언을 불편하게 여기고, 스스로 선택하고 책임지는 것을 중요시하게 되었다. 이런 분위기 속에서 어른은 조언자보다는 '시대에 뒤처진 사람'으로 여겨지기 쉽다.

그럼에도 불구하고 우리는 다시금 '진정한 어른'의 필요성을 절감하고 있다. 삶은 단거리 경주가 아닌 장거리 레이스다. 많은 시간과 경험 속에서 축적된 노하우는 단순한 정보나 지식 이상의 가치를 지닌다. 그것은 삶을 어떻게 살아야 하는지에 대한 깊은 통찰이며, 실패와 성공을 모두 겪은 이들의 실제적이고 현실적인 조언이다. 이러한 어른의 존재는 개인에게는 물론, 사회 전체에도 건강한 기준과 방향을 제시할 수 있다.

지금 우리에게 필요한 것은 과거처럼 어른을 무조건적으로 존중하자는 것이 아니다. 단지 나이가 많다는 이유로 존경을 요구하는 것도 아니다. 중요한 것은 진정한 어른다움을 회복하고, 이를 사회가 인정하고 존중하는 분위기를 만드는 일이다. 삶의 연륜을 가진 이들이 스스로도 자긍심을 갖고, 후배 세대와의 소통에 노력하며 모범이 되어야 한다. 동시에 젊은 세대는 자신의 한계를 인정하고, 선배 세대의 경험에서 배울 줄 아는 겸손함을 갖춰야 한다.

지금부터라도 우리는 진정한 의미의 어른 문화를 다시금 부활시켜야 한다. 어른다운 어른이란 무엇인가에 대한 사회적 고민이 필요하며, 그에 따라 행동하고 소통하는 문화를 장려해야 한다. 각 가정에서, 직장에서, 사회 곳곳에서 그런 어른이 존중받고, 또 역할을 수행할 수 있도록 환경을 만들어야 한다.

어른은 단지 세월이 만들어 주는 것이 아니다. 끊임없는 자기 성찰과 책임감, 그리고 타인을 위한 조언과 배려 속에서 만들어지는 것이다. 그런 어른이 많아질 때, 우리 사회는 더 따뜻하고 건강한 공동체로 나아갈 수 있다. '이 시대에 진정한 어른은 없는가?'라는 질문에, 머지않아 '있다'고 자신 있게 대답할 수 있는 날이 오기를 기대한다.

115.
소나무 같은 삶

자연은 늘 인간의 삶에 비유되어 왔다. 그중에서도 나무는 삶의 자세와 철학을 상징하는 대표적인 소재다. 특히 소나무와 단풍나무는 서로 대조적인 이미지로 자주 언급된다. 이 둘은 각기 다른 방식으로 아름다움을 지니고 있고, 또 삶의 방식에 대해 생각하게 만든다.

소나무는 사시사철 푸르름을 잃지 않는다. 여름의 태양이 내리쬐는 계절에도, 가을의 낙엽이 흩날리는 시기에도, 겨울의 눈보라 속에서도 그 푸른 기세를 꺾지 않는다. 그래서 소나무는 흔히 '한결같음'과 '변치 않는 신념'의 상징으로 여겨진다. 조경수로도 많이 쓰이는 이유가 단지 외적인 아름다움 때문만은 아니다.

어떠한 환경에도 굳건히 뿌리내리고 서 있는 소나무의 모습에서 사람들은 강인한 생명력과 인내, 책임감을 느낀다. 이러한 소나무는 마치 인생에서 조용히 자기 자리를 지키며 살아가는 사람들과 닮아 있다. 겉으로는 튀지 않고 화려하지 않지만, 언제나 그 자리에 묵묵히 존재하며 주변에 안정감과 신뢰를 준다. 힘든 상황에서도 흔들림 없이 자신의 길을 가는 사람, 조용히 책임을 다하는 사람, 보여주기 위한 삶보다는 진정한 의미와 가치를 추구하는 이들의 모습이 떠오른다. 이런 모습은 오늘날처럼 빠르게 변하고 화려한 것을 추구하는 시대에 오히려 더욱 특별하게 느껴진다.

반면 단풍나무는 사계절 내내 존재감이 크지 않다. 특히 여름까지는 주변의 다른 나무들에 묻혀 큰 주목을 받지 못한다. 그러나 가을이 오면 상황은 달라진다. 그때야말로 단풍나무의 진가가 드러난다. 붉고 노랗게 물든 잎은 사람들의 시선을 단숨에 사로잡고, 산과 길가를 화려하게 물들인다. 많은 사람들이 그 아름다움을 보기 위해 산을 오르고, 사진을 찍으며 감탄을 아끼지 않는다. 그러나 그 찬란함은 오래가지 않는다. 몇 주가 지나면 낙엽은 떨어지고, 화려했던 모습은 자취를 감춘다.

단풍나무는 마치 일시적으로 주목받는 존재와 같다. 평소에는 관심을 받지 못하지만, 특정한 순간에 빛을 발하고 사람들의 관심과 사랑을 한 몸에 받는다. 그러다 시간이 지나면 이내 잊히는 존재. 단풍나무 같은 삶은 분명 매력적이다. 순간의 찬란함, 주목받는 즐거움, 남들의 이목이 집중되는 삶은 누구에게나 유혹적일 수 있다. 그러나 그러한 삶은 지속되지 않는다. 결국 찬란함 뒤에는 고요함, 혹은 공허함이 찾아온다.

이러한 두 나무의 삶의 방식을 통해 우리는 어떤 삶이 더 바람직한가를 고민하게 된다. 단풍나무처럼 특별한 순간을 위해 살아가는 삶, 혹은 소나무처럼 조용하지만 한결같고 신뢰를 주는 삶. 어느 것이 더 낫다고 단정 지을 수는 없다. 사람마다 추구하는 삶의 방식은 다르고, 가치의 기준도 다르기 때문이다.

하지만 오늘날 많은 사람들이 소나무와 같은 삶에 끌리는 것은 사실이다. 이는 격변하는 사회 속에서 변하지 않는 어떤 중심, 한결같은 가치에 대한 갈망에서 비롯된 것일 수 있다. 시대는 빠르게 변하고, 유행은 하루아침에 바뀐다. 사람들의 관심과 애정도 끊임없이 이동

한다. 이런 환경 속에서 진정성 있게 자기 자리를 지키는 존재, 주변이 흔들려도 중심을 잃지 않는 존재는 더없이 소중하게 느껴진다.

소나무 같은 삶은 단순히 평범한 삶이 아니다. 오히려 꾸준함, 인내, 신념이라는 말처럼 실천하기 어려운 덕목을 지켜 가는 삶이다. 눈에 띄지 않는 위치에서 자신의 역할을 묵묵히 다하고, 변화하는 환경 속에서도 중심을 지키는 그런 삶은 깊은 신뢰와 존경을 불러일으킨다. 이는 단지 외부로부터의 평가를 떠나, 스스로에게 부끄럽지 않은 삶을 살아가고자 하는 마음에서 비롯된 것이다.

결국 삶에서 중요한 것은 순간의 찬란함이 아니라, 시간이 지나도 변하지 않는 진정한 가치다. 단풍나무처럼 일시적인 아름다움도 의미가 있다. 그러나 그것이 전부가 될 수는 없다. 소나무처럼 일관된 삶의 태도는 시간이 지날수록 더 큰 의미와 감동을 준다. 한결같이 그 자리를 지키는 것, 그것은 단순히 변하지 않는 것이 아니라 스스로 선택한 신념과 책임에 대한 충실함이다.

우리는 종종 특별한 사람이 되기를 바라지만, 사실 가장 존경받는 사람은 소나무처럼 늘 그 자리에 있는 사람이다. 무언가를 과시하지 않아도 그 자체로 안정과 믿음을 주는 존재. 그런 사람과 함께할 때 우리는 비로소 평온함을 느끼고, 그 가치를 진정으로 깨닫게 된다.

소나무와 단풍나무는 각기 다른 아름다움을 지니고 있다. 하지만 그 아름다움의 지속성과 무게를 생각해 본다면, 소나무가 주는 감동은 오랜 시간 동안 곁을 지키는 삶의 가치를 다시금 되새기게 한다. 그리고 그 삶은 결코 평범하지 않다. 오히려 가장 어려운 길을 묵묵히 걸어가는 이들에게서 우리는 진정한 강인함과 아름다움을 발견하게 된다.

116.
삶의 과정을 중시하는 삶

끝없는 무한 경쟁 속에서 우리는 늘 앞만 보고 달린다. 매일의 목표, 사회적 성취, 경제적 안정, 인정받고 싶은 마음이 우리의 발걸음을 재촉한다. 그렇게 달리다 보면 언젠가는 문득 깨닫는 순간이 온다. 멀리서 희미하게 보이는 '삶의 종착역'. 그것이 먼 훗날일지, 혹은 예상보다 훨씬 가까운 내일 일지는 아무도 모른다. 그러나 분명한 사실은 그 시점에서 느끼는 감정은 누구나 크게 다르지 않을 것이다. 우리는 그때 비로소 묻게 된다.

"나는 과연 잘 살아왔는가? 그리고 그 여정은 나에게 어떤 의미였는가?"

돌아보면 우리는 대부분 더 나은 내일을 위해, 더 좋은 결과를 얻기 위해 때로는 스스로를 희생하며 살아왔다. 양보하고 참으며 불편과 불안을 감수하고, 경쟁 속에서 버텨내며 하루하루를 쌓아왔다. 그러나 그 과정 속에서 정말 중요한 것은 단순한 결과가 아니었다. 인생의 성취가 어떤 화려한 결말로만 측정되는 것이 아니라, 그 결말에 이르는 과정 하나하나가 어떤 의미와 감정을 품고 있었는지가 더 본질적이었음을 뒤늦게 깨닫는다.

많은 사람들이 결과에 집착한다. 목표를 세우고 달성하는 것, 승리를 쟁취하는 것, 성취를 손에 쥐는 것을 인생의 전부로 여긴다. 하지만 시간이 흐르고 인생의 끝자락이 가까워질수록 진정한 가치는 달성한 숫자나 타인의 평가가 아니라, 그 목표를 향해 걸어가는 길에서 우리가 무엇을 보고, 느끼고, 나누었는지에 있다는 사실을 알게 된다. 힘겨웠던 순간에도 웃을 수 있었던 이유, 포기하고 싶을 때 다시 일어선 동기, 그리고 함께 걸어 준 사람들과의 추억이야말로 삶의 진짜 보석이다.

삶의 과정은 단순히 결과를 위한 준비 단계가 아니다. 그것은 그 자체로 하나의 완성된 작품이다. 매일 아침 눈을 뜨고 새로운 하루를 맞이하는 일상, 평범하지만 소중한 사람들과 나누는 대화, 실패 속에서 배우는 인내, 작은 성취에서 느끼는 기쁨, 이런 순간들이 모여 우리의 인생을 형성한다. 결과는 한순간이지만 과정은 평생을 함께하는 여정이다.

또한, 과정에 충실한 삶은 마음을 더욱 윤택하게 만든다. 성급히 미래만 바라보는 사람은 현재의 행복을 놓치기 쉽다. 그러나 오늘을 충실히 살아내는 사람은 그 자체로 만족과 보람을 느낀다. 이 보람은 시간이 지나 추억으로 남고, 추억은 다시 우리의 삶을 풍요롭게 한다. 그것은 마치 책 속에 한 페이지씩 소중한 기록을 남기는 것과 같다. 그 페이지가 많을수록 우리의 인생은 더 두껍고 의미 있는 삶이 된다.

결국 성공적인 삶이란 화려한 결말로 마무리되는 이야기가 아니라, 읽는 내내 감동과 울림을 주는 이야기다. 우리가 지나온 길이 거칠고 험했든, 또는 조금은 수월했든, 그 길 위에서 얻은 깨달음과 추억이야말로 인생의 본질이다.

그러므로 우리는 하루라도 빨리 깨달아야 한다. 삶의 목적은 결과에만 있지 않다는 것을. 지금 이 순간, 눈앞의 과정 속에서 가치와 의미를 찾아야 한다는 것을. 미래의 어느 날, 종착역에 도착했을 때 후회 없이 미소 지을 수 있으려면, 오늘의 과정을 아끼고 즐겨야 한다. 우리가 만드는 하루하루가 곧 인생이라는 한 권의 책을 채우는 이야기이기 때문이다.

결과보다 과정을 사랑하는 삶, 그 속에서 의미를 발견하는 삶, 그것이야말로 후회 없는 인생을 만드는 가장 확실한 방법이다. 지금 이 순간이 바로 그 시작이다.